DIREITO E RELAÇÕES RACIAIS

DAS CRÍTICAS EPISTÊMICAS ÀS TRANSFORMAÇÕES INSTITUCIONAIS

Catalogação na Fonte
Elaborado por: Dayanne Leal Souza
Bibliotecária CRB 9/2162

C568d
2024

Cidade de Jesus, Edmo de Souza
Direito e relações raciais: das críticas epistêmicas às transformações institucionais / Edmo de Souza Cidade de Jesus. - 1. ed. - Curitiba: Appris, 2024.
214 p. : il. color. ; 23 cm. (Coleção Direito e Constituição).

Inclui referências.
ISBN 978-85-8192-

1. Racismo. 2. Direito. 3. Relações raciais. I. Cidade de Jesus, Edmo de Souza. II. Título. III. Série.

CDD - 323.1

Livro de acordo com a normalização técnica da ABNT

Appris editora

Editora e Livraria Appris Ltda.
Av. Manoel Ribas, 2265 - Mercês
Curitiba/PR - CEP: 80810-002
Tel. (41) 3156 - 4731
www.editoraappris.com.br

Printed in Brazil
Impresso no Brasil

Edmo de Souza Cidade de Jesus

DIREITO E RELAÇÕES RACIAIS

DAS CRÍTICAS EPISTÊMICAS ÀS TRANSFORMAÇÕES INSTITUCIONAIS

Appris editora

Curitiba, PR

2024

Às mulheres negras da minha vida, aqui representadas por Osmarina de Jesus (in memoriam), Terezinha Maria de Souza e Maria Helena de Souza, a partir das quais me constituo e cujos legados me orientam.

À Eunice Aparecida de Jesus Prudente e à Dora Lucia de Lima Bertulio, fundadoras do quilombo jurídico Direito e Relações Raciais.

A todos os jovens negros e negras, que habitam os becos de minha memória e cujas vidas foram ceifadas pelo Estado brasileiro, o qual sem o Direito não seria tão eficiente na execução de sua necropolítica.

AGRADECIMENTOS

A trama da vida das pessoas negras, seja no passado ou no presente, dos navios, senzalas e plantações aos quilombos, às favelas e às universidades, sempre esteve entremeada por laços fraternos e vínculos coletivos. A sobrevivência de nosso povo dependeu e permanece dependendo, eminentemente, de nossa consciência coletiva e de nossa capacidade de comunhão, da percepção de que nenhuma conquista é alcançada individualmente. O mérito pessoal ou a meritocracia, em sociedades profundamente desiguais, nas quais o espectro colonial jamais se dissipou, não passa de uma perigosa miragem neoliberal, contra a qual é preciso insurgir-se incessantemente.

Nesse sentido, considero que agradecer aos que vieram antes; aos que direta ou indiretamente contribuíram para que eu chegasse até aqui; às pessoas a quem devo a minha permanência no curso de mestrado, mesmo que o fantasma da desistência tenha me visitado tantas vezes; àquelas com as quais aprendi e estabeleci vínculos durante o percurso e que foram fundamentais para a sua conclusão, consubstancia-se em preceito fundamental.

Desse modo, primeiramente reverencio as minhas e os meus ancestrais, cujos sangue, suor e lágrimas pavimentaram os caminhos. Muitas e muitos tombaram nas mãos do racismo estatal para que alguns de nós pudéssemos performar nossos corpos negros nas brancocentradas universidades brasileiras. Como extensão dessa reverência inicial, manifesto profunda gratidão e respeito à toda a minha família, irmãos, tias e tios, primas e primos, sobrinha e sobrinhos, aqui representados nas pessoas de minha avó paterna, a Ialorixá Osmarina de Jesus (*in memoriam*); de minha avó materna, Terezinha Maria de Souza; de minha mãe e de minha irmã, respectivamente, Maria Helena de Souza e Débora Helena de Jesus; e de minha tia, Cátia Cilene de Souza, mulheres negras insubmissas, intransigentes e insurgentes, com as quais aprendi que o silêncio e o medo não são opções para pessoas como nós, que a solidariedade deve ser a tônica de nossas vidas e que é sempre possível extrair algo positivo das cicatrizes adquiridas ao longo do caminho.

Ao meu pai, um homem negro vilipendiado pela sociedade, mas que, ainda assim, sempre se manteve firme na luta, com a sabedoria necessária para conservar o equilíbrio, a gentileza e o bom-humor, características que lhe são tão peculiares e com as quais tento guiar o meu olhar sobre as pessoas e sobre o mundo.

Ao meu esposo, Anderson Luiz Cardozo, agradeço por ser um oásis de equilíbrio, tranquilidade e calmaria, quando tudo era caos, insegurança e medo; mas também pelo companheirismo, pelas comidinhas e pela companhia nos momentos de clausura, necessários durante o período de escrita deste livro. Por todo amor, amizade e afeto, enfim, obrigadíssimo!

Aos amigos e amigas mais antigos, que há décadas acompanham os meus passos, incentivam-me e sempre acreditaram no meu potencial, nas pessoas de Pedro Henrique Paim, Rafael de Souza Cordeiro, Julia Ferreira Souza, Yully Mara Veras (*in memoriam*), Fernando Rosa, Leandro Coelho, Moisés Oliveira, Patrícia Ferreira de Souza, Cristina Santos, Thaís Clemencia, Ana Paula Paim, Felipe Lobo, Pamela Gomes, Ricardo Gomes, Estela dos Santos, David Matheus Pereira da Rosa, Ana Lúcia Santos, Elízia Coelho de Ávila, Adilane Coelho de Ávila Röcker e Carlos Röcker.

À Eunice Aparecida de Jesus Prudente e à Dora Lucia de Lima Bertulio, cuja generosidade, gentileza e brilhantismo os textos são incapazes de expressar, por participarem ativamente desta pesquisa concedendo preciosas entrevistas, compartilhando as suas vivências e, especialmente, os seus conhecimentos.

Aos professores e às professoras que possibilitaram desde o meu ingresso até a permanência no Programa de Pós-Graduação em Direito da Universidade Federal de Santa Catarina (PPGD/Ufsc), especialmente ao professor doutor Clarindo Epaminondas de Sá Neto, por ter aberto as portas do Programa para mim, quando, após três tentativas frustradas, eu já havia praticamente desistido, assim como pela liberdade e autonomia que me foram concedidas durante o mestrado, fundamentais ao desenvolvimento desta pesquisa. Manifesto, igualmente, profunda gratidão à gentil, à precisa e à valorosa coorientação do professor doutor Fredson Oliveira Carneiro, cujos ensinamentos determinaram a metodologia aplicada neste livro e cuja leitura atenta e criteriosa propiciou o aprimoramento do texto.

Sou muito grato, também, pelas inestimáveis contribuições e lições fornecidas pelas professoras doutoras Fernanda da Silva Lima, Luana Renostro Heinen e Grazielly Alessandra Baggenstoss; e pelos professores doutores Diego Nunes, Francisco Quintanilha Veras Neto e Arno Dal Ri Jr.

Rendo especial agradecimento à professora doutora Karine de Souza Silva, cuja intangibilidade moral, seriedade acadêmica e profissionalismo me são exemplos. A sua atuação sensível e humanizada no contexto acadêmico fez-me perceber que, para além dos egos e disputas ignóbeis, a universidade também pode ser um local de afeto e de construção coletiva de saberes vocacionados à emancipação do povo negro.

Às novas e aos novos amigos que a academia possibilitou, pelas conversas despretensiosas, pelos debates intelectuais, mas também pelos desabafos. Sem elas e eles, o que já não foi fácil, teria sido ainda mais difícil. Agradeço, especialmente, à Gabriela Jacinto Barbosa, ao Mario Davi Barbosa, ao Patrick Suhre da Rosa, à Laura Rodrigues Hermando, ao Patrick Santos, à Thaís Bonato Gomes, à Caroline Santana Figueredo, ao Daniel Ivonesio Santos, ao Felipe Rudi Parize, ao Caio Eduardo de Souza Dias, ao Raul Ribas, à Letícia Blank Netto, ao José Nilton de Menezes Marinho Filho e ao João Teixeira Fernandes Jorge.

A todas as irmãs e aos irmãos do Coletivo Lélia Gonzalez de Estudantes Negros e Negras do Curso de Direito da Universidade Federal de Santa Catarina (Legon), pela militância aguerrida e pela vigilância permanentes.

Às membras e aos membros do Núcleo de Estudos em Direito e Diversidades (NEDD/Ufsc), do Núcleo de Estudos em Gênero e Raça (Negra/Unesc) e do Centro de Pesquisas e Práticas Pós-Coloniais e Decoloniais aplicados às Relações Internacionais e ao Direito Internacional (Eirenè/Ufsc), pelas preciosas e qualificadas discussões, sem as quais o amadurecimento do tema não teria sido possível e a pesquisa não teria alcançado o seu objetivo.

Ao amigo, competente revisor e brilhante antropólogo, doutor Cláudio Leite Leandro, pela leitura atenta, pelas correções e, sobretudo, pela cuidadosa transcrição das entrevistas concedidas pelas protagonistas desta pesquisa.

Ao amigo e meu estimado professor de inglês, Gerson Elesbão, por ter sido tão paciente e compreensivo diante de várias aulas canceladas no último minuto e, especialmente, por me salvar em tantas oportunidades com as suas traduções.

Ao Programa de Bolsas Universitárias de Santa Catarina (Uniedu), executado pela Secretaria de Estado da Educação (SED), pelo imprescindível financiamento deste trabalho.

Por fim, a todas as pessoas que contribuíram direta ou indiretamente para o desenvolvimento desta pesquisa, cuja listagem seria impossível neste exíguo espaço.

Como dizem Maria Bethânia e Paulo Cesar Pinheiro[1], na canção *Carta de Amor*, eu jamais ando só, pois "eu tenho Zumbi, Besouro, o chefe dos tupis, [...] tenho os erês, caboclo boiadeiro, mãos de cura [...], todos os pajés em minha companhia [...], a rainha do mar anda de mãos dadas comigo.".

O medo não me alcança, não mexe comigo que eu não ando só!

[1] BETHÂNIA, Maria; PINHEIRO, Paulo Cesar. Carta de Amor. *In*: BETHÂNIA, Maria. **Oásis de Bethânia**. Rio de Janeiro: Biscoito Fino, 2012. CD. Faixa 9.

Portanto, o direito foi, nesse caso, uma maneira de fundar juridicamente uma determinada ideia da humanidade dividida entre uma raça de conquistadores e outra de escravos. Só a raça dos conquistadores podia legitimamente se atribuir qualidade humana. A qualidade de ser humano não era conferida de imediato a todos, mas, ainda que o fosse, isso não aboliria as diferenças. De certo modo, a diferenciação entre o solo da Europa e o solo colonial era a consequência lógica da outra distinção, entre povos europeus e selvagens. Até o século XIX, a despeito da ocupação colonial, o solo colonial não se identificava com o território europeu do Estado ocupante. Eram sempre distintos, quer se tratasse de colônias de plantations, de extração ou de povoamento (Mbembe, 2018, p. 115-116).

A "sutileza" do racismo brasileiro, que encarcera a quase totalidade da população negra brasileira em submundos social, intelectual, político e econômico, tem seu grande colaborador o discurso jurídico, que enquanto proclama a igualdade, justiça e liberdade, convive em cumplicidade e conivência com atos de racismo quer individuais, quer institucionais. Sua estrutura reguladora, repressiva e judiciária, paradoxalmente, cria mecanismo proibitivo de atos de preconceitos e racismo e implementa a impunidade dos agentes e a destruição das vítimas especialmente pela ação da polícia (Bertulio, 2019, p. 129).

[...] a internalização do racismo e sua consequente institucionalização na esfera jurídica se dá pela omissão, complementando o quadro geral da sociedade brasileira, encarregada das esferas individuais e culturais do mesmo racismo (Bertulio, 2019, p. 124).

PREFÁCIO

Em 1906, Machado de Assis publicou a sua última coleção de contos no livro *Relíquias de Casa Velha*. Na advertência do livro, o autor indicava que o título se referia a textos inéditos (as relíquias) que guardavam referências importantes de sua vida ao longo do tempo (a casa). Entre as histórias de seu passado sintetizadas nos contos, Machado trazia elogios, críticas e reflexões de grande importância para o seu tempo histórico. Um dos contos presentes na obra, intitulado "Pai contra mãe", destacou-se dos demais por produzir uma narrativa considerada uma das imagens mais brutais da escravidão no Brasil.

Primeiro conto da obra, "Pai contra mãe" situa-se entre as relíquias que exacerbam as tensões e as crises sociais e humanas que marcaram o Brasil naqueles 18 anos após o fim da escravidão. Na introdução do conto, o autor nos indica que o fim do regime escravocrata levou consigo um universo complexo que o sustentava, como ofícios e aparelhos próprios, além de instituições sociais, que o autor supõe também terem se desmantelado. Ao escrever o conto num momento político posterior à história ficcionalizada, Machado resgata memórias, por um lado, e, por outro, oferece pistas para a reflexão de permanências do passado escravista no seu tempo presente.

Os vestígios desse passado seriam especialmente visíveis nas condições de miséria das pessoas negras, que no Império foram desumanizadas e vitimadas enquanto escravizadas. Como também nos conta o autor, "a ordem social e humana nem sempre se alcança sem o grotesco, e alguma vez o cruel"[2], o que nos faz concluir que o fim da escravidão não ensejaria, por si só, uma mudança estrutural do barbarismo dessa ordem social cruel e hierárquica. De outro modo, o bárbaro e o grotesco da escravidão, dado o seu enraizamento na sociedade brasileira, continuariam em situações, instituições e formas sociais herdadas da sociedade escravista.

Ao observarmos o Brasil contemporâneo, 118 anos depois da publicação machadiana, é possível identificar diversas heranças coloniais, que testemunham a permanência de práticas e costumes sociais que, distintamente dos ofícios e aparelhos mortos com a abolição, permaneceram vivos entre nós. Além da pobreza, a herança escravocrata mais visível, um dos legados mais cruéis da escravidão ainda reproduzidos no Brasil é o racismo

[2] ASSIS, Machado de. **Relíquias de Casa Velha**. Belo Horizonte: Garnier, 2021.

epistêmico. Foi justamente contra essa permanência cruel de nossa história que Edmo de Souza Cidade de Jesus dedicou suas cintilações intelectuais e suas formulações críticas ora apresentadas neste livro.

Em breves linhas, pode-se definir o racismo epistêmico, em diálogo com Sueli Carneiro[3], como o fenômeno de matriz colonial que institui a negação da capacidade de produção de conhecimento dos povos não europeus, especialmente os de origem africana e latino-americana. Central ao projeto da dominação colonial, o racismo epistêmico foi determinante na produção de subalternidades. Por meio dele, formas de saber, línguas e produções culturais particulares dos povos colonizados foram destruídos. Em seu lugar, foram impostos saberes eurocêntricos como representações cabais da racionalidade humana.

O campo do Direito é exemplar dessa imposição ocidental, uma vez que os cursos jurídicos se estabelecem no Brasil a partir de modelos internacionais. Quanto mais se vinculam a tradições europeias, mais as faculdades de Direito reforçam processos de aniquilamento cognitivo da população negra, distanciando-a de referências próprias às suas comunidades de origem. Nesse sentido, Edmo traz neste livro uma breve memória da fundação das faculdades de Direito de São Paulo e de Santa Catarina, apontando os processos específicos que levaram esses espaços a se constituírem como lugares privilegiados de afirmação da supremacia branca.

Atento aos vestígios escravocratas presentes nesses espaços, Edmo compreendeu o ensinamento de Machado de Assis e bem identificou os resquícios coloniais presentes na academia jurídica do Brasil. A partir da crítica a essas permanências, deu o passo seguinte ao centrar o seu olhar no processo de insubordinação epistêmica inaugurado por duas importantes juristas negras brasileiras: Eunice Aparecida de Jesus Prudente e Dora Lucia de Lima Bertulio. Lançando mão das escrevivências como metodologia de pesquisa afrocentrada, Edmo fez extensa e qualificada pesquisa empírica em torno da trajetória de Prudente e Bertúlio, repassando com elas importantes processos de luta do movimento negro e da intelectualidade brasileira em torno das pautas antirracistas da história recente do país.

A partir de suas pesquisas e com sua escrita potente, Edmo nos auxilia a compreender a importância das contribuições e do legado de ambas as autoras, "para a fundação e sedimentação do campo teórico-prático denominado Direito e Relações Raciais, no âmbito do pensamento jurídico

[3] CARNEIRO, Aparecida Sueli. **A construção do Outro como não-ser como fundamento do ser**. 2005. Tese (Doutorado em Educação) – Universidade de São Paulo, São Paulo, 2005.

afrodiaspórico brasileiro". Ao longo de seu escrito, o autor, generoso com o seu leitor, conduz-nos nos percursos, insubordinações e insurgências de Prudente e Bertúlio para descortinar o seu trabalho na eloquente formulação do conceito de Quilombo Jurídico acionado para designar o campo de estudos conhecido como Direito e Relações Raciais.

Com isso, compreendemos as razões, obstáculos e forças agenciadas pelas autoras a partir da revisão feita por ambas no decorrer dos mais de 40 anos da defesa do trabalho de Eunice Prudente e dos mais de 30 anos do trabalho de Dora Bertulio. Como destaca o autor, a dissertação de Eunice Prudente, intitulada "Preconceito racial e igualdade jurídica no Brasil", foi defendida, perante o Programa de Pós-Graduação da tradicional Faculdade de Direito da Universidade de São Paulo (USP), em 1980, foi pioneira. Ao colocar a pauta racial na mesma discussão da igualdade jurídica no Brasil antes do processo constituinte de 1988, Prudente integra a tradição da Teoria Crítica da Raça e indica os caminhos para a necessária democratização da sociedade brasileira.

Edmo demonstra ainda que a dissertação de Dora Bertulio, intitulada "Direito e relações raciais: uma introdução crítica ao racismo", defendida em 1989, no Programa de Pós-Graduação em Direito da Universidade Federal de Santa Catarina, apresentou uma importante crítica ao pensamento jurídico tradicional brasileiro. A partir de seus estudos sobre a história do Direito brasileiro, Bertulio destacou a relação paradoxal do Direito com o racismo, que se estende desde a negação da cidadania às pessoas escravizadas e seus descendentes até a criminalização do racismo. Ademais, o trabalho de Bertulio inova ao nomear, pela primeira vez, o campo do Direito e Relações Raciais no Brasil.

Nesse sentido, o autor nos indica a importância do trabalho de Eunice Prudente e de Dora Bertúlio para a superação do colonialismo e para a construção de saberes racialmente críticos no campo jurídico, uma vez que por meio do trabalho de ambas, a problemática do racismo é descolado para o centro do debate jurídico. Diante dessa constatação, o autor nos apresenta um livro que sistematiza as contribuições de Bertúlio e Prudente para os estudos jurídicos críticos, preenchendo uma importante lacuna desses estudos situada justamente na relação entre o Direito e as Relações Raciais.

Guiado pelas funções da teoria crítica em Direitos Humanos, formulada por Joaquín Herrera Flores, Edmo nos apresenta um trabalho que se realiza em atenção a princípios epistemológicos, éticos e políticos, que devem subjazer a toda obra engajada e comprometida com a transformação de uma realidade socialmente injusta. Sintetizados nos verbos *visibilizar, desestabilizar e transformar*, as funções da teoria crítica servem nesta obra como a espinha dorsal que estrutura os capítulos e apontam para o caminho teórico percorrido pelo autor.

Em síntese, neste livro, o autor se conecta com processos contemporâneos que reivindicam a restituição da dignidade de personagens negros da história brasileira que, por força do racismo epistêmico, tiveram suas contribuições ocultadas e minorizadas. Cotejando as obras de Eunice Prudente e Dora Bertulio a partir dos olhares das próprias autoras e de suas fecundas leituras e interpretações sobre o Direito e a realidade brasileira, Edmo lança luz sobre o trabalho de importantes referências da intelectualidade jurídica negra e indica caminhos abertos para a consolidação do campo de estudos por elas instituído. Honrando o legado de Eunice Prudente e Dora Bertúlio, com seriedade, generosidade e altas habilidades teóricas, Edmo de Souza Cidade de Jesus demonstra ser mais um dos inúmeros frutos que florescem no campo Direito e Relações Raciais. Certamente, o livro que o leitor agora tem em mãos lançará novas sementes.

Brasília, 06 de fevereiro de 2024.

Fredson Sado Oliveira Carneiro

Doutor em Direito pelo Programa de Pós-Graduação em Direito da Universidade Federal do Rio de Janeiro (2017-2021) e mestre em Direito pelo Programa de Pós-Graduação em Direitos Humanos e Cidadania do Centro de Estudos Avançados Multidisciplinares da Universidade de Brasília (2013-2015). Desempenha estágio pós-doutoral no Departamento de Ciência Política da Universidade de São Paulo (USP). É filiado à Associação Brasileira de Filosofia do Direito e Sociologia do Direito (ABRAFI), atuando nos temas: Direitos Humanos LGBTQIA+, Teoria Crítica da Raça, Participação Política, pesquisa empírica em Direito, epistemologias e metodologias afrocentradas na pesquisa em Direito.

SUMÁRIO

1

PRÓLOGO

Esta pesquisa parte do pressuposto inafastável de que todo o conhecimento é situado[4], isto é, a sua produção está posicionada em locais sociais e epistêmicos determinados, no âmbito das estruturas de poder. Desse modo, consoante defende Ramón Grosfoguel, "ninguém escapa às hierarquias de classe, sexuais, de género, espirituais, linguísticas, geográficas e raciais do 'sistema-mundo patriarcal/capitalista/colonial/moderno."[5]. É também Grosfoguel[6] quem enfatiza que todo o conhecimento produzido está, epistemicamente, colocado do lado dominante ou do lado subalternizado das relações de poder, de modo que isso tem a ver com a corpo-política do conhecimento.

Assim, levando em consideração o fato de que a objetividade e a neutralidade científicas desinteressadas são mitos ocidentais[7], é imprescindível que a leitora e o leitor deste trabalho tenham ciência, preliminarmente, do local social e do local epistêmico a partir dos quais me pronuncio e em função dos quais o tema de pesquisa foi escolhido e esta obra desenvolvida.

Assim como centenas de milhares de brasileiros, sou fruto da união de uma mulher e de um homem negros, que durante a maior parte de suas vidas abdicaram da convivência com os três filhos na tentativa de garantir-lhes o mínimo existencial. As frestas da precária casa de madeira na qual cresci, no subúrbio de São José/SC; as visitas frequentes dos ratos que por lá circulavam; os cortes esporádicos de energia elétrica, por falta de condições de pagamento; os quilômetros que andávamos todos os dias até o ponto de ônibus para ir à escola ou as vezes em que ficávamos em casa porque o dinheiro da passagem havia acabado, ainda são recordações presentes.

[4] HARAWAY, Donna. Saberes localizados: a questão da ciência para o feminismo e o privilégio da perspectiva parcial. **Cadernos Pagu**, [*s. l.*], n. 5, p. 7-41, 2009. Disponível em: https://periodicos.sbu.unicamp.br/ojs/index.php/cadpagu/article/view/1773. Acesso em: 14 jun. 2022.

[5] GROSFOGUEL, Ramón. Para descolonizar os estudos de economia política e os estudos pós-coloniais: transmodernidade, pensamento de fronteira e colonialidade global. *In:* SANTOS, Boaventura de Sousa; MENESES, Maria Paula (org.). **Epistemologias do Sul**. Coimbra: Almedina S.A., 2009. p. 383-417.

[6] *Idem.*

[7] *Idem.*

Embora os meus pais, Édino Cidade de Jesus e Maria Helena de Souza, trabalhassem durante extenuantes jornadas, ele como pedreiro e ela como trabalhadora doméstica, a péssima remuneração exigia uma rotina de trabalhos extras aos sábados e, até mesmo, aos domingos. Então, como filho mais velho, que durante a infância e a adolescência se ocupava do trabalho doméstico, o que incluía cuidar dos irmãos menores durante a ausência dos pais, sempre esteve explícita para mim a ideia de que era necessário completar a idade mínima exigida na legislação para me lançar ao mercado de trabalho, o quanto antes fosse possível e, assim, atenuar as pressões que as dificuldades financeiras impunham sobre os meus pais.

Minha mãe sempre foi uma mulher forte, destemida, insurgente e insubordinada. Ninguém deveria ter que se sacrificar tanto pelo mínimo e, ainda que não se deva romantizar o sofrimento, é crucial reconhecer que é a força e a resistência de mulheres negras como a minha mãe que movem a sociedade brasileira. É o papel desempenhado por tantas mulheres como ela, trabalhadora doméstica, que permite, como nos ensinam Lélia Gonzalez[8], Angela Davis[9] e Françoise Vergès[10], o funcionamento do sistema. Elas abrem e fecham as cidades, criam os filhos das madames, educam os futuros dirigentes da nação. E, na mesma medida de sua imprescindibilidade, são sistematicamente invisibilizadas, desvalorizadas, violentadas. Sofrem, até hoje, como nenhum outro agrupamento social, o legado violento do colonialismo.

Lembro-me da criança extrovertida, falante e simpática que fui, mas que, posteriormente, enclausurou-se até o início da vida adulta em uma estranha timidez, como forma de autoproteção contra as agressões homofóbicas que sofria dentro e fora do seio familiar. Por vezes, foi quase insuportável ir à escola ou conviver com os primos. Rememoro, também, a pessoa maravilhosa que foi a minha madrinha e avó paterna, Osmarina de Jesus, Dona Nininha ou "Doininha", como a fonética do sotaque acelerado dos nativos da região da Grande Florianópolis/SC determinava. Uma mulher negra altiva, extremamente generosa, elegante, inteligente e perspicaz. Uma líder nata, matriarca e Ialorixá respeitada por muitas pessoas. Apesar de ter nos deixado precocemente, ela foi o meu porto seguro durante os anos difíceis da infância e da pré-adolescência.

---

[8] GONZALEZ, Lélia. **Por um feminismo afro-latino-americano**: ensaios, intervenções e diálogos. *In:* RIOS, Flávia; LIMA, Márcia (org.). 1. ed. Rio de Janeiro: Zahar, 2020.

[9] DAVIS, Angela. **Mulheres, Raça e Classe**. 1. ed. São Paulo: Boitempo, 2016.

[10] VERGÈS, Françoise. **Um feminismo decolonial**. 1. ed. São Paulo: Ubu Editora, 2020.

Na adolescência, ao completar 15 anos, participei de um programa de inclusão de jovens no mercado de trabalho, idealizado e mantido por uma organização não governamental localizada no centro de Florianópolis/SC. Concluído o curso de formação e providenciada a confecção de toda a documentação necessária, fui encaminhado para algumas vagas de trabalho, mas a primeira oportunidade concedida foi aos 16 anos, em um estágio no setor administrativo-financeiro de uma unidade do Ministério da Saúde em Santa Catarina. Na época, enquanto estagiava e cursava o ensino médio no Instituto Estadual de Educação, maior escola pública do Estado de Santa Catarina, tive a oportunidade de ter os primeiros contatos com o movimento estudantil. Lembro-me dos cursos sobre teoria marxista aos sábados, ministrados por estudantes da Universidade Federal de Santa Catarina (Ufsc); da eleição para concorrer ao grêmio estudantil ou das potentes e desestabilizadoras manifestações do Movimento Passe Livre, das quais pude participar.

O fim do estágio coincidiu com o término do ensino médio e com a notícia frustrante do resultado do vestibular da Ufsc, já que era incompreensível para mim, naquela época, a reprovação no certame, pois a dedicação nos estudos sempre tinha surtido bons resultados até então, materializados em médias altas, nas escolas públicas pelas quais passei. Com a maturidade, no entanto, tudo passou a fazer sentido. No período antecedente à instituição da política de cotas raciais e sociais para o ingresso nos cursos de graduação da Ufsc, era praticamente impossível para pessoas como eu concorrer com os alvos estudantes dos tradicionais colégios particulares da Grande Florianópolis/SC. Para nós, ironicamente, eram implicitamente reservadas as vagas nos cursos de licenciatura, apenas.

A reprovação no vestibular e a exigência social de aos 18 anos ter um emprego para ajudar em casa fizeram-me ingressar, à época, em uma vaga de operador de *telemarketing* na extinta Brasil Telecom, enquanto aguardava o resultado do processo seletivo do Programa Universidade Para Todos (ProUni). Logo nos primeiros meses de trabalho, recebi a formidável notícia de que tinha sido contemplado com uma bolsa de estudos integral, para cursar Direito na Faculdade Cesusc, em Florianópolis/SC.

Conciliei o trabalho de operador de *telemarketing*, realizado seis dias por semana, com parte da graduação em Direito e, a despeito das dificuldades, o desempenho acadêmico nos primeiros anos foi extremamente positivo, rendendo algumas certificações e premiações, com as quais pude adquirir os meus primeiros livros jurídicos. A partir do terceiro semestre de curso, com os problemas financeiros intensificando-se e diante da iminência de ter que largar a graduação, por não poder mais me manter naquele espaço, consegui um trabalho de garçom em um restaurante no centro de Florianópolis, de propriedade de uma das colegas de classe, o que me ajudou a ter um pouco de estabilidade e prosseguir com os estudos. Antes disso, passar o dia inteiro sem me alimentar era um desafio constante, pois os parcos recursos não suportavam os gastos com o curso, acrescidos dos custos com transporte e com alimentação fora de casa, apesar da isenção das mensalidades.

Pouco tempo depois, com o objetivo de incrementar a remuneração, passei a conciliar estágios com o emprego de digitador, contratado por empresas de terceirização de mão de obra e alocado em órgãos públicos. Nesses termos, até o final da graduação, possuía uma jornada tripla (estágio, trabalho e faculdade). Ainda durante o curso de Direito, participei de um projeto de pesquisa intitulado "Cidadania na Encruzilhada: 10 anos depois" e tive um artigo científico aprovado para publicação nos anais do I Congresso Latino-americano e XI Nacional de Sociologia Jurídica, realizado na Universidade de Buenos Aires (UBA). A Faculdade custeou a minha ida a Buenos Aires e, com isso, o gosto pela pesquisa foi permanentemente despertado.

No mesmo ano de conclusão da graduação[11], já de posse da carteira de habilitação profissional, decidi participar do processo seletivo do Programa de Pós-Graduação em Direito da Universidade Federal de Santa Catarina (PPGD/Ufsc), sem, contudo, obter êxito. Foi a primeira de quatro tentativas. No ano subsequente, após um longo período procurando oportunidades de emprego em escritórios de advocacia, finalmente passei a exercer a função de advogado associado em escritórios de médio porte na capital catarinense. Porém, apenas trabalhar não alimentava os meus sonhos. Iniciei, então, nesse mesmo ano, o curso de graduação em Filosofia na Ufsc, cujo prosseguimento foi obstado pelas contingências da vida.

Depois de experiências agregadoras em três escritórios, fui indicado por uma ex-coordenadora de estágio, Lucélia Maria Araldi Lessmann, para uma vaga de assessor jurídico na Procuradoria-Geral do Município de São José/SC, função que exerci durante um ano e meio. Após esse período, em razão do trabalho desenvolvido, fui convidado para ser Procurador-Geral da Câmara Municipal do mesmo ente federativo, permanecendo no exer-

[11] O trabalho de conclusão de curso, orientado pelo professor doutor Fabiano Hartmann Peixoto, defendido em 2011, intitulou-se "A dicotomia interpretação/criação: prolegômenos para a crítica à discricionariedade das decisões judiciais baseadas em princípios".

cício dessa função durante três anos e meio. A vida finalmente se tornou mais confortável. Já era possível ajudar meus irmãos e meus pais, algo que ilusoriamente imaginei que ocorreria no momento subsequente à formatura.

Toda a minha vida está permeada de grandes mulheres negras. Elas me constituem, inspiram-me, fazem de mim quem sou, determinam o lugar epistêmico do qual me pronuncio e, portanto, situam a corpo-política do conhecimento produzido desde a periferia de um município da segregacionista Santa Catarina. Assim, a minha constituição enquanto sujeito impacta diretamente na maneira como eu vislumbro o fenômeno jurídico, algo que, consequentemente, ditou os rumos desta pesquisa.

Por fim, impende consignar que o contexto social e político também impacta as escolhas epistemológicas que fazemos e limitam as possibilidades que temos de executar nossos projetos de pesquisa. Por isso, não posso deixar de registrar que todo o mestrado foi cursado sob a égide da pandemia de Coronavírus (Covid-19), que ceifou centenas de milhares de vidas. Durante o período, também foi necessário sobreviver em um contexto político de retrocessos autoritários, de desrespeito aos Direitos Humanos, de negação da ciência e de incessantes ameaças às instituições democráticas, que culminaram com a frustrada tentativa de golpe de Estado, em janeiro de 2023. Evidentemente, eu e a pesquisa não saímos ilesos desse cenário.

2

INTRODUÇÃO

No romance memorialista *Becos da Memória*, concebido por Conceição Evaristo entre 1987 e 1988, publicado pela primeira vez apenas no ano de 2006, a consagrada escritora brasileira narra episódios da vida cotidiana de pessoas negras habitantes de uma favela localizada na área urbana de determinada cidade. As vidas extremamente precarizadas das personagens, legado compulsório do empreendimento colonial europeu, são expostas às leitoras por intermédio do resgate de suas memórias. O entrelaçamento entre fatos importantes e triviais do cotidiano, que perpassam aquelas vidas, é capaz de demonstrar não apenas as agruras sofridas, as dificuldades e os desafios, mas, sobretudo, as estratégias criativas de uma população que, mesmo segregada à margem da sociedade brasileira, organiza-se em laços de solidariedade na tentativa de sobreviver. Essas personagens resistem o quanto podem contra a opressão promovida por um Estado racista que lhes nega tratamento igualitário, cidadania e dignidade, algo que é retratado no romance por meio de um processo higienista de desfavelização, levado a efeito pelas forças estatais como fruto da sobreposição de racismo e especulação imobiliária.

Embora publicado como um texto ficcional, Conceição Evaristo[12] adverte às leitoras de que nada do que está escrito em *Becos da Memória* é verdade e nada é mentira; diz que, mesmo as histórias reais, quando contadas, são inventadas; que a obra pode ser lida como ficções da memória e que concebê-la foi perseguir uma *escrevivência*. Para ela[13], ainda que "uma literatura marcada por uma *escrevivência*" possa "con(fundir) a identidade da personagem narradora com a identidade da autora", essa "con(fusão)" não a constrange.

A narradora do romance, Maria-Nova, cujo percurso ficcional alcança, propositalmente, traços da trajetória biográfica de Conceição Evaristo, inicia o compartilhamento de suas memórias aduzindo que escreve em homenagem a todas as pessoas com as quais convivera na favela: Vó Rita, ao

[12] EVARISTO, Conceição. **Becos da Memória**. 3. ed. Rio de Janeiro: Pallas, 2017.

[13] *Ibid.*, p. 12

Bondade, ao Tião Puxa-Faca, à velha Isolina, ao Tio Totó, às crianças vadias, aos bêbados, às putas, aos malandros, àquelas e àqueles que habitavam os becos de sua memória. Ela escrevia e partilhava as suas recordações porque esses homens, mulheres e crianças se amontoavam dentro dela, como amontoados eram os barracos da favela em que vivera durante parte de sua vida[14]. Aliás, foi com Tio Totó que Maria-Nova aprendeu que "os sonhos dão para o almoço, para o jantar, jamais"[15], e, com Tio Tatão, a lição de que "as pessoas morrem, mas não morrem, continuam nas outras"[16]. Foi também este último quem lhe disse que, apesar de a nossa gente não ter conseguido quase nada, todos os que morreram sem se realizar, todas as pessoas negras escravizadas de ontem e as supostamente livres de hoje, libertam-se na vida de cada um/uma de nós, que consegue, de algum modo, viver e se realizar. Tio Tatão ensinou à Maria-Nova que a sua vida não poderia ser só sua, já que muitos se libertariam e se realizariam por meio dela.[17]

É justamente a conjugação das lembranças das personagens, inventadas ou não pela autora, que exemplificam às leitoras a importância da preservação da memória, ao mesmo passo em que nos recordam como o Estado brasileiro se articula ao longo do tempo para manter intactas as estruturas coloniais escravocratas da sociedade, para a conservação de um passado que se faz violentamente presente na vida de uma maioria subalternizada. As incursões desse Estado que age de modo segregacionista e que mobiliza as suas instituições jurídicas e políticas em prol da manutenção do *status quo*, porém, jamais ocorreram sem que houvesse resistência. Exatamente por isso, é importante que essas lembranças, estratégias de luta, resistência e sobrevivência, reais ou ficcionais, passem por um processo de coletivização, ganhem o espaço público.

Isso porque, de modo similar ao ensinamento de Tio Tatão à Maria-Nova, Maurice Halbwachs[18] elucida que nossas lembranças permanecem sempre coletivas, pois na realidade nunca estamos sós, carregamos sempre conosco e em nós uma quantidade de pessoas que não se confundem. É Halbwachs[19] quem faz, igualmente, uma interessante observação sobre os limites da lembrança individual, aduzindo que, com frequência incorremos no erro de avocar como próprias ideias e reflexões que nos foram inspiradas

[14] *Idem.*

[15] *Ibid.* p. 50.

[16] *Ibid.* p. 111.

[17] EVARISTO, Conceição. **Becos da Memória**. 3. ed. Rio de Janeiro: Pallas, 2017.

[18] HALBWACHS, Maurice. **A memória coletiva**. 1. ed. São Paulo: Vértice, 1990.

[19] *Idem.*

por nosso grupo, de modo que não nos damos conta de que somos nada além de ecos. Por vezes, exprimimos algo com tanta convicção pessoal que sequer nos damos conta do ponto de partida de certa reflexão, não creditamos e tomamos como nossas as ideias de outras pessoas, de tão bem afinadas que estamos a elas. Essa é a razão pela qual o sociólogo francês[20] faz a seguinte provocação: quantas pessoas têm a consciência crítica necessária "para discernir, naquilo que pensam, a parte dos outros, e confessar a si [mesmas] que, no mais das vezes, nada acrescentam de seu?"

Compreender os limites das contribuições que podem ser dadas por esta pesquisa e, mais do que isso, visibilizar e valorizar o trabalho de duas mulheres negras que, a duras penas, ocuparam o espaço acadêmico na década de 1980 e, de modo precursor, tensionaram o papel central do Direito para a manutenção das hierarquias raciais que moldam a sociedade brasileira, é o que impulsiona este livro. O estudo se lança nessa empreitada com a pretensão de demonstrar a importância das contribuições e do legado de Eunice Aparecida de Jesus Prudente e Dora Lucia de Lima Bertulio para a fundação e sedimentação do campo teórico-prático denominado Direito e Relações Raciais, no âmbito do pensamento jurídico afrodiaspórico brasileiro. Porque entende-se que, na esteira do pensamento de Halbwachs[21], por vezes é preciso retornar ao ponto de partida das reflexões, especificamente, no caso, sobre as imbricações entre Direito, Raça e Racismo, para que se possa discernir corretamente, em um emaranhado de publicações atuais sobre a temática, o que de fato se inova no debate e o que já havia sido pensado e alicerçado, ainda que a partir de outro léxico, por Eunice Prudente e Dora Bertulio.

Temas sobre os quais diversos/as pesquisadores/as debruçam-se atualmente, já haviam sido objeto da análise crítica dessas intelectuais, em suas dissertações de mestrado, defendidas em 1980 e 1989, por Eunice e Dora[22], respectivamente. A abordagem jurídico-acadêmica das temáticas a seguir possuem pontos de partida comuns: racismo institucional; racismo estrutural; o gerenciamento da raça por meio do Direito; a ineficiência das leis no combate à discriminação racial; a problemática do ensino do

---

[20] *Ibid.*, p. 47.

[21] HALBWACHS, Maurice. **A memória coletiva**. 1. ed. São Paulo: Vértice, 1990.

[22] A dissertação de Eunice Aparecida de Jesus Prudente, intitulada "Preconceito racial e igualdade jurídica no Brasil", foi orientada pelo professor doutor Dalmo de Abreu Dallari e defendida em 1980, perante o Programa de Pós-Graduação da Faculdade de Direito do Largo de São Francisco/USP. A dissertação de Dora Lucia de Lima Bertulio, intitulada "Direito e relações raciais: uma introdução crítica ao racismo", foi orientada pelo professor doutor Christian Guy Caubet e defendida em 1989, perante o Programa de Pós-Graduação em Direito da Universidade Federal de Santa Catarina. O capítulo 2 procura analisar os textos dessas pesquisas.

Direito e/ou da formação jurídica para a manutenção de uma sociedade racialmente hierarquizada; a omissão da produção acadêmica em Direito no que concerne ao racismo e aos conflitos raciais no Brasil; a mobilização de leis como instrumento racista de branqueamento da sociedade brasileira e as consequências quanto à distribuição do poder político e econômico; a necessidade de ações afirmativas para pessoas negras ocuparem os espaços institucionais; os limites e as insuficiências da Teoria Crítica do Direito, que ignora o racismo como dimensão estruturante do campo jurídico; o Sistema Jurídico como delimitador do espaço das pessoas negras na sociedade, mediante mecanismos legais de controle; a importação e reprodução da matriz do pensamento jurídico europeu em solo brasileiro como forma de reprodução do racismo na cultura jurídica; a crítica criminológica desde o ponto de vista da crítica ao racismo; o desvelamento da existência de mecanismos raciais de imunização de agressores,[23] dentre tantos outros. Todos esses temas permeiam as obras de Eunice e Dora.

A relevância da produção acadêmica dessas juristas torna imprescindível, por si só, que sejam devidamente visibilizadas, mas não apenas. É necessário que se perscrute, ao mesmo tempo, quais foram os contextos institucionais, políticos e históricos nos quais essas intelectuais se inseriram e quais foram as barreiras eventualmente transpostas por elas para que fosse possível insurgir-se por meio da pesquisa e da escrita acadêmicas, algo impensável às mulheres negras até pouco tempo antes de suas produções. Do mesmo modo, compreender e publicizar os movimentos realizados por essas mulheres, inclusive em torno do ingresso e permanência na Universidade, em cursos prestigiados e elitizados socialmente, possibilitará honrar acadêmica e politicamente as suas trajetórias, atribuindo aos seus trabalhos pioneiros os créditos que lhes são devidos nos debates entabulados contemporaneamente.

Por essas razões, a pesquisa pretende sistematizar as formas de atuação e as contribuições dessas intelectuais para a fundação e sedimentação do campo teórico-prático *Direito e Relações Raciais*, responsável pela inclusão do debate racial no âmbito das ciências jurídicas. Para tanto, pretende-se, mediante revisão bibliográfica e entrevistas abertas de história de vida, *visibilizar* a situação das mulheres negras na sociedade brasileira e os meandros da academia jurídica; demonstrar o quanto a atuação, as produções e o legado dessas intelectuais negras *desestabilizaram* o pensamento jurídico

[23] DUARTE, Evandro Piza. Prefácio – Direito e Relações Raciais: a construção da Teoria Crítica da Raça no Brasil. *In:* BERTÚLIO, Dora Lucia de Lima. **Direito e Relações Raciais**: uma introdução crítica ao racismo. Rio de Janeiro: Lumen Juris, 2019. p. i-xxiii.

brasileiro hegemônico; e analisar quais foram as *transformações* promovidas pelo campo teórico-prático por elas fundado, na academia jurídica e na prática do sistema de justiça.

A pertinência da obra para o Programa de Pós-Graduação em Direito da Universidade Federal de Santa Catarina (PPGD/UFSC) reside no fato de que é possível se atribuir à dissertação defendida por Dora Lucia de Lima Bertulio, em 1989, no âmbito do PPGD/UFSC, o trabalho que sedimenta a criação de um campo científico, inserto nas teorias jurídicas críticas, que supera a dicotomia Direito e Classe para aprofundar os debates em torno dos vetores Direito e Relações Raciais no Brasil. Na medida em que a dissertação de Eunice Prudente inaugura o debate jurídico crítico sobre o tema, o estudo defendido por Dora Bertulio alicerça o campo teórico e, inclusive, atribui nome à área. A importância está, também, no fato de que, após décadas de ocultação, o Programa terá a oportunidade de conhecer e publicizar a obra de uma de suas mais célebres egressas, cujas pesquisas são intensamente debatidas em outros círculos universitários, mas que na UFSC permanece, no mais das vezes, relegada à alguma de suas prateleiras empoeiradas, algo sintomático da violência do racismo institucional e epistêmico que se encerra.

Nesse sentido, a publicação em questão se nutre da ânsia de demonstrar à comunidade acadêmica e ao público em geral o ponto de partida das reflexões sobre Direito e Relações Raciais no Brasil, temática que alcançou certo espaço e grau de relevo atual, mas não sem que intelectuais negras e negros que precederam os hodiernos, como Eunice Prudente e Dora Bertulio, tenham construído e pavimentado o caminho hoje trilhado. Assim, tal qual Tio Totó e Tio Tatão ensinaram à Maria-Nova, resgatar as memórias e as trajetórias acadêmicas dessas intelectuais suscitará a percepção de que, embora elas próprias continuem trilhando os seus caminhos, coabitam nos corpos e mentes de jovens pesquisadores e pesquisadoras negros, ínsitos na tentativa, talvez utópica, de construção de um Direito que seja capaz de refletir a pluralidade da sociedade e que se transmute em instrumental destinado à promoção da emancipação, da igualdade, da liberdade e da justiça racial, porque os sonhos não bastam, eles dão no máximo "para o almoço, para o jantar, jamais".[24]

Ademais, de acordo com Grada Kilomba[25], conhecimento e poder racial se entrelaçam. Essa relação implica na existência de um sistema de hierarquização epistemológica, por intermédio do qual se estabelece o que pode ser conside-

[24] EVARISTO, Conceição. **Becos da Memória**. 3. ed. Rio de Janeiro: Pallas, 2017. p. 50.

[25] KILOMBA, Grada. **Memórias da plantação**: Episódios de racismo cotidiano. 1. ed. Tradução de Jess Oliveira. Rio de Janeiro: Cobogó, 2019.

rado ciência; quais conhecimentos são válidos; quais autoras e autores devem ou não ser lidos; quais fatos históricos devem ser visibilizados e analisados e quais devem ser ocultados; quais métodos são válidos e, especialmente, quem pode ocupar a academia e avocar para si a qualificação de cientista.[26]

Desse modo, os temas, paradigmas e metodologias do academicismo tradicional refletem os interesses políticos da sociedade branca[27], o que compeliu esta pesquisa, desde a escolha do tema até a metodologia de abordagem, a adotar algumas desobediências epistêmicas. Assim, este trabalho se vale das armas epistemológicas fornecidas durante o curso da disciplina Metodologias Afrocentradas na Pesquisa em Direito, ministrada pelo professor doutor Fredson Oliveira Carneiro, na Universidade de Brasília (UnB), e, igualmente, da metodologia desenvolvida pelo professor e pesquisador em sua tese de doutoramento,[28] em uma tentativa de enegrecer o método. O estudo se propõe a mobilizar metodologicamente categorias pouco usuais, mas que se coadunam com a investigação empreendida e, sobretudo, com uma postura metodológica decolonial, e, consequentemente, racialmente crítica, que norteia esta obra.

Em uma atitude que milita contra o genocídio epistêmico[29], instrumentaliza-se, metodologicamente, as funções da teoria crítica dos Direitos Humanos, proposta por Herrera Flores[30], para o qual a função epistemológica buscaria *visibilizar* as relações sociais e as desigualdades existentes; a função ética visaria a *desestabilizar* o *status quo* injusto e opressor; e a função política *transformar* a realidade,[31] para estruturar a pesquisa em três partes fulcrais, que refletem cada uma dessas funções e irão determinar a organização do desenvolvimento deste livro.

No capítulo 1, "Pelos becos da memória: trajetórias insubordinadas de mulheres negras rumo à academia jurídica", correspondente à função epistemológica descrita, pretende-se *visibilizar* a situação das mulheres negras na sociedade brasileira, bem como evidenciar o quanto o Direito é permeado,

---

[26] *Idem.*

[27] *Idem.*

[28] CARNEIRO, Fredson Oliveira. **Formas transvestigêneres da escrita da lei**: Erica Malunguinho e a Mandata Quilombo na ocupação da Política e na transformação do Direito. 2021. Tese (Doutorado em Direito) – Programa de Pós-Graduação em Direito, Universidade Federal do Rio de Janeiro, Rio de Janeiro, 2021.

[29] NASCIMENTO, Abdias. **O Genocídio do negro brasileiro**: processo de um racismo mascarado. 4. ed. São Paulo: Perspectivas, 2016.

[30] HERRERA FLORES, Joaquín. **A reinvenção dos Direitos Humanos**. 1. ed. Florianópolis: Fundação Boiateux, 2009.

[31] CARNEIRO, Fredson Oliveira. **Formas transvestigêneres da escrita da lei**: Erica Malunguinho e a Mandata Quilombo na ocupação da Política e na transformação do Direito. 2021. Tese (Doutorado em Direito) – Programa de Pós-Graduação em Direito, Universidade Federal do Rio de Janeiro, Rio de Janeiro, 2021.

desde a sua concepção moderno-colonial, pelo racismo e, por fim, destacar o papel exercido pela educação jurídica na manutenção das hierarquias raciais que moldam as relações de poder. Ao abordar a problemática do ensino jurídico tradicional, almeja-se demonstrar o potencial que as novas diretrizes curriculares nacionais dos cursos de graduação em Direito possuem, acaso efetivamente implementadas, na tentativa de promover uma formação jurídica verdadeiramente comprometida com o perfil reflexivo, crítico e humanista dos futuros profissionais da área. Parte-se desse percurso com a finalidade de acentuar as trajetórias de Eunice Aparecida de Jesus Prudente e de Dora Lucia de Lima Bertulio, que serão abordadas no capítulo 2.

No capítulo 2, "As escrevivências de Eunice Prudente e Dora Bertulio na desestabilização do pensamento jurídico hegemônico", atinente à função ética, serão exibidas as trajetórias pessoais, profissionais e acadêmicas das juristas participantes desta pesquisa, com a finalidade de demonstrar como as suas produções *desestabilizaram* o pensamento jurídico brasileiro hegemônico. As intelectuais participaram ativamente do trabalho, concedendo entrevistas abertas de história de vida. Essa parte do estudo apresenta, ainda, as dissertações de mestrado produzidas pelas intelectuais, consideradas obras fundacionais do campo *Direito e Relações Raciais*, com o fito de revelar o quanto as suas vivências atravessam os seus textos.

Por derradeiro, no capítulo 3, "Um quilombo jurídico chamado Direito e Relações Raciais e os seus impactos na institucionalidade", concernente à função política, procurar-se-á apontar as *transformações* promovidas pelo campo teórico *Direito e Relações Raciais*. Com esse propósito, serão empreendidos esforços para demonstrar a potencialidade da categoria quilombo em seus aspectos histórico, sociológico, cultural, mas também metodológico, com a finalidade de sugerir que esse campo científico se consubstancia em um verdadeiro quilombo jurídico. Assentadas essas balizas, o capítulo 3 exprimirá que as contribuições de Eunice Prudente e Dora Bertulio ecoam na intensa produção acadêmica hodierna com enfoque na discussão racializada do fenômeno jurídico. Essa parte da pesquisa ainda contará com a exemplificação dos modos com os quais as produções teóricas de intelectuais negras e negros, que compõe o campo *Direito e Relações Raciais*, têm sido utilizadas pelo Sistema de Justiça, ensejando, inclusive, transformações nas posturas até então adotadas, seja no exercício da função jurisdicional ou na administração institucional dos órgãos de cúpula, como o Supremo Tribunal Federal (STF), o Conselho Nacional de Justiça (CNJ) e o Conselho Nacional do Ministério Público (CNMP).

Como ferramentas analíticas, mobilizam-se: **a)** escrevivência, de Conceição Evaristo[32]; e a **b)** interseccionalidade, a partir de Patricia Hill Collin e Sirma Bilge[33] e Carla Akotirene[34]. Utiliza-se, outrossim, de modo suplementar, a metodologia relacional dos Direitos Humanos, mediante categorias específicas do Diamante Ético idealizado por Joaquin Herrera Flores[35].

Tendo como ponto nodal a precursora atuação de duas mulheres negras, em suas trajetórias, pesquisas e, notadamente, em seus escritos, instrumentaliza-se o conceito de escrevivência para analisar as produções teóricas, dentre outras insurgências escritas por Eunice Prudente e Dora Bertulio, porque entende-se que a grafia dessas mulheres deve ser interpretada "[...] como uma ação que pretende borrar, desfazer uma imagem do passado [...]"[36], que almeja, especialmente, desnudar a teoria jurídica tradicional. Também porque, o conceito traz consigo a máxima segundo a qual escrita e vivência (con)fundem-se, pois a escrevivência de mulheres negras não se dá mediante um ato de mera contemplação, mas a partir de um profundo incômodo com o estado de coisas[37]. Trata-se de um ato de inscrição no mundo, que é, antes de tudo, interrogação; uma escrita que não se esgota em si, mas que "[...] aprofunda, amplia, abarca a história de uma coletividade [...]"[38]. O conceito de escrevivência como ferramenta analítica é imprescindível à esta pesquisa, sobretudo porque a autoinscrição de duas mulheres negras, ainda nos idos da década de 1980, em um mundo jurídico eminentemente brancocentrado, masculino e eurocêntrico, adquire um sentido de insubordinação, uma vez que as suas produções acadêmicas não tiveram o condão de "[...] ninar os da casa-grande, e sim de incomodá-los em seus sonos injustos."[39].

A interseccionalidade, por sua vez, contribuirá, enquanto instrumento de análise, para que o estudo não incorra no equívoco de desconsiderar os marcadores sociais de raça, gênero e classe social durante as análises efetuadas. Isso porque, consoante ao que elucida Patricia Hill Collins e Sirma

[32] EVARISTO, Conceição. Da grafia-desenho de minha mãe, um dos lugares de nascimento de minha escrita. *In:* DUARTE, Constância Lima; NUNES, Isabella Rosado (org.). **Escrevivência**: a escrita de nós – Reflexões sobre a obra de Conceição Evaristo. Rio de Janeiro: Mina Comunicação e Arte, 2020. p. 48-54.

[33] COLLINS, Patricia Hill; BILGE, Sirma. **Interseccionalidade**. 1. ed. São Paulo: Boitempo, 2021.

[34] AKOTIRENE, Carla. **Interseccionalidade**. 1. ed. São Paulo: Pólen, 2019.

[35] HERRERA FLORES, Joaquín. **A reinvenção dos Direitos Humanos**. 1. ed. Florianópolis: Fundação Boiateux, 2009.

[36] EVARISTO, *op. cit.*, p. 30.

[37] *Idem.*

[38] *Ibid.*, p. 35.

[39] *Ibid.*, p. 54.

Bilge[40], "[a] interseccionalidade investiga como as relações interseccionais de poder influenciam as relações sociais em sociedades marcadas pela diversidade, bem como as experiências individuais na vida cotidiana.". E, também porque, segundo os aportes de Carla Akotirene[41],

> [...] o termo demarca o paradigma teórico e metodológico da tradição feminista negra, promovendo intervenções políticas e letramentos jurídicos sobre quais condições estruturais o racismo, sexismo e violências correlatas se sobrepõem, discriminam e criam encargos singulares às mulheres negras.

Na pesquisa, é notório que as categorias de raça, gênero e classe social sobrepõem-se e funcionam de maneira unificada[42] como tecnologias de controle social e possuem consequências nas trajetórias de Eunice Prudente e Dora Bertulio. Nesse sentido, as análises a serem feitas não podem prescindir de lentes plurifocais, que deem conta da complexidade das relações interseccionais de poder que se estabelecem na sociedade brasileira e incidem de forma particularmente violenta sobre as mulheres negras.

Para corroborar as ferramentas analíticas da escrevivência e da interseccionalidade, utiliza-se, ainda, da metodologia relacional dos Direitos Humanos, mediante duas categorias do Diamante Ético concebido por Joaquin Herrera Flores[43], por compreender que se compatibilizam e complementam-se entre si. Essa metodologia relacional está de acordo com uma postura que "[...] procure os vínculos que unem os Direitos Humanos a outras esferas da realidade social, teórica e institucional"[44], bem como que situe esses direitos "[...] onde nos movimentamos (ação), na pluralidade (corporalidade) e no tempo (história) [...]", algo que exige metodologias capazes de abranger "[...] esses conceitos em suas mútuas relações consigo mesmos e com os processos sociais em que se acham inseridos."[45].

Desse modo, partindo da premissa de que as contribuições ovulares de Eunice Prudente e Dora Bertulio para a formação do campo *Direito e Relações Raciais* consubstanciam-se no resultado das lutas que se sobrepuseram no decorrer do tempo, o trabalho empresta-se do Diamante Ético desenvolvido por Herrera Flores[46], para quem essa forma imagética facili-

---

[40] COLLINS; BILGE, *op. cit.*, p. 15.

[41] AKOTIRENE, *op. cit.*, p. 59.

[42] COLLINS; BILGE, 2021; AKOTIRENE, 2019.

[43] HERRERA FLORES, 2009.

[44] *Ibid.*, p. 71.

[45] *Ibid.*, p. 85-86.

[46] *Ibid.*, p. 113.

taria a visualização de toda a profundidade e amplitude dos direitos. Essa figura afirmaria a "[...] interdependência entre os múltiplos componentes que definem os Direitos Humanos no mundo contemporâneo [...]"[47], porque eles são resultados das lutas que se sucedem e que "[...] são impulsionadas tanto por categorias teóricas (linha vertical de nosso diamante) como por categorias práticas (linha horizontal da figura)."[48].

O diamante ético herreriano e os seus 12 componentes, amplamente imbricados e interconectados, podem ser representados nos moldes da figura a seguir:

Figura 1 – Diamante Ético Sintaxe da realidade dos Direitos Humanos

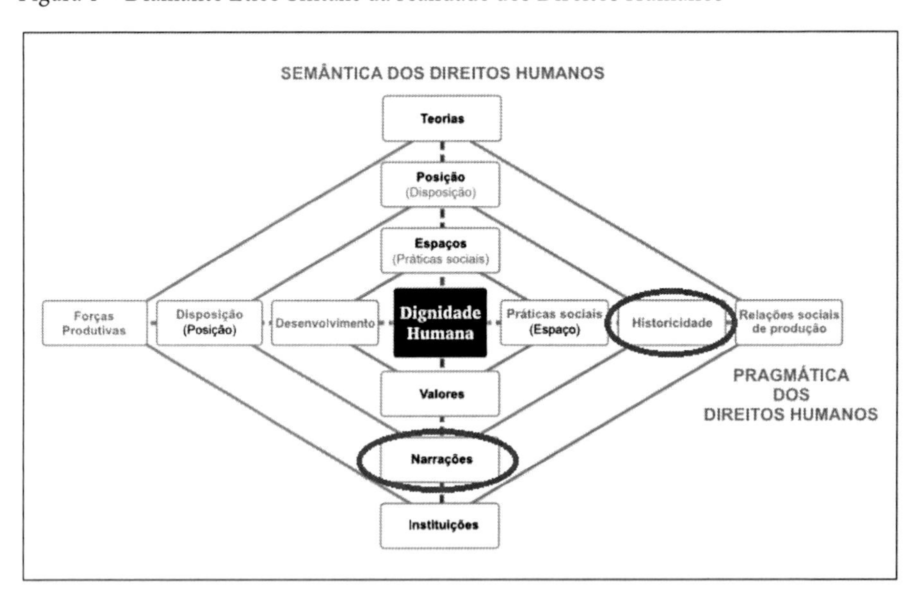

Fonte: Herrera Flores (2009, p. 116)

Destacou-se, na Figura 1, as categorias com as quais se trabalhará ao longo da pesquisa e que contribuirão para a análise tanto do material bibliográfico quanto do que resultará das entrevistas que foram realizadas. Serão empregados, nesses termos, como instrumentais metodológicos, as categorias *Narrações* e *Historicidade*. A categoria *Narrações* alude às "[...] formas como definimos as coisas ou situações; os modos a partir dos quais as coisas ou situações nos são definidas; e, também, a forma pela qual nos

[47] HERRERA FLORES, *loc. cit.*

[48] *Ibid.*, p. 114.

dizem como devemos participar das relações sociais [...]"[49]. Já a categoria *Historicidade*, por sua vez, procura identificar as causas históricas e os atores e atrizes sociais que deram origem a determinado processo social, bem como, "[...] os efeitos e a atual situação desse processo social no momento da análise."[50].

Essas duas categorias auxiliarão o trabalho a perquirir e a demarcar as estratégias utilizadas por essas juristas para a inscrição de suas próprias narrativas e modos de interpretar o contexto no qual viviam, assim como de conceber criticamente a Ciência Jurídica; sem se descurar da identificação das causas históricas que fazem do Brasil um país racialmente segregado, que encontra no Direito e nas suas instituições jurídico-políticas as ferramentas necessárias para a reencenação das hierarquias coloniais que se espraiam, sob as insígnias da colonialidade do poder, do saber e do ser[51], no contemporâneo. Esse é o método de abordagem que se pretende executar com a finalidade de dar vazão à complexidade do tema e à riqueza de dados e informações aos quais se teve acesso no decorrer da pesquisa.

Para atender à pretensão de reconstituição das trajetórias pessoais e acadêmicas de Eunice Aparecida de Jesus Prudente e de Dora Lucia de Lima Bertulio, foram realizadas, como já se aludiu, entrevistas abertas com as juristas. A opção pelo método de entrevista aberta se justifica à medida que foram formuladas perguntas amplas sobre temas específicos, a partir de um roteiro previamente organizado, com a intenção de alçar as entrevistadas à condição de protagonistas, possibilitando que elas dirigissem a conversa e que fornecessem o máximo de detalhamento possível sobre o tema em investigação. Aliada à entrevista aberta, também foi aplicada a técnica de entrevistas temáticas de história de vida, entendida como aquela que versa sobre a participação das pessoas entrevistadas no tema da pesquisa empreendida e que visam a reconstituir as suas trajetórias, bem como almejam descobrir a vivência delas em determinados movimentos sociais, instituições ou organizações[52].

---

[49] HERRERA FLORES, 2009, p. 119.

[50] *Idem*.

[51] QUIJANO, Aníbal. Colonialidade do poder e classificação social. *In:* SANTOS, Boaventura de Sousa; MENESES, Maria Paula (org.). **Epistemologias do Sul**. Coimbra: Almedina S.A., 2009. p. 73-117. MALDONADO-TORRES, Nelson. Analítica da colonialidade e da decolonialidade: algumas dimensões básicas. *In:* BERNARDINO-COSTA, Joaze; MALDONADO-TORRES, Nelson; GROSFOGUEL, Ramón (org.). **Decolonialidade e pensamento afrodiaspórico**. 2. ed. Belo Horizonte: Autêntica, 2020. p. 27-53.

[52] RIBEIRO, Ludmila Mendonça Lopes; VILAROUCA, Márcio Grijó. Como fazer entrevistas? *In:* FEFERBAUM, Marina; QUEIROZ, Rafael Mafei Rabelo (org.). **Metodologia da pesquisa em direito**: técnicas e abordagens para elaboração de monografias, dissertações e teses. 2. ed. São Paulo: Saraiva, 2019. p. 253-281.

Além das entrevistas, o trabalho contará com pesquisas bibliográficas, mediante a consulta de publicações, como livros e artigos científicos, de modo a fornecer os substratos teóricos necessários à revisão bibliográfica que se deseja empreender e, especialmente, aos dados e informações amealhados com as entrevistas efetuadas. Nesse diapasão, será realizada uma revisão das dissertações de Eunice Prudente e de Dora Bertulio, bem como da literatura produzida no Brasil por outras e outros intelectuais que tratem sobre as dinâmicas raciais no país, com especial enfoque naquela desenvolvida no âmbito da Sociologia, da História, da Antropologia e, notadamente, do Direito.

Não se descartou, por oportuno, conforme se poderá vislumbrar ao longo do texto, a realização de buscas de legislação e de decisões judiciais, nas quais se verificou o impacto institucional que o quilombo jurídico *Direito e Relações Raciais* tem causado no Sistema de Justiça.

Portanto, trata-se de uma pesquisa jurídica com perspectiva afrocentrada, que tenciona situar-se no âmbito das teorias críticas do Direito e, mais especificamente, contribuir para a consolidação do campo científico *Direito e Relações Raciais*, outrora fundado e sedimentado pelas juristas Eunice Aparecida de Jesus Prudente e Dora Lucia de Lima Bertulio.

3

PELOS BECOS DA MEMÓRIA: TRAJETÓRIAS INSUBORDINADAS DE MULHERES NEGRAS RUMO À ACADEMIA JURÍDICA

Pajem do sinhô-moço, escravo do sinhô-moço, tudo do sinhô-moço, nada do sinhô-moço. Um dia o coronelzinho, que já sabia ler, ficou curioso para ver se negro aprendia os sinais, as letras de branco e começou a ensinar o pai de Ponciá. O menino respondeu logo ao ensinamento do distraído mestre. Em pouco tempo reconhecia todas as letras. Quando sinhô-moço se certificou que o negro aprendia, parou a brincadeira. Negro aprendia sim! Mas o que o negro ia fazer com o saber de branco? O pai de Ponciá Vicêncio, em matéria de livros e letras, nunca foi além daquele saber.[53]

A partir da compreensão de Lélia Gonzalez de que "[n]a medida em que nós negros estamos na lata de lixo da sociedade brasileira, pois assim determina a lógica de dominação [...]"[54], em respeito à trajetória acadêmica das juristas que participam desta pesquisa, o objetivo deste capítulo é o de *visibilizar* a situação das mulheres negras na sociedade brasileira, bem como evidenciar o quanto o Direito é permeado, desde a sua concepção moderno-colonial, pelo racismo e, por fim, destacar o papel exercido pela educação jurídica na manutenção das hierarquias raciais que moldam as relações de poder. Ao abordar a problemática do ensino jurídico tradicional, pretende-se demonstrar o potencial que as novas diretrizes curriculares nacionais dos cursos de graduação em Direito possuem, acaso efetivamente implementadas, na tentativa de promover uma formação jurídica verdadeiramente comprometida com o perfil reflexivo, crítico e humanista dos futuros profissionais da área.

Esse percurso inicial foi traçado com o objetivo de acentuar as trajetórias de Eunice Aparecida de Jesus Prudente e de Dora Lucia de Lima Bertulio, que serão abordadas no capítulo 2, e, ao mesmo tempo, demonstrar

[53] EVARISTO, Conceição. **Ponciá Vivêncio**. 3. ed. Rio de Janeiro: Pallas, 2017. p. 17-18.

[54] GONZALEZ, Lélia. Racismo e sexismo na cultura brasileira. **Por um feminismo afro-latino-americano**: ensaios, intervenções e diálogos. *In:* RIOS, Flávia; LIMA, Márcia (org.). 1. ed. Rio de Janeiro: Zahar, 2020. p. 75-93.

os obstáculos que tiveram que transpor para ingressarem e construírem sólidas carreiras em cursos eminentemente brancos, masculinos e conservadores, como eram e, em alguma medida ainda o são, os cursos de Direito no Brasil. Essas juristas negras, provenientes da classe trabalhadora, ousaram confrontar as rígidas estruturas raciais, de gênero e classe, para ingressarem nas faculdades de Direito e rasurarem a configuração daqueles espaços, legando às futuras gerações pesquisas que lançariam luzes, de modo pioneiro, sobre as imbricações entre Direito e Relações Raciais.

Em momento oportuno ao longo das digressões do capítulo, também se procurou traçar brevemente o histórico de fundação das então denominadas Faculdade de Direito de São Paulo e Faculdade de Direito de Santa Catarina, importantes instituições de ensino para a formação acadêmica de Eunice Prudente e Dora Bertulio, respectivamente. Trata-se de um percurso necessário para que se possa ter ciência dos compromissos originários dessas instituições, que não só se retroalimentam de suas tradições, como reforçam o papel das hierarquias que moldam a sociedade brasileira.

Para a consecução dos propósitos deste capítulo, correspondente à função epistemológica (*visibilizar*) da teoria crítica dos Direitos Humanos, recorre-se, metodologicamente, à categoria *historicidade* do Diamante Ético (metodologia relacional dos Direitos Humanos) proposto por Herrera Flores[55], pois a análise do material bibliográfico e a abordagem da temática desta parte requer, necessariamente, a demonstração do desenvolvimento histórico dos padrões de exclusão das mulheres negras na sociedade brasileira, bem como do modo pelo qual a cultura jurídica nacional alicerçou-se sob preceitos racistas.

3.1 ANTIMUSAS: O LUGAR DA MULHER NEGRA NA SOCIEDADE BRASILEIRA

A etimologia da palavra musa tem origem na mitologia grega, segundo a qual denominavam-se musas cada uma das nove deidades responsáveis por presidir as ciências e as artes[56]. Como guardiãs da racionalidade, do conhecimento e das manifestações artísticas da sociedade, eram capazes de inspirar e de despertar nos seres humanos as mais nobres capacidades para a realização do bem e do belo. É claro que a mitologia grega, utilizada em grande medida para justificar a falaciosa superioridade branca europeia em detrimento dos demais povos do mundo, encontra na mulher branca,

[55] HERRERA FLORES, 2009.

[56] MICHAELIS. **Dicionário prático de língua portuguesa**. São Paulo: Melhoramentos, 2008. p. 609.

neste caso verdadeiras deusas incumbidas de tão elevada função, a fonte de inspiração ideal para as autoproclamadas extraordinárias realizações dos homens brancos, encarregados do fardo de liderar e civilizar a humanidade.

Na contramão desse ideário, estão todas as demais pessoas que o pensamento colonialista europeu construiu como incapazes de inspirarem ou inspirarem-se, como desprovidas de racionalidade para as ciências e, igualmente, de capacidade para identificar o belo ou executar as artes. Essa produção artificial de superioridade de alguns seres humanos relativamente a outros foi alicerçada entre os séculos XV e XVI, constituindo-se a ideia de raça no mais eficaz instrumento de dominação social[57]. Foi justamente a classificação e a subdivisão de seres humanos em grupos pertencentes a raças distintas que procurou conferir subsídios, inclusive pretensamente científicos, à produção ideológica de uma suposta inferiorização de determinados povos em detrimento de outros, algo que forneceu aos colonos europeus as tão almejadas justificativas para a hiperexploração, simbólica e material, dos povos não brancos do mundo e dos territórios por eles ocupados.

A raça e o racismo, enquanto construções ideológicas, foram concebidas em solo europeu para dar substrato às relações de poder do capitalismo mundial, cuja história relaciona-se intimamente com a própria instrumentalização do racismo como manifestação da colonialidade do poder[58]. Essas relações de poder, funcionais ao sistema moderno-colonial capitalista, eram e ainda são profundamente hierarquizadas, tanto em termos de raça quanto de gênero. Por isso, desde os primórdios da sanha expansionista colonial europeia, a invasão de territórios em África e o sequestro sistemático de pessoas respeitou ao desiderato de valer-se ilimitadamente da força de trabalho de homens e mulheres para a acumulação de riquezas, conferindo-lhes funções por vezes distintas a partir de uma classificação baseada no gênero, mas na qual a elevada exploração encontrava na raça o seu permissivo comum necessário, o seu fundamento, portanto.

Nesse sentido, Lívia Sant'Anna Vaz e Chiara Ramos afirmam que "[o] modo peculiar como o sistema escravocrata transatlântico combinou raça e gênero na subalternização de corpos negros femininos colocou as mulheres negras em uma encruzilhada interseccional."[59]. Ao mesmo tempo em que não havia distinção entre homens e mulheres para o projeto escravocrata

---

[57] QUIJANO, 2000.

[58] *Idem.*

[59] SANT'ANNA VAZ, Lívia; RAMOS, Chiara. **A Justiça é uma mulher negra**. 1. ed. Belo Horizonte: Casa do Direito, 2021. p. 43.

europeu, pois ambos eram coisificados, comercializados e submetidos a árduas e longas jornadas de trabalho forçado, não é possível compreender razoavelmente a situação das mulheres negras escravizadas apenas sob o prisma da raça, pois elas enfrentavam distintas formas de violência, intrinsecamente associadas à sua condição de gênero[60].

As peculiaridades da violência impingida às mulheres negras escravizadas iriam desde o estupro sistemático e reiterado daquelas consideradas fortes e férteis, com o objetivo de maximizar a mão de obra explorada e, por consequência, os lucros auferidos com a escravização de crianças eventualmente geradas, à exploração de seus corpos no mercado sexual, caso das prostitutas negras ganhadeiras, ou mesmo no comércio, situação das escravas de ganho[61]. Submetidas a formas de violência que escapavam aos homens negros escravizados, bem como a uma diversidade muito maior de modos de exploração de sua mão de obra, uma vez que trabalhavam nas casas, nas lavouras ou nas cidades, as mulheres negras tiveram acesso a oportunidades de agenciamento e articulação da luta por emancipação das pessoas escravizadas desde o princípio, desempenhando destacado papel no movimento abolicionista, inclusive, como apontam Sant'Anna Vaz e Ramos[62], ao destacar que:

> Na história do Brasil escravagista as mulheres escravizadas e libertas se destacaram na luta pela liberdade de seus pares, em especial de suas/seus filhos e companheiros, utilizando-se de estratégias diversas, notadamente a formação de quilombos e comunidades religiosas, a compra da alforria e o ajuizamento de ações de liberdade. É como se existisse uma espécie de moenda das próprias dores para transformá-las em combustível para a insurreição, para a construção de uma justiça insurgente.

É o caso de Esperança Garcia, por exemplo, trabalhadora negra escravizada em fazendas localizadas no território hoje conhecido como o Estado do Piauí, que em 06 de setembro de 1770 protagonizou aquela que seria a primeira insurgência institucionalizada contra os maus-tratos coloniais que incidiam sobre as pessoas escravizadas na então colônia portuguesa[63]. E o fez, estrategicamente, por intermédio da escrita, algo

---

[60] *Idem.*

[61] *Idem.*

[62] SANT'ANNA VAZ; RAMOS, 2021, p. 55-56.

[63] SOUSA, Maria Sueli Rodrigues de; SILVA; Mairton Celestino da. **Dossiê Esperança Garcia**: símbolo de resistência na luta pelo direito. Teresina: EDUFPI, 2017. Disponível em: https://esperancagarcia.org/wp-content/uploads/2020/09/SOUSA-Maria-Sueli-Rodrigues-SILVA-Mairton-Celestino.-Orgs.-Dossie%CC%82-Esperanc%CC%A7a-Garcia-si%CC%81mbolo-de-resiste%CC%82ncia-na-luta-pelo-direito.-Teresina.-EDUFPI-2017.pdf. Acesso em: 9 mar. 2023.

que, por si só, representava considerável transgressão aos padrões rígidos do patriarcalismo colonial do século XVIII, período no qual a possibilidade de aprender a ler e a escrever era quase exclusivamente um direito resguardado aos homens brancos, detentores de terras. Mais do que hoje, à época, o conhecimento e, especialmente, a manipulação da escrita eram mecanismos de exercício de poder e sinônimo de status social.

De acordo com Maria Sueli Rodrigues de Sousa e Mairton Celestino da Silva[64], a carta escrita por Esperança Garcia revela a sua atuação singular nas insurreições contra a escravidão de pessoas negras no Brasil, porque o documento, atualmente reconhecido pela Ordem dos Advogados do Brasil como petição, inaugurou a resistência das pessoas escravizadas no âmbito da institucionalidade, na luta pelo Direito, inserindo-a como membra da comunidade política que a escravizava.

A carta, ainda pouco conhecida e estudada, por razões meramente epistemicidas, foi descoberta pelo historiador e antropólogo Luiz Mott durante suas pesquisas de mestrado em um arquivo público do Piauí, em meados de 1979[65]. Direcionada ao governador da capitania de São José do Piauí, o texto-denúncia invocava a própria moral religiosa cristã-católica, que alicerçava a sociedade colonial, na tentativa de resguardar direitos, obter vantagens e retomar o seu destino e o de sua família[66], conforme se pode inferir de sua transcrição original[67]:

> Eu sou hua escrava de V. Sa. administração de Capam. Antº Vieira de Couto, cazada. Desde que o Capam. lá foi adeministrar, q. me tirou da fazenda dos algodois, aonde vevia com meu marido, para ser cozinheira de sua caza, onde nella passo mto mal. A primeira hé q. ha grandes trovoadas de pancadas em hum filho nem sendo uhã criança q. lhe fez

---

64 *Ibid.*, p. 7.

65 SILVA, Leandro Alves da Silva. A carta da Esperança. *In:* FRANÇA, João Vieira de *et al.* (org.) **A carta de Esperança Garcia**: uma mensagem de coragem, cidadania e ousadia. Porto Alegre: Minc/UFPE, 2015. Disponível em: http://afro.culturadigital.br/wp-content/uploads/2015/10/A-Carta-de-Esperanca-Garcia_DocumentoFINAL.pdf. Acesso em: 7 jul. 2021. p. 8.

66 SOUSA; SILVA, *op. cit.*, p. 17.

67 A versão original da carta foi adequada textualmente por Leandro Alves da Silva (*op. cit.*, p. 6), conforme segue: "Eu sou uma escrava de V.S.a administração de Capitão Antonio Vieira de Couto, casada. Desde que o Capitão lá foi administrar, que me tirou da Fazenda dos Algodões, aonde vivia com meu marido, para ser cozinheira de sua casa, onde nela passo tão mal. A primeira é que há grandes trovoadas de pancadas em um filho nem, sendo uma criança que lhe fez extrair sangue pela boca; em mim não poço explicar que sou um colchão de pancadas, tanto que caí uma vez do sobrado abaixo, peada, por misericórdia de Deus escapei. A segunda estou eu e mais minhas parceiras por confessar a três anos. E uma criança minha e duas mais por batizar. Pelo que peço a V.S. pelo amor de Deus e do seu valimento, ponha aos olhos em mim, ordenando ao Procurador que mande para a fazenda aonde ele me tirou para eu viver com meu marido e batizar minha filha. De V.Sa. sua escrava, Esperança Garcia.".

> estrair sangue pella boca, em mim não poço esplicar q. sou hu colcham de pancadas, tanto q. cahy huã vez do sobrado abaccho peiada, por mezericordia de Ds. esCapei. A segunda estou eu e mais minhas parceiras por confeçar a tres annos. E huã criança minha e duas mais por batizar. Pello q. Peço a V.S. pello amor de Ds. e do seu Valimto. ponha aos olhos em mim ordinando digo mandar a Procurador que mande p. a fazda. aonde elle me tirou pa eu viver com meu marido e batizar minha filha q.
> De V.Sa. sua escrava Esperança Garcia.[68]

Percebe-se que, ao utilizar-se do argumento da excessiva violência que recaía sobre si e seus filhos, aliada à privação de poder cumprir os preceitos litúrgicos da religião oficial, como a prática da confissão e do batismo, Esperança Garcia tenta subverter a tradição religiosa do colonizador, instrumentalizando-a[69] para questionar a violência escravocrata e os limites do exercício do poder dos senhores contra as pessoas escravizadas[70].

Para além de uma reclamação formal de cunho individual, Esperança Garcia utilizou a escrita, provável legado deixado pelos Jesuítas antes de serem expulsos por Marquês de Pombal[71], como instrumento de crítica pública e institucionalizada às posturas dos inspetores das fazendas situadas na capitania. Expondo fundamentadamente as suas razões, ela clama por direitos próprios, de suas companheiras e de seus filhos, pois tinha consciência de que os feitores e senhores de escravos podiam muito, mas não podiam tudo.

Por ter convivido com jesuítas no período antecedente, Esperança sabia a centralidade que a religião católica ocupava na organização social e que, portanto, poderia tensionar as estruturas para pleitear que seus algozes agissem de acordo com as normas jurídicas e religiosas dos colonizadores. Ou seja, no mínimo que se preservassem as prerrogativas primárias do catolicismo, como a confissão e o batismo.[72]

O legado de Esperança Garcia resistiu e reverbera através das gerações que se sucederam. Entre violências e silenciamentos contínuos, as mulheres negras brasileiras permanecem movimentando-se e confrontando as sólidas

---

[68] SILVA, 2015, p. 6.

[69] O indígena Filipe Guamán Poma de Ayala, no início do século XVII (1616), adotou estratégia similar à de Esperança Garcia, elaborando uma das primeiras críticas à modernidade e ao colonialismo a partir do questionamento da práxis de dominação dos cristãos espanhóis, utilizando-se do próprio texto sagrado deles: a Bíblia (DusseL, 2009).

[70] SOUSA; SILVA, 2017, p. 19.

[71] SILVA, 2015, p. 7.

[72] SOUZA; SILVA, *op. cit.*, p. 20.

estruturas coloniais em que se fundam as instituições do país. Estratégias ancestrais são mobilizadas na luta por direitos e, essas mulheres, adstritas à zona do não ser[73], transitam entre o protagonismo e a invisibilidade, pois assim engendram as dinâmicas sociais pautadas pelo machismo e pelo racismo e, por outro lado, porque, "[...] a opressão forma as condições de resistência"[74]. Elas continuam a redigir cartas, manifestos, discursos, diários e denúncias, artigos, dissertações e teses, em pretuguês[75], porquanto escrever, nesse caso, significa romper o silêncio imposto e esperado pelo poder dominante, que é branco, masculino, cis heterossexual, proprietário e sem deficiência[76]. Significa inscrever-se no mundo, insurgir-se, insubordinar-se[77]. Tais palavras implicam, notadamente, deslocamentos de fronteiras de marginalidade e de exclusão; denotam, por isso, a constituição e a afirmação de sujeitas insurgentes.

Entretanto, se em um primeiro momento reconhece-se que as insurgências estão vocacionadas principalmente a confrontar os sujeitos universais brancos e masculinos, inafastável a percepção de que, na sequência, outras trincheiras precisarão ser ocupadas, porque as violências provêm de diversos flancos. Isso porque as mulheres negras sempre estiveram sujeitas ao exercício do poder e à tentativa de subjugação praticadas por mulheres brancas e, também, por homens negros, realidade que decorre de viver-se em uma sociedade eminentemente racista e machista. Por reconhecer o lugar social ao qual as mulheres negras são relegadas, que Sueli Carneiro[78] crítica e ironicamente as classificou como as antimusas da sociedade brasileira, destacando, na oportunidade, inclusive a acentuada desvantagem que possuem no mercado afetivo.

---

[73] CARNEIRO, Aparecida Sueli. **A construção do outro como não-ser como fundamento do ser**. 2005. Tese (Doutorado em Pedagogia) – Programa de Pós-Graduação em Educação, Universidade de São Paulo, São Paulo, 2005. Disponível em: https://negrasoulblog.files.wordpress.com/2016/04/a-construc3a7c3a3o-do-outro-como-nc3a3o-ser-como-fundamento-do-ser-sueli-carneiro-tese1.pdf. Acesso em: 14 set. 2020. FANON, Frantz. **Pele negra, máscaras brancas**. Tradução de Renato da Silveira. Salvador: Edufba, 2008.

[74] KILOMBA, Grada. **Memórias da plantação**: Episódios de racismo cotidiano. 1. ed. Tradução de Jess Oliveira. Rio de Janeiro: Cobogó, 2019. p. 69.

[75] GONZALEZ, Lélia. **Por um feminismo afro-latino-americano**: ensaios, intervenções e diálogos. *In:* RIOS, Flávia; LIMA, Márcia (org.). 1. ed. Rio de Janeiro: Zahar, 2020.

[76] PIRES, Thula Rafaela de Oliveira. **Direitos Humanos e Améfrica Ladina**: Por uma crítica amefricana ao colonialismo jurídico. *In:* Dossier: El Pensamento de Lélia Gonzalez, un legado y um horizonte. v. 50. Latin American Association, 2019. Disponível em: https://forum.lasaweb.org/files/vol50-issue3/Dossier-Lelia-Gonzalez-7.pdf. Acesso em: 5 set. 2020.

[77] EVARISTO, Conceição. Da grafia-desenho de minha mãe, um dos lugares de nascimento de minha escrita. *In:* DUARTE, Constância Lima; NUNES, Isabella Rosado (org.). **Escrevivência**: a escrita de nós – Reflexões sobre a obra de Conceição Evaristo. Rio de Janeiro: Mina Comunicação e Arte, 2020. p. 48-54.

[78] CARNEIRO, Aparecida Sueli. **Escritos de uma vida**. 1. ed. São Paulo: Pólen, 2019.

Desde o período que sucedeu à abolição formal da escravatura, coube às mulheres negras o papel de sustentação moral e de subsistência material de suas famílias e comunidades, o que impôs sobre elas a sobrecarga física e psicológica decorrente de rotinas exaustivas, como procura demonstrar Lélia Gonzalez[79]:

> Isso significou que seu trabalho físico foi decuplicado, uma vez que era obrigada a se dividir entre o trabalho duro na casa da patroa e as suas obrigações familiares. Antes de ir para o trabalho, havia que buscar água na bica comum da favela, preparar o mínimo de alimento para os familiares, lavar, passar e distribuir as tarefas das filhas mais velhas no cuidado dos mais novos. Acordar às três ou quatro horas da madrugada para "adiantar os serviços caseiros" e estar às sete ou oito horas na casa da patroa até a noite, após ter servido o jantar e deixado tudo limpo. Nos dias atuais, a situação não é muito diferente.

A esse respeito, foi crucial que a luta por direitos levada a efeito por mulheres negras estivesse ontologicamente comprometida com práticas interseccionais de abordagem, algo que antecede o próprio léxico e é presença marcante em escritos de intelectuais negras como Lélia Gonzalez[80] e Sueli Carneiro[81]. Nesse sentido, para Grada Kilomba[82], intelectuais negras e LGBTQIA+ questionaram a construção do sujeito negro como masculino, por ser uma conceituação problemática e excludente, porque invisibiliza a experiência de mulheres e pessoas LGBTQIA+ negras, além de consistir simplesmente na transformação do "conceito clássico de 'homem branco heterossexual' em 'homem negro heterossexual', sendo a 'raça' a única categoria alterada"[83]. Esse questionamento se operou mediante o cruzamento do racismo com as questões de gênero e sexualidade, de modo a pautar novas políticas de representação[84].

Ainda de acordo com Grada Kilomba[85]:

> [...] a literatura feminista ocidental também falhou em reconhecer que o gênero afeta as mulheres de outros grupos racializados de formas diferentes das que atingem mulhe-

[79] GONZALEZ, Lélia. **Por um feminismo afro-latino-americano**: ensaios, intervenções e diálogos. *In:* RIOS, Flávia; LIMA, Márcia (org.). 1. ed. Rio de Janeiro: Zahar, 2020. p. 40.

[80] GONZALEZ, *loc. cit.*

[81] CARNEIRO, *loc. cit.*

[82] KILOMBA, Grada. **Memórias da plantação**: Episódios de racismo cotidiano. 1. ed. Tradução de Jess Oliveira. Rio de Janeiro: Cobogó, 2019.

[83] KOLOMBA, 2019, p. 96-97.

[84] KILOMBA, *loc. cit.*

[85] Ibid.

> res brancas, tornando as mulheres negras invisíveis. Nos discursos feministas ocidentais, o conceito dominante de "homem branco heterossexual" tornou-se "mulher branca heterossexual". Somente uma categoria mudou em oposição ao seu inverso de homem para mulher, mantendo sua estrutura racial conservadora: branca.

Lélia Gonzalez[86], por sua vez, alerta que o lugar em que as mulheres negras se situam nas dinâmicas sociais determina a interpretação que fazem sobre o fenômeno do racismo e do machismo. Para ela, o racismo é o sintoma "[...] que caracteriza a *neurose cultural brasileira* [...]"[87], sendo que a sua articulação com o machismo produz efeitos particularmente violentos nas mulheres negras. Parte da violência desses efeitos reside não apenas no local social ao qual as mulheres negras estão confinadas, mas, notadamente, na imagem que se projeta sobre elas e que, consequentemente, as aprisiona simbolicamente. Trata-se, de acordo com as análises empreendidas por Gonzalez[88], das representações da mulata, da doméstica e da mãe preta. Ao passo em que a primeira, por intermédio do carnaval, reencena o mito da democracia racial, a segunda é responsável por carregar sobre os ombros o dever de cuidado de sua família e da dos outros, configurando-se na mucama permitida. Segundo Lélia Gonzalez[89], o processo de exclusão social das mulheres negras é patenteado pelos dois papéis sociais que lhes são atribuídos: as domésticas e as mulatas, pois:

> O termo "doméstica" abrange uma série de atividades que marcam seu "lugar natural": empregada doméstica, merendeira na rede escolar, servente nos supermercados, na rede hospitalar etc. Já o termo "mulata" implica a forma mais sofisticada de reificação: ela é nomeada "produto de exportação", ou seja, objeto a ser consumido pelos turistas e pelos burgueses nacionais. Temos aqui a enganosa oferta de um pseudomercado de trabalho que funciona como um funil e que, em última instância, determina um alto grau de alienação. Esse tipo de exploração sexual da mulher negra se articula a todo um processo de distorção, folclorização e comercialização da cultura negra brasileira. Que se pense no processo de apropriação das escolas de samba por parte

[86] GONZALEZ, Lélia. **Por um feminismo afro-latino-americano**: ensaios, intervenções e diálogos. *In:* RIOS, Flávia; LIMA, Márcia (org.). 1. ed. Rio de Janeiro: Zahar, 2020.

[87] *Ibid.*, p. 76.

[88] *Idem.*

[89] *Idem.*

> da indústria turística, por exemplo, e no quanto isso, além do lucro, se traduz em imagem internacional favorável para a "democracia racial brasileira".[90]

A figura da mãe preta, por sua vez, apesar de superficialmente poder ser vislumbrada apenas como cuidadora ou babá responsável por ninar os filhos da casa grande, na verdade é quem de fato exerce a função materna e, nesse sentido, a verdadeira responsável pela internalização de valores e inserção na cultura[91]. Ela oferece, sem dúvida, risco à manutenção dos pilares da sociedade patriarcal brancocentrada.

> E quando a gente fala em função materna, a gente tá dizendo que a mãe preta, ao exercê-la, passou todos os valores que lhe diziam respeito pra criança brasileira, como diz Caio Prado Jr. Essa criança, esse *infans*, é a dita cultura brasileira, cuja língua é o pretuguês. A função materna diz respeito à internalização de valores, ao ensino da *língua materna* e a uma série de outras coisas mais que vão fazer parte do imaginário da gente. Ela passa pra gente esse mundo de coisas que a gente vai chamar de linguagem. E graças a ela, ao que ela passa, a gente entra na ordem da cultura, exatamente porque é ela quem nomeia o pai.
>
> Por aí a gente entende por que, hoje, ninguém quer saber mais de babá preta, só vale portuguesa. Só que é um pouco tarde, né? A rasteira já está dada.[92]

Adicionalmente, das lições de Sueli Carneiro[93] apreende-se que as mulheres negras introduziram uma ótica inovadora para os movimentos feministas, decorrente de um processo dialético segundo o qual se promove de modo geral as mulheres como novos agentes políticos e, de outro, exige-se o reconhecimento das diversidades e desigualdades existentes entre as mesmas mulheres.

Foram as provocações, questionamentos e tensionamentos formulados por mulheres negras que fizeram avançar tanto os movimentos feministas quanto os movimentos negros, levando-os a alterarem suas percepções, comportamentos e instituições sociais[94]. Fez-se despertar, no âmbito dos

---

[90] *Ibid.*, p. 44.

[91] GONZALEZ, Lélia. Por um feminismo afro-latino-americano: ensaios, intervenções e diálogos. *In:* RIOS, Flávia; LIMA, Márcia (org.). **Racismo e sexismo na cultura brasileira.** 1. ed. Rio de Janeiro: Zahar, 2020. p. 75-93.

[92] *Ibid.* p. 88.

[93] CARNEIRO, Aparecida Sueli. **Escritos de uma vida**. 1. ed. São Paulo: Pólen, 2019.

[94] *Idem.*

feminismos, que consciência de gênero não implica necessariamente solidariedade racial intragênero, ao mesmo passo em que consciência racial, no interior dos movimentos negros, não implica automaticamente em solidariedade de gênero intragrupo racial.[95]

A dicotomia protagonismo/invisibilidade, que marca a atuação das mulheres negras no bojo dos movimentos pela luta por direitos, pode ser exemplificada com o relato que Bianca Santana[96] faz no prólogo da biografia de Sueli Carneiro, quando narra o episódio ocorrido na tarde de 29 de maio de 1982, por ocasião da instituição do Tribunal Bertha Lutz. Segundo Santana[97], reuniram-se, naquela tarde, em um auditório do Colégio Nossa Senhora de Sion, situado no elitizado e branco bairro de Higienópolis, em São Paulo, feministas de diversos grupos e posicionamentos políticos. O objetivo era encenar um julgamento e utilizar-se da linguagem dos tribunais para sensibilizar as pessoas para a discriminação de gênero. O tema escolhido, a partir de um caso real, era a situação das mulheres no mercado de trabalho.

Santana[98] explica que a metodologia escolhida para a realização do ato se deu em razão de feministas e ativistas por Direitos Humanos europeias costumarem encenar julgamentos em seus atos para atrair a atenção da opinião pública e conferirem visibilidade às suas causas. Compunham o júri simulado, a convite da organização, mulheres e alguns homens, dentre os quais estavam o economista Aloizio Mercadante e o publicitário Carlito Maia. Não havia nenhuma mulher negra no júri. Apenas um homem negro figurava: Abdias Nascimento. Sueli Carneiro, por sua vez, com todo o simbolismo que isso possa representar, encontrava-se na plateia[99]. Naquela época, afirma Bianca Santana[100], Sueli Carneiro era plateia cativa para homens do movimento negro e para mulheres brancas dos movimentos feministas.

Abdias Nascimento, incomodado ao perceber que no ambiente quase não havia mulheres negras, põe-se de pé, observa os espectadores e vê algumas poucas mulheres negras dispersas no auditório, olha de um lado para o outro, para frente e para trás, e dá início à sua fala, mobilizando a sua capacidade cênica para entoar, em protesto, o seguinte:

---

[95] *Idem.*

[96] SANTANA, Bianca. **Continuo Preta**: a vida de Sueli Carneiro. 1. ed. São Paulo: Companhia das Letras, 2021.

[97] *Idem.*

[98] *Idem.*

[99] *Idem.*

[100] *Idem.*

> - Tendo em vista que não há nenhuma mulher negra neste júri simulado; tendo em vista que as minhas irmãs não estão aqui representadas, eu, neste momento, me faço cavalo de todas as minhas ancestrais e peço a elas que se incorporem e me iluminem. [...]
> - Porque nós, mulheres negras... [diz Abdias] [...]
> - Se as mulheres representam mais da metade da população, as negras representam mais da metade das mulheres brasileiras, e seus problemas são muito maiores que os das mulheres brancas. No entanto, aqui, foi tocado muito timidamente o problema da mulher negra e garanto que, para estarem presentes neste auditório, muitas de vocês deixaram uma negra cuidando dos filhos ou na beirada do fogão.[101]

A biógrafa de Sueli Carneiro revela que, ao final, a intelectual, que até então estava na plateia, dirigiu-se a Abdias Nascimento, beijou-lhe a mão, agradeceu suas palavras e prometeu-lhe que, a partir dali, apesar de honrada em ser representada por um intelectual e ativista da envergadura de Abdias, as mulheres negras não iriam precisar mais serem representadas, "*porque nós vamos chegar*", disse Sueli.[102]

Passados mais de 40 anos da performance emblemática de 1982, compreendendo a profecia de Sueli Carneiro como chegar a um nível de visibilidade, respeito e garantia de direitos minimamente aceitável no âmbito das instituições e dos movimentos sociais brasileiros, remanesce a indagação: a despeito de todo o protagonismo nas batalhas, individuais e coletivas, travadas diariamente, é possível afirmar que as mulheres negras efetivamente chegaram?

A pergunta formulada se insere em um contexto que não comporta narrativas lineares e, tampouco, que desconsiderem a complexidade das dinâmicas de avanços e retrocessos que se alternam no que diz respeito à ocupação de espaços, conquista de direitos e à transgressão de padrões hegemônicos de organização do poder. Desde há muito, como já restou demonstrado, as mulheres negras se fixam no debate público, firmam posições e provocam ciclos de mudanças. Todavia, essas tensões não passam incólumes às reações, potencialmente mais violentas, do *status quo* dominante em prol da conservação dos privilégios de raça, gênero e classe.

Desse modo, é possível e necessário reconhecer os resultados alcançados, inclusive como estímulo à continuidade das mobilizações, mas não se pode negligenciar nas análises empreendidas que as sensíveis conquistas são fruto de lutas antagônicas que envolvem o acirramento permanente dos

---

[101] *Ibid.*, p. 13.

[102] *Idem.*

conflitos. Portanto, os resultados positivos obtidos podem, por vezes, ocultar mecanismos que propiciam a manutenção de uma estrutura segregacionista racialmente genderizada, pois não estão imunes à manipulação própria das complexas relações de poder que se estabelecem.

Ao analisar o crescente acesso que as mulheres negras têm logrado no ensino superior no Brasil, Edilza Correia Sotero[103] indica, por exemplo, a partir de dados coletados entre 1998 e 2008, que apesar de as mulheres em geral terem passado a ingressar em maior quantidade no ensino superior, o fazem principalmente mediante as instituições privadas de ensino e em cursos de menor prestígio social, sendo que a inserção de mulheres negras é menor.

Sotero[104] afirma, igualmente, que o crescente acesso de mulheres negras[105] ao ensino superior, produto das mobilizações sociais por direitos, é promovido na prática por ações das instituições de ensino ou pelo Estado, por meio da criação de políticas públicas, como as Ações Afirmativas e o Programa Universidade para Todos (ProUni). A pesquisadora chama a atenção para o fato de que é preciso cotejar o crescimento do acesso com a noção de existência de uma hierarquização entre as instituições de ensino superior e entre os cursos no Brasil, problematizando qualitativamente o acesso ante os inevitáveis reflexos que ofertam à manutenção da divisão racial e sexual do mercado de trabalho. Isso porque o acesso precário a instituições de baixa qualidade e em cursos de pouco prestígio social, cujas profissões normalmente são mal remuneradas, não se traduz em possibilidade de emancipação social ou melhoria concreta de condições de vida, especialmente às mulheres negras, atravessadas por diversas opressões simultaneamente. É dizer que o acesso por si só certamente configura um avanço, mas não pode ser considerado acriticamente como um fim em si mesmo.

Não obstante, em pesquisa realizada por Renata Gonçalves[106], na qual examina a ausência de pessoas negras e, especialmente, de mulheres negras na docência no ensino superior no Brasil, é constatado que as universidades

---

[103] SOTERO, Edilza Correia. Transformações no acesso ao ensino superior brasileiro: algumas implicações para os diferentes grupos de cor e sexo. *In:* MARCONDES, Mariana Mazzini et al. (org.). **Dossiê mulheres negras: retrato das condições de vida das mulheres negras no Brasil.** Brasília: IPEA, 2013. Disponível em: https://www.ipea.gov.br/portal/index.php?option=com_content&id=20978. Acesso em: 7 jul. 2021.

[104] *Ibid.* p. 49.

[105] Atualmente, segundo informações reportadas no site oficial da Associação Nacional dos Dirigentes das Instituições Federais de Ensino Superior (Andifes), as mulheres negras são o grupo mais numeroso nas universidades e institutos federais (Andifes, 2021).

[106] GONÇALVES, Renata. A invisibilidade das mulheres negras no ensino superior. **Poiésis** – Revista do Programa de Pós-Graduação em Educação da Universidade do Sul de Santa Catarina, Tubarão, v. 12. n. 22, 2018. p. 350-367. Disponível em: https://portaldeperiodicos.animaeducacao.com.br/index.php/Poiesis/article/view/7358. Acesso em: 9 mar. 2023.

brasileiras se constituem, sem aparente constrangimento, por uma espécie de *apartheid* racial, não necessitando transgredir qualquer norma jurídica sequer para se manterem enquanto espaços brancocêntricos de poder. A prática de discriminação racial indireta[107], invisível a olho nu, faz com que, apesar do aumento do número de estudantes negras, as professoras negras sejam raridade nesses espaços. Gonçalves[108] aduz, a esse propósito, que de acordo com o Censo da Educação Superior de 2016[109], as mulheres pretas com doutorado somavam apenas 0,4% do corpo docente na pós-graduação em todo o país.

Vislumbra-se, a partir dessas considerações, que sob o prisma educacional, embora se reconheça que as mulheres negras tenham, de certo modo, "chegado", nos termos do que prenunciou Sueli Carneiro, esse chegar foi condicionado pelo patriarcado capitalista supremacista branco[110], que atua para reservar às mulheres pretas as posições mais subalternizadas da estratificação social ou para permanentemente lembrar àquelas que conseguiram romper as barreiras da segregação racial, que os seus lugares não são na docência[111].

Com efeito, a síntese de indicadores sociais para análise das condições de vida da população brasileira relativa ao ano de 2021, realizada pelo Instituto Brasileiro de Geografia e Estatística (IBGE), estudo cuja principal fonte de informação foi a Pesquisa Nacional por Amostra de Domicílios Contínua (PNAD Contínua) e de modo complementar a PNAD COVID-19, comprova que as mulheres negras permanecem em piores condições de vida comparativamente aos homens brancos, às mulheres brancas e aos homens negros[112]. Dados relativos ao perfil da população por nível de rendimento apontam que as mulheres negras apresentavam a maior incidência de pobreza (31,9%) e extrema pobreza (7,5%).[113]

---

[107] MOREIRA, Adilson José. **Tratado de Direito Antidiscriminatório**. 1. ed. São Paulo: Contracorrente, 2020.

[108] GONÇALVES, *op. cit.*, p. 360.

[109] Na tentativa de atualizar os dados da pesquisa realizada, compulsei os dados do último Censo da Educação Superior, realizado em 2020 (Inep, 2022) e divulgado pelo Instituto Nacional de Estudos e Pesquisas Educacionais Anísio Teixeira (Inep) e pelo Ministério da Educação (MEC). Constatei que as pesquisas atuais não consideraram o vetor raça para a coleta de dados. Com o mesmo desiderato, formulei requerimento com base na Lei de Acesso à Informação à Coordenação de Aperfeiçoamento de Pessoal de Nível Superior (Capes), a qual respondeu que atualmente não dispõe desses dados.

[110] HOOKS, 1995 *apud* GONÇALVES, 2018.

[111] GONÇALVES, *op. cit.*, p. 362.

[112] IBGE – Instituto Brasileiro de Geografia e Estatística. **Síntese de indicadores sociais**: uma análise das condições de vida da população brasileira 2021. Rio de Janeiro: IBGE, 2021. Disponível em: https://biblioteca.ibge.gov.br/visualizacao/livros/liv101892.pdf. Acesso em: 13 jun. 2022.

[113] *Ibid.*, p. 66.

De acordo com o relatório, no cruzamento de informações de sexo e raça, sobre os arranjos domiciliares formados por mulheres negras responsáveis, sem cônjuge e com filhos menores de 14 anos, também pertenceram ao segmento que concentrou a maior incidência de pobreza; "17,3% dos moradores desses arranjos tinham rendimento domiciliar *per capita* inferior a US$ 1,90 e 57,9% inferior a US$ 5,50 [...]"[114], diz o estudo.

As informações concernentes às precárias condições de vida das mulheres negras somam-se às cifras alarmantes sobre a violência que incide sobre esses corpos. O Atlas da Violência 2021, pesquisa realizada pelo Instituto de Pesquisa Econômica Aplicada e pelo Fórum Brasileiro da Segurança Pública, que compreende análises do período entre 2009 e 2019, evidencia que embora o número de homicídios femininos tenha sofrido redução de 17,3% entre 2018 e 2019, essa diminuição atingiu apenas às mulheres não negras (compreendidas as brancas, amarelas e indígenas, de acordo com a classificação do IBGE), uma vez que a violência contra as mulheres negras não apenas não reduziu, como aumentou. Nos termos da pesquisa, "[...] em 2009, a taxa de mortalidade de mulheres negras era 48,5% superior à de mulheres não negras, e onze anos depois a taxa de mortalidade de mulheres negras é 65% superior à de não negras"[115].

O Atlas de Violência 2021 indica, ainda, que em 2019 "66% das mulheres assassinadas no Brasil eram negras"[116], representando uma taxa de mortalidade de 4,1 por 100 mil habitantes, ao passo em que a mesma taxa com relação às mulheres não negras era de 2,5 por 100 mil, praticamente a metade.

Dessume-se desses fatos que a mobilização permanente de estratégias ancestrais na luta por direitos, algo que é ínsito da atuação das mulheres negras brasileiras, apesar de ter gerado incontáveis frutos, tanto em termos de visibilidade quanto de modificações de posturas de outros movimentos sociais, como no âmbito do movimento negro e dos feminismos brancos, continua sendo imprescindível para confrontar as cláusulas do contrato racial e sexual que normatiza a sociedade brasileira. Pois, diante das conquistas basilares das últimas décadas, os dados sugerem que a lógica estrutural e estruturante do racismo brasileiro reage violentamente a qualquer

---

[114] *Ibid.*, p. 67.

[115] IPEA – Instituto de Pesquisa Econômica Aplicada; FBSP – Fórum Brasileiro de Segurança Pública; IJSN – Instituto Jones dos Santos Neves (org.). **Atlas da violência 2021**. São Paulo: IPEA; FBSP; IJSN, 2021. Disponível em: https://www.ipea.gov.br/atlasviolencia/publicacoes/212/atlas-da-violencia-2021. Acesso em: 13 jun. 2022. p. 38.

[116] IPEA – Instituto de Pesquisa Econômica Aplicada; FBSP – Fórum Brasileiro de Segurança Pública; IJSN – Instituto Jones dos Santos Neves (org.). **Atlas da violência 2021**. São Paulo: IPEA; FBSP; IJSN, 2021. Disponível em: https://www.ipea.gov.br/atlasviolencia/publicacoes/212/atlas-da-violencia-2021. Acesso em: 13 jun. 2022. p. 38.

passo que se dê em direção ao longínquo horizonte de igualdade material e emancipação que se almeja. Por mais utópicos que esses objetivos possam parecer, em vista de se tratar de uma sociedade capitalista conservadora, constantemente atacada por arroubos autoritários, que corroem, aos poucos, os pilares do Estado de Direito e da democracia, algo que é provocado em grande medida pela racionalidade neoliberal, a persecução de condições de vida digna e substancialmente igualitárias deve consubstanciar-se em pressuposto inafastável de toda atuação política.

Nesse diapasão, entre continuidades e descontinuidades, avanços e retrocessos, corpos insurgentes de mulheres negras, cuja humanidade é frequentemente sequestrada pelo ideário da branquitude patriarcal, afirmam-se e se reafirmam como titulares de direitos, como mulheres, como seres humanos no debate público. Elas resistem à condição de objeto, afrontam o desejo da branquitude em relegá-las às figuras da "mulata", da doméstica e da mãe preta[117]. Honram o legado de Esperança Garcia ao apropriarem-se, para posterior subversão, da institucionalidade brancocêntrica, incendiando as reconfiguradas *plantations*[118] erigidas pela colonialidade, atuando, coletivamente, com o desiderato de promover a efetiva consolidação dos Direitos Humanos. Entretanto, é possível cogitar que a academia jurídica brasileira, espaço de manifestação e exercício de poder no qual são refletidas as hierarquias sociais, tenha estado ou esteja aberta a tais influxos coletivos emancipatórios?

3.2 ACADEMIA JURÍDICA BRANCOCENTRADA *SIM, SINHÔ*

O colonialismo, enquanto sistema expansionista europeu voltado à espoliação e apropriação de riquezas de territórios para além das fronteiras das metrópoles, assim como à dominação e subjugação de povos cuja artificial inferioridade, emulada como justificação necessária na era da razão, foi forjado a partir da classificação dos seres humanos em raças, sempre esteve respaldado por uma sofisticada construção filosófica. Essa sólida base epistemológica era complementada por um sistema jurídico cuidadosamente engendrado para ser operacionalizado por homens brancos, pois era necessário manter o rígido controle, em termos de governança, da

---

[117] GONZALEZ, Lélia. **Por um feminismo afro-latino-americano**: ensaios, intervenções e diálogos. *In:* RIOS, Flávia; LIMA, Márcia (org.). 1. ed. Rio de Janeiro: Zahar, 2020.

[118] *Plantation* foi um sistema agrícola de exportação, baseado na monocultura e na utilização de mão de obra escravizada, comum nas colônias de exploração das metrópoles europeias.

população dos territórios colonizados, pois disso dependia a manutenção do poder político e econômico das elites locais, que oficiavam como verdadeiras prepostas dos impérios coloniais europeus[119].

O direito projetado pelo colonialismo e, em múltiplos aspectos, o direito contemporâneo refletor da colonialidade do poder[120], consubstancia-se em instrumento de manutenção do poder político e econômico das classes dominantes, de modo que o sujeito de direitos, como bem afirma Thula Pires, "[...] é a afirmação de uma uniformidade, forjada pela exclusão material, subjetiva e epistêmica dos povos subalternizados."[121] Conforme preceitua Achille Mbembe[122],

> Nem todos os homens tinham os mesmos direitos. Na realidade, existia um direito, para os civilizados, de dominar os não civilizados, de conquistar e escravizar os bárbaros devido à sua intrínseca inferioridade moral, de anexar suas terras, ocupá-las e subjugá-los. Esse direito originário de intervenção fazia parte do "bom direito", que se aplicava tanto às guerras de extermínio quanto às guerras de escravização. Do "bom direito" da guerra nascia o "bom direito" de propriedade. "O Estado que efetua uma tomada de terra", prossegue Schmitt, "pode tratar a terra colonial tomada, no que se refere à propriedade privada, ao *dominium*, como sem senhor, do mesmo modo que, no plano do direito das gentes, a terra não tem senhor do ponto de vista do *imperium*.
> [...]
> Portanto, o direito foi, nesse caso, uma maneira de fundar juridicamente uma determinada ideia da humanidade dividida entre uma raça de conquistadores e outra de escravos. Só a raça dos conquistadores podia legitimamente se atri-

[119] CIDADE DE JESUS, Edmo de Souza; SÁ NETO, Clarindo Epaminondas de. Entre colonialismo jurídico e epistemidício: o uso estratégico do direito como instrumento de governança racial. *In:* ANGELIN, Rosângela; GABATZ, Celso (org.). **Conceitos e preconceitos de gênero na sociedade brasileira contemporânea**: perspectivas a partir dos Direitos Humanos. 1. ed. Foz do Iguaçu: CLAEC e-books, 2021, p. 72-86. *E-book*. Disponível em: https://publicar.claec.org/index.php/editora/catalog/view/53/53/572-1. Acesso em: 15 jan. 2022.

[120] QUIJANO, Aníbal. Colonialidade do poder e classificação social. *In:* SANTOS, Boaventura de Sousa; MENESES, Maria Paula (org.). **Epistemologias do Sul**. Coimbra: Almedina S.A., 2009. p. 73-117. QUIJANO, Anibal. ¡Que tal raza! **Revista Del CESLA**: International Latin American Studies Review, Varsóvia, n. 1, p. 192-200, 2000. Disponível em: https://www.revistadelcesla.com/index.php/revistadelcesla/issue/view/20. Acesso em: 10 jun. 2022.

[121] PIRES, Thula Rafaela de Oliveira. **Direitos Humanos e Améfrica Ladina**: Por uma crítica amefricana ao colonialismo jurídico. *In:* Dossier: El Pensamento de Lélia Gonzalez, un legado y um horizonte. v. 50. Latin American Association, 2019. p. 71. Disponível em: https://forum.lasaweb.org/files/vol50-issue3/Dossier-Lelia-Gonzalez-7.pdf. Acesso em: 5 set. 2020.

[122] MBEMBE, Achille. **Crítica da razão negra**. 1. ed. Tradução de Sebastião Nascimento. São Paulo: n-1 edições, 2018. p. 114-116.

> buir qualidade humana. A qualidade de ser humano não era conferida de imediato a todos, mas, ainda que o fosse, isso não aboliria as diferenças. De certo modo, a diferenciação entre o solo da Europa e o solo colonial era a consequência lógica da outra distinção, entre povos europeus e selvagens. Até o século XIX, a despeito da ocupação colonial, o solo colonial não se identificava com o território europeu do Estado ocupante. Eram sempre distintos, quer se tratasse de colônias de *plantations*, de extração ou de povoamento. Foi somente no século XIX que se esboçaram tentativas de integrar os territórios coloniais aos sistemas de governo e de administração dos Estados colonizadores.

Desse modo, desde o princípio, as instituições que compõem a estrutura do Estado brasileiro, sobretudo as jurídicas, que lhes dão sustentação, foram moldadas pelo colonialismo. A necessidade de conservação de um rígido controle sobre a então colônia portuguesa fez com que, inclusive, fosse retardada a instituição de cursos jurídicos no Brasil, comparativamente a algumas colônias espanholas do mesmo período.

Conforme elucida Ana Cecília de Barros Gomes[123], Portugal entendia que a possibilidade de criação de cursos jurídicos no Brasil, naquele período, poderia representar a fragilização do controle exercido pela metrópole sobre a colônia. Por essa razão, os juristas brasileiros do período colonial eram formados pela Universidade de Coimbra. Eles, por sua vez, tornaram-se, no período subsequente, os responsáveis pela introdução de uma epistemologia jurídica colonialista no país, pois como futuros docentes dos primeiros cursos jurídicos instituídos no século XIX, repassaram aos alunos uma perspectiva eurocêntrica do Direito, da universidade e da própria docência.

Objeto de discussão pela primeira vez na Assembleia Constituinte de 1823, a criação de cursos jurídicos no país foi encarada como uma das demandas prioritárias do Estado Nacional que se pretendia erigir naquele momento. Era premente e necessária a criação de uma elite que se incumbisse de operar a burocracia estatal, de modo a preservar e reproduzir o *status quo* e a disciplina europeus no âmbito do território brasileiro[124],

[123] GOMES, Ana Cecília de Barros. **Colonialidade na academia jurídica brasileira**: uma leitura decolonial em perspectiva amefricana. 2019. Tese (Doutorado em Direito) – Pontifícia Universidade Católica do Rio de Janeiro, Rio de Janeiro, 2019. Disponível em: https://www.maxwell.vrac.puc-rio.br/51318/51318.PDF. Acesso em: 5 jan. 2020.

[124] PIRES, Thula Rafaela de Oliveira. **Direitos Humanos e Améfrica Ladina**: Por uma crítica amefricana ao colonialismo jurídico. *In:* Dossier: El Pensamento de Lélia Gonzalez, un legado y um horizonte. v. 50. Latin American Association, 2019. Disponível em: https://forum.lasaweb.org/files/vol50-issue3/Dossier-Lelia-Gonzalez-7.pdf. Acesso em: 5 set. 2020.

ainda que a versão oficial desse conta de que a razão da criação de cursos jurídicos no Brasil estava relacionada à melhoria na formação intelectual dos brasileiros[125].

Sérgio Adorno[126] leciona que a criação e fundação de cursos jurídicos no Brasil pautou-se pela mesma mentalidade que guiou os principais movimentos sociais da época: o individualismo político e o liberalismo econômico. Era essencial ao Estado Nacional que nascia um grau razoável de autonomia cultural e, especialmente, burocrático-estatal. Não parecia recomendável às elites locais manter a dependência das universidades europeias, notadamente a de Coimbra. Desse modo, a independência política do Estado brasileiro está intimamente relacionada à fundação das faculdades de Direito no país. De acordo com o sociólogo:

> [...] o Estado brasileiro erigiu-se como um Estado de magistrados, dominado por juízes, secundados por parlamentares e funcionários de formação profissional jurídica. O bacharel acabou por constituir-se, portanto, em sua figura central porque mediadora entre interesses privados e interesses públicos, entre o estamento patrimonial e os grupos sociais locais. A criação de uma verdadeira *intelligentzia* profissional liberal, nascida no bojo da sociedade agrário-escravista, compreendida, na sua grande maioria, de bacharéis, promoveu a ampliação dos quadros políticos e administrativos, sedimentou a solidariedade intra-elite de modo a rearticular as alianças entre os grupos sociais representantes do mundo rural e do mundo urbano e, sobretudo, possibilitou a separação entre poder doméstico e poder público, fundamental para a emergência de uma concepção de cidadania.[127]

No percurso entre a constatação da necessidade, a idealização e a efetiva fundação das faculdades de Direito, parlamentares brasileiros travaram acirrados debates, primeiro em torno da existência de fundos para que as universidades de fato pudessem ser construídas e mantidas e, após, sobre o local em que deveriam localizar-se. O projeto de duas universidades foi, então, aprovado, e o indicativo, apesar dos intensos debates e das

---

125 GOMES, Ana Cecília de Barros. **Colonialidade na academia jurídica brasileira**: uma leitura decolonial em perspectiva amefricana. 2019. Tese (Doutorado em Direito) – Pontifícia Universidade Católica do Rio de Janeiro, Rio de Janeiro, 2019. Disponível em: https://www.maxwell.vrac.puc-rio.br/51318/51318.PDF. Acesso em: 5 jan. 2020.

126 ADORNO, Sérgio. **Os aprendizes do poder**: O bacharelismo liberal na política brasileira. 1. ed. Rio de Janeiro: Paz e Terra, 1988.

127 *Ibid.*, p. 78.

manifestas divergências, era de que uma delas se situasse em São Paulo e a outra em Olinda. Superada a problemática acerca das sedes das faculdades de Direito que seriam criadas, finalmente, em sessão de 4 de novembro de 1823, o projeto foi submetido à votação final e aprovado.[128]

No entanto, a dissolução da Assembleia Constituinte fez com que a conversão do projeto aprovado em lei fosse postergada. Somente após a outorga da Constituição de 1824 pelo imperador, o assunto retornou à baila e, por intermédio do Decreto de 9 de janeiro de 1825, o qual jamais chegou a ser executado, determinou-se a criação de um curso jurídico provisório. Em 1826, a matéria retornou ao debate público na Assembleia Geral Legislativa e, após novas discussões sobre a localização e a estrutura curricular, foi aprovada na sessão de 31 de agosto de 1826 a instituição de dois cursos jurídicos, um em São Paulo e outro em Olinda. Submetido ao Senado, dispensando-se maiores discussões, o projeto foi aprovado e convertido na Lei de 11 de agosto de 1827[129].

O fato é que a implementação de tais cursos no Brasil fazia parte da estratégia de constituir um Estado norteado por uma espécie de liberalismo conservador que, ao passo em que advogava a universalização da liberdade, conservava, contraditoriamente, sob os seus auspícios, as agruras do regime escravocrata, até então legalizado no país[130]. Desse modo, a funcionalidade da fundação dos cursos estava atrelada à "[...] manutenção e defesa dos interesses dos proprietários dos meios de produção do Estado brasileiro"[131]. Exatamente por isso, "[...] o público-alvo do bacharelismo jurídico era formado pelas classes dominantes e oligarquias rurais, garantindo os seus lugares de privilégio na estrutura burocrática."[132].

Nesse sentido, Thula Pires[133] compreende que:

---

[128] *Idem.*

[129] ADORNO, Sérgio. **Os aprendizes do poder**: O bacharelismo liberal na política brasileira. 1. ed. Rio de Janeiro: Paz e Terra, 1988.

[130] CIDADE DE JESUS, Edmo de Souza; SÁ NETO, Clarindo Epaminondas de. Entre colonialismo jurídico e epistemicídio: o uso estratégico do direito como instrumento de governança racial. *In:* ANGELIN, Rosângela; GABATZ, Celso (org.). **Conceitos e preconceitos de gênero na sociedade brasileira contemporânea**: perspectivas a partir dos Direitos Humanos. 1. ed. Foz do Iguaçu: CLAEC e-books, 2021, p. 72-86. *E-book.* Disponível em: https://publicar.claec.org/index.php/editora/catalog/view/53/53/572-1. Acesso em: 15 jan. 2022.

[131] PIRES, Thula Rafaela de Oliveira. **Direitos Humanos e Améfrica Ladina**: Por uma crítica amefricana ao colonialismo jurídico. *In:* Dossier: El Pensamento de Lélia Gonzalez, un legado y um horizonte. v. 50. Latin American Association, 2019. p. 99. Disponível em: https://forum.lasaweb.org/files/vol50-issue3/Dossier-Lelia-Gonzalez-7.pdf. Acesso em: 5 set. 2020.

[132] *Ibid.*, p. 72.

[133] *Idem.*

> As Faculdades de Direito se formavam como ambientes hierarquizados e dominados pela elite econômica, racial e sexual pátria, moldando processos políticos que se realizavam à revelia das classes populares, racializadas como não brancas. Teoria do direito e jurisprudência passam a consolidar os interesses dos proprietários dos meios de produção do Estado brasileiro, excluindo do seu processo (não apenas do acesso à justiça, mas da construção normativa de forma mais ampla) os cidadãos considerados de segunda classe e aqueles cuja humanidade se negava. A incapacidade do direito de produzir a emancipação para sujeitos e experiências que não são levadas em conta no processo de determinação dos bens jurídicos a serem tutelados, apresenta-se como a mais bem acabada forma de enunciação da legalidade e da liberdade como atributos exclusivos da zona do ser. Por trás de uma suposta neutralidade e da afirmação de uma igualdade formal, o direito segue sendo lido e construído sob o signo da branquitude.

Para Lilia Moritz Schwarcz[134], a instituição das primeiras faculdades de Direito do país estava intrinsecamente vinculada às dinâmicas políticas que se estabeleceram no período imediatamente anterior, cujo marco principal é a independência política do Brasil em 1822. Essa ideia atribuía aos juristas parte da responsabilidade de refundação do país, com a criação de uma nova imagem e de modelos que o desvinculasse definitivamente da metrópole europeia, a despeito das contradições decorrentes da manutenção de um monarca português no comando. Segundo a historiadora, era preciso demonstrar, tanto aos nacionais quanto aos estrangeiros, que o império brasileiro era de fato independente, o que demandava não apenas a criação de um novo estatuto jurídico-político, mas, sobretudo, a concepção de uma nova consciência coletiva, que refletisse o novo regime.

3.3 BREVE HISTÓRICO SOBRE A FUNDAÇÃO DA FACULDADE DE DIREITO DE SÃO PAULO

A Faculdade de Direito de São Paulo, inaugurada em 1º de março de 1828, caracterizou-se pelo ecletismo que reunia, em uma mesma instituição, a militância política, o jornalismo, a literatura, a advocacia e a influência no âmbito da burocracia estatal[135]. Uma de suas facetas mais peculiares,

[134] SCHWARCZ, Lilia Moritz. **O espetáculo das raças**: cientistas, instituições e questão racial no Brasil – 1870-1930. 1. ed. São Paulo: Companhia das Letras, 1993.

[135] SCHWARCZ, Lilia Moritz. **O espetáculo das raças**: cientistas, instituições e questão racial no Brasil – 1870-1930. 1. ed. São Paulo: Companhia das Letras, 1993.

nos termos do que aponta Adorno[136], foi a capacidade de condensar, em um único espaço social e institucional, os conflitos entre o liberalismo e a democracia. Por esse motivo, aduz o sociólogo, a Faculdade de Direito do Largo de São Francisco esteve à frente "[...] dos principais acontecimentos que marcaram a emergência e o curso da ordem social competitiva na sociedade brasileira [...]"[137]. Outro traço importante é a particularidade do processo de profissionalização do bacharelado, notabilizado pelo que se denomina de periodismo, isto é, a existência de uma imprensa expressiva, produzida pelos acadêmicos de Direito, que era capaz de impulsionar o debate político e social da época[138].

Profundamente influenciada pela tradição de Coimbra, a estrutura do curso na Academia de Direito de São Paulo era composta de nove disciplinas. Os acadêmicos eram formados com base no estudo do que se intitulava de Direito Natural, Direito Público, Análise da Constituição do Império, Direito das Gentes e Diplomacia, Direito Pátrio Civil, Direito Pátrio Criminal, Direito Público Eclesiástico, Teoria do Processo Criminal, Direito Mercantil e Marítimo, Teoria e Prática do Processo adotado pelas Leis do Império e Economia Política. Essa estrutura curricular, de matriz jusnaturalista, procurava cumprir o desiderato de criar uma elite intelectual aberta à modernidade, que fosse capaz de superar o recente passado colonial. Ao mesmo tempo, o currículo contava com noções arcaicas de Direito Público Eclesiástico, voltadas à mediação das relações entre a Igreja e o Estado[139].

Em São Paulo, a formação cultural e profissional, assim como a vida acadêmica dos bacharéis, jamais estive circunscrita às atividades curriculares; ao contrário, elas sempre estiveram entremeadas pelos institutos acadêmicos e pelo jornalismo literário e político. Debates sobre temas nacionais, locais ou cotidianos, além dos pertinentes à academia, alicerçavam o ambiente de formação acadêmica dos estudantes de Direito de São Paulo, para os quais o periodismo ocupou centralidade tanto nas lutas políticas que se estabeleciam dentro e fora da faculdade quanto em suas próprias formações cultural e intelectual[140].

---

[136] ADORNO, Sérgio. **Os aprendizes do poder**: O bacharelismo liberal na política brasileira. 1. ed. Rio de Janeiro: Paz e Terra, 1988.

[137] *Ibid.*, p. 95.

[138] ADORNO, *op. cit.*

[139] ADORNO, Sérgio. **Os aprendizes do poder**: O bacharelismo liberal na política brasileira. 1. ed. Rio de Janeiro: Paz e Terra, 1988.

[140] *Idem.*

Nesse diapasão, foram as intensas atividades extracurriculares da Academia de São Paulo, representadas pelas lutas políticas e pela produção literária, que consubstanciam o seu traço fundamental. A proeminência dos acadêmicos da instituição e a importância dessas atividades em suas formações é provada pela quantidade de políticos, burocratas, literatos e juristas que se notabilizaram durante o período monárquico, ou mesmo republicano, e tiveram suas biografias assentadas nesses movimentos[141].

Formavam-se, na Faculdade do Largo de São Francisco, bacharéis juridicistas estreitamente identificados com a cultura europeia, notadamente a inglesa, francesa e alemã, cujas personalidades evidenciavam uma atração pelo saber ornamental, um culto à erudição linguística e um cultivo do intelectualismo[142]. Esses juristas, provindos em sua maioria das grandes propriedades rurais, monocultoras e escravistas, ou seja, dos estratos sociais economicamente privilegiados e politicamente associados ao mandonismo local, não fizeram nada "[...] senão colocar os interesses agrários em contato com o aparato administrativo do Estado, para o que foram exemplarmente disciplinados nos cursos jurídicos."[143].

E, estando os interesses agrários diretamente relacionados ao sistema escravocrata até então vigente, não é despiciendo ressaltar que a Faculdade de Direito de São Paulo cultivava a ideia de que o bom jurista deveria se apropriar das supostas "modernas teorias sobre as raças", para as quais os seres humanos eram racialmente desiguais, mas passíveis de "evolução". A defesa de que as pessoas eram desiguais estava calcada em uma ideologia de supremacia racial, isto é, a hipotética superioridade natural de uma raça em detrimento de outras, o que fez com que os juristas de São Paulo chegassem a defender a utilização de modelos eugenistas de intervenção para fundamentar a concordância com a proibição da entrada de imigrantes de origem africana e asiática no Brasil[144].

Assim, mais do que fornecer ao Estado bacharéis capazes de ocupar as mais elevadas posições na burocracia estatal, a Faculdade de Direito de São Paulo forneceu profissionais capacitados para o preenchimento dos quadros burocráticos intermediários, como a atuação em delegacias

---

141 *Idem.*

142 *Idem.*

143 *Ibid.*, p. 160.

144 SCHWARCZ, Lilia Moritz. **O espetáculo das raças**: cientistas, instituições e questão racial no Brasil – 1870-1930. 1. ed. São Paulo: Companhia das Letras, 1993.

de polícia, em gabinetes executivos, em promotorias e varas judiciais etc. Portanto, aos pequenos e aos grandes intelectuais com formação jurídica, vinculados aos interesses agrários e escravocratas, pode-se atribuir a estruturação do Estado como se fosse a própria Casa-Grande, na medida em que as relações entre governantes e governados ocorriam como se fossem entre patriarcas e súditos[145].

3.4 BREVE HISTÓRICO SOBRE A FUNDAÇÃO DA FACULDADE DE DIREITO DE SANTA CATARINA

Diferentemente da Faculdade de Direito do Largo de São Francisco, que conta com quase 200 anos de existência e cuja criação se confunde com o próprio debate nacional, travado em meados do início do século XIX, em torno da premência de institucionalização de cursos jurídicos no país, a Faculdade de Direito de Santa Catarina, nomenclatura lhe conferida quando de sua fundação, pode ser considerada jovem comparativamente a outros cursos jurídicos implantados no Brasil. Idealizada pelo jurista e desembargador José Arthur Boiteux, a criação de um curso de Direito em Santa Catarina ocorreria apenas em 11 de fevereiro de 1932, tendo sido a proposta de fundação da referida faculdade debatida em dezembro do ano anterior em reunião extraordinária na sede da Congregação do Instituto Politécnico de Santa Catarina. Com a aprovação, na mesma data em que houve a deliberação, em 21 de dezembro de 1931, constituiu-se uma comissão especial para viabilizar a instalação da instituição de ensino[146].

Rodrigo Sartoti[147] revela que, nos primeiros dias de fevereiro de 1932, a comissão especial criada na reunião de aprovação da proposta apresentada por José Boiteux tratou de divulgar entre os juristas de Florianópolis convites para o comparecimento na sessão que ocorreria no dia 11 de fevereiro daquele ano na Congregação do Instituto Politécnico. O

[145] ADORNO, Sérgio. **Os aprendizes do poder**: O bacharelismo liberal na política brasileira. 1. ed. Rio de Janeiro: Paz e Terra, 1988.

[146] SARTOTI, Rodrigo Alessandro. **Juristas e ditadura**: uma história política da Faculdade de Direito da UFSC durante a ditadura militar (1964-1968). Dissertação (Mestrado em Direito) – Programa de Pós-Graduação em Direito, Universidade Federal de Santa Catarina, Florianópolis, 2017. Disponível em: https://repositorio.ufsc.br/xmlui/handle/123456789/183431. Acesso em: 15 jan. 2023.

[147] SARTOTI, Rodrigo Alessandro. **Juristas e ditadura**: uma história política da Faculdade de Direito da UFSC durante a ditadura militar (1964-1968). Dissertação (Mestrado em Direito) – Programa de Pós-Graduação em Direito, Universidade Federal de Santa Catarina, Florianópolis, 2017. Disponível em: https://repositorio.ufsc.br/xmlui/handle/123456789/183431. Acesso em: 15 jan. 2023.

êxito da divulgação resultou no comparecimento de 25 juristas[148], os quais, naquela data, reunidos, fundaram a então intitulada Faculdade de Direito de Santa Catarina.

No período antecedente à fundação da primeira faculdade de Direito no Estado, os juristas catarinenses eram formados, em sua maioria, em faculdades situadas nas demais capitais do Sul do país, como Curitiba ou Porto Alegre, ou em instituições localizadas no Sudeste, como São Paulo (Faculdade de Direito do Largo de São Francisco) e Rio de Janeiro (Faculdade Nacional de Direito)[149]. O próprio Boiteux, idealizador da criação do curso em Santa Catarina, teve sua formação acadêmica e profissional realizada nos estados do Sudeste brasileiro, tendo residido, estudado e lecionado no Rio de Janeiro e em São Paulo. Antes da idealização de um curso de Direito em território catarinense, ele havia fundado, em 1917, o Instituto Politécnico de Florianópolis, instituição pioneira no ensino superior no Estado, o Instituto Histórico e Geográfico de Santa Catarina e a Academia Catarinense de Letras[150].

A Faculdade de Direito de Santa Catarina foi concebida inicialmente como associação civil, possuindo natureza jurídica de direito privado, com registro de seu estatuto no Cartório de Registro Civil de Pessoas Jurídicas da Comarca da Capital, em 15 de abril de 1932, nos termos da legislação que regia a matéria à época. Após, diante da relevância dos serviços prestados e do interesse público que lhes eram subjacentes, a instituição foi declarada de utilidade pública por meio do Decreto-Lei (estadual) 452, de 3 de janeiro de 1934. Posteriormente, mediante a Lei n. 19, de 30 de novembro de 1935, sancionada pelo Governador do Estado e então professor do curso, Nereu de Oliveira Ramos, foi estatizada, passando a integrar as instituições do

[148] De acordo com Pilati, Matos e Sá Neto (2022), a lista de fundadores é composta pelas seguintes personalidades: José Arthur Boiteux, Henrique da Silva Fontes, Américo da Silveira Nunes, Heráclito Carneiro Ribeiro, Sálvio de Sá Gonzaga, Urbano Muller Salles, Euclides de Queiroz Mesquita, Othon da Gama Lobo D'Eça, Zulmiro Soncini, Heitor Salomé Pereira, Edmundo Acácio Soares Moreira, Affonso Gilhermino Wanderley Júnior, Adalberto Belisário Ramos, Alfredo Von Trompowsky, Ney Kurtz, Érico Ennes Torres, Francisco Tavares da Cunha Mello Sobrinho, Gil Costa, Cid Campos, Henrique Rupp Júnior, João Bayer Filho, Nereu de Oliveira Ramos, Antônio Bottini, Fúlvio Coriolano Aducci e Pedro de Moura Ferro.

[149] *Idem*.

[150] PILATI, José Isaac; MATOS, Samuel da Silva; SÁ NETO, Clarindo Epaminondas de. História do curso de Direito da Universidade Federal de Santa Catarina rumo ao centenário (1932-2032). *In*: ROCHA, Julio Cesar de Sá da; COSTA, Elaine Cristina Pimentel; SILVEIRA, Simone de Biazzi Ávila Batista da; BEZERRA JÚNIOR, José Albenes (org.). **Ensino jurídico, desafios e perspectivas**: experiência dos cursos jurídicos das universidades federais brasileiras. 1. ed. Rio Grande: Editora da FURG, 2022. Disponível em: https://repositorio.furg.br/bitstream/handle/1/10471/ENSINO%20JUR%C3%8DDICO%2C%20DESAFIOS%20E%20PERSPECTIVAS.pdf?sequence=1&isAllowed=y. Acesso em: 15 jan. 2023.

Estado de Santa Catarina como pessoa jurídica de direito público, equiparada, inclusive, aos estabelecimentos federais de ensino, de acordo com o Decreto Federal n. 2.098, de 1 de novembro de 1937[151].

No entanto, com o advento da Constituição do Estado Novo de 1937, passou a vigorar a vedação constitucional de cumulação de funções e cargos públicos, o que representou um impasse para uma faculdade de direito pública cujo corpo docente era composto quase integralmente por juízes e promotores de justiça. O risco de inviabilizar as atividades da instituição fez com que a sua natureza jurídica fosse modificada, voltando a constituir-se como entidade privada a partir da edição do Decreto Estadual n. 120, de 1938. Passados alguns anos, impulsionada pela pretensão política de se instituir uma universidade em Santa Catarina, em 1956 a Faculdade foi federalizada (Lei Federal 3.038/1956) para, em 1960, ser incorporada à Universidade Federal de Santa Catarina, então criada pelo presidente Juscelino Kubitschek de Oliveira[152].

Seguindo as características do fenômeno do bacharelismo brasileiro e, especialmente, por ser o primeiro curso jurídico do Estado, a Faculdade de Direito de Santa Catarina se tornou o berço intelectual e político da elite dirigente catarinense, sendo alçada, por vezes, a cenário de disputas políticas regionais. Desse modo, na primeira metade do século XX, o debate das questões de relevo social e político não estava adstrito às instituições e membros dos Poderes Legislativo e Executivo, uma vez que transitava, necessariamente, pelas discussões que se estabeleciam naquela academia jurídica. Os futuros bacharéis estavam permanentemente atentos às questões políticas da Capital e do Estado, preservando os vínculos próximos que possuíam com as autoridades do período[153].

Nesses moldes, pode-se afirmar que a Faculdade de Direito de Santa Catarina esteve vocacionada, naquele momento histórico, com a formação de bacharéis provenientes das elites locais que fossem capazes de operar o aparato burocrático do Estado e de ocuparem os cargos políticos de lide-

---

[151] PILATI, José Isaac; MATOS, Samuel da Silva; SÁ NETO, Clarindo Epaminondas de. História do curso de Direito da Universidade Federal de Santa Catarina rumo ao centenário (1932-2032). *In*: ROCHA, Julio Cesar de Sá da; COSTA, Elaine Cristina Pimentel; SILVEIRA, Simone de Biazzi Ávila Batista da; BEZERRA JÚNIOR, José Albenes (org.). **Ensino jurídico, desafios e perspectivas**: experiência dos cursos jurídicos das universidades federais brasileiras. 1. ed. Rio Grande: Editora da FURG, 2022. Disponível em: https://repositorio.furg.br/bitstream/handle/1/10471/ENSINO%20JUR%C3%8DDICO%2C%20DESAFIOS%20E%20PERSPECTIVAS.pdf?sequence=1&isAllowed=y. Acesso em: 15 jan. 2023.

[152] SARTOTI, 2017; PILATI; MATOS; SÁ NETO, 2022.

[153] SARTOTI, 2017.

rança, preservando-se, assim, os interesses das classes dominantes. Essa funcionalidade, como se pode perceber, é muito similar àquela assumida pela Faculdade de Direito do Largo de São Francisco.

3.5 A FUNCIONALIDADE DA OCULTAÇÃO DO RACISMO NO PENSAMENTO JURÍDICO TRADICIONAL BRASILEIRO E AS NOVAS DIRETRIZES CURRICULARES NACIONAIS DOS CURSOS DE DIREITO

O racismo se consubstancia em elemento constitutivo da cultura jurídica nacional, manifestando-se na prática política, institucional e, notadamente, na jurídica[154]. Desde a instituição dos primeiros cursos de Direito no Brasil, em Olinda (faculdade posteriormente transferida para Recife) e São Paulo, como observado anteriormente, a produção acadêmica e os debates que eram objeto de preocupação de docentes e discentes, os quais pertenciam ao grupo racialmente dominante, estavam direta ou indiretamente relacionados ao interesse inafastável de manter intactos os pilares da sociedade escravocrata da qual eram legatários. Mesmo considerando que, em determinados momentos históricos, a necessidade de alteração das formas de Estado e de governo tenham se tornado inadiáveis.

De acordo com Joaze Bernardino-Costa, Nelson Maldonado-Torres e Ramón Grosfoguel[155], o racismo funciona como princípio constitutivo que demarca uma linha divisória entre as pessoas que possuem o direito de viver e aquelas que não têm. Trata-se, outrossim, de um princípio organizador que determinará aqueles que podem formular conhecimento científico legítimo e os que não podem. Ele organiza, sobretudo, como destaca Ramón Grosfóguel[156], "[...] as relações de dominação da modernidade, mantendo a existência de cada hierarquia de dominação sem reduzir uma às outras, porém ao mesmo tempo sem poder entender uma sem as outras.". Para o pesquisador[157]:

[154] GOMES, Ana Cecília de Barros. **Colonialidade na academia jurídica brasileira**: uma leitura decolonial em perspectiva amefricana. Tese (Doutorado em Direito) – Pontifícia Universidade Católica do Rio de Janeiro, Rio de Janeiro, 2019. Disponível em: https://www.maxwell.vrac.puc-rio.br/51318/51318.PDF. Acesso em: 5 jan. 2020.

[155] BERNARDINO-COSTA, Joaze; MALDONADO-TORRES, Nelson; GROSFOGUEL, Ramón. Introdução: Decolonialidade e pensamento afrodiaspórico. *In:* BERNARDINO-COSTA, Joaze; MALDONADO-TORRES, Nelson; GROSFOGUEL, Ramón (org.). **Decolonialidade e pensamento afrodiaspórico**. 2. ed. Belo Horizonte: Autêntica, 2020.

[156] GROSFOGUEL, Ramón. Para uma visão da crise civilizatória e dos paradigmas da esquerda ocidentalizada. *In:* BERNARDINO-COSTA, Joaze; MALDONADO-TORRES, Nelson; GROSFOGUEL, Ramón (org.). **Decolonialidade e pensamento afrodiaspórico**. 2. ed. Belo Horizonte: Autêntica, 2020. p. 59.

[157] GROSFÓGUEL, *loc. cit.*

> O racismo é um princípio constitutivo que organiza, a partir de dentro, todas as relações de dominação da modernidade, desde a divisão internacional do trabalho até as hierarquias epistêmicas, sexuais, de gênero, religiosas, pedagógicas, médicas, junto com as identidades e subjetividades, de tal maneira que divide tudo entre as formas e os seres superiores (civilizados, hiper-humanizados, etc., acima da linha do humano) e outras formas e seres inferiores (selvagens, bárbaros, desumanizados, etc., abaixo da linha do humano).

Antes mesmo das discussões que culminaram com a criação dos dois primeiros cursos jurídicos no país, as atuações de ambas as faculdades em prol de manter a sociedade brasileira segregada racialmente encontraram amparo e conformidade quando analisada a gênese do constitucionalismo brasileiro, de matriz liberal-burguesa, que não foi capaz de conceber instituições e modelos de Estado hábeis a impedir o aviltamento de um contingente expressivo de sua população. Tal qual os demais processos constitucionais na América Latina, reproduziram-se os modelos institucionais europeus e estadunidenses, impossibilitados de lidar com as complexidades e especificidades locais, de modo que as práticas e estruturas coloniais se mantiveram intactas[158].

Da mesma forma que se elegeram as revoluções francesa e estadunidense como processos constitutivos da imagem constitucional que se pretendia alicerçar, assegurando-se o modelo colonial e fortalecendo o colonialismo interno, refutou-se veementemente a influência da revolução haitiana nos processos constituintes locais[159]. Isso promoveu o apagamento desse importante evento histórico dos acontecimentos políticos domésticos, certamente em razão do temor que o processo revolucionário levado a efeito pela população negra haitiana poderia representar para o Estado escravocrata brasileiro, detentor, à época, do maior contingente de escravizados do mundo ocidental.

Como aponta Marcos Vinícius Lustosa Queiroz[160], cientes de que a Revolução Haitiana se consubstanciava no símbolo máximo de subversão da ordem social e racial do regime escravocrata, as elites brasileiras se

---

[158] PIRES, Thula Rafaela de Oliveira. Por um constitucionalismo ladino-amefricano. *In*: BERNARDINO-COSTA, Joaze; MALDONADO-TORRES, Nelson; GROSFOGUEL, Ramón (org.). **Decolonialidade e pensamento afrodiaspórico**. 2. ed. Belo Horizonte: Autêntica, 2020.

[159] *Idem.*

[160] QUEIROZ, Marcos. **Constitucionalismo Brasileiro e o Atlântico Negro**: a experiência constituinte de 1823 diante da Revolução Haitiana. Dissertação (Mestrado em Direito) – Programa de Pós-Graduação em Direito, Universidade de Brasília, Brasília, 2017. Disponível em: https://repositorio.unb.br/bitstream/10482/23559/1/2017_MarcosVin%C3%ADciusLustosaQueiroz.pdf. Acesso em: 18 jan. 2020.

depararam com o dilema de pretender realizar uma independência conservadora, preservando privilégios econômicos, raciais e políticos, e de depender das forças militares formadas por setores populares, constituídos em grande parte por miscigenados e negros escravizados, os quais, por sua vez, estavam dispostos a radicalizar os ideais de liberdade que circulavam por Salvador e pelo Recôncavo Baiano no período. A solução para o "problema negro", considerando-se os escravizados e os libertos, consequentemente, seria excluí-los completamente dos direitos próprios dos cidadãos, "como mecanismo de coerência de uma perspectiva da liberdade como direito de propriedade, em que o colonialismo e o racismo eram elementos mediadores dessa construção."[161].

Desse modo, percebe-se que o medo branco[162] ante o legado revolucionário haitiano, que representava o rompimento com a herança colonial e a noção agregadora e emancipatória de liberdade e cidadania, radical e não hierarquizada, desatrelada, por conseguinte, da ideia de propriedade, até então concretizadas no Brasil por experiências quilombolas e indígenas, marcou de forma inexpugnável a formação da cultura jurídica brasileira. Isso porque esse temor foi um dos principais responsáveis por impulsionar as elites locais a optarem por modelos constitucionais de inspiração europeia e estadunidense, amoldando-os às suas pretensões autoritárias, centralizadoras e genocidas[163], cujos efeitos protraem-se no tempo e se materializam, na atualidade, sob as insígnias da marginalização social, da segregação racial, do supremacismo branco e do genocídio da população negra.

A imbricação entre o racismo e o pensamento jurídico tradicional brasileiro é especialmente problemática porque, nos termos do que foi exposto anteriormente, o bacharelismo jurídico liberal é elemento indissociável da própria formação do Estado brasileiro. Por isso, para compreender o atual estado das instituições brasileiras, eivadas pelo racismo institucional, é preciso analisar como pensavam os homens brancos responsáveis pela tentativa de formação de um pensamento jurídico brasileiro e quais são as marcas deixadas por eles no que se pode compreender hoje como uma cultura jurídica nacional.

---

[161] QUEIROZ, 2017, p. 116.

[162] AZEVEDO, Celia Maria Marinho de. **Onda Negra, Medo Branco**: o negro no imaginário das elites - século XIX. 1. ed. Rio de Janeiro: Paz e Terra, 1987.

[163] PIRES, Thula Rafaela de Oliveira. Por um constitucionalismo ladino-amefricano. *In*: BERNARDINO-COSTA, Joaze; MALDONADO-TORRES, Nelson; GROSFOGUEL, Ramón (org.). **Decolonialidade e pensamento afrodiaspórico**. 2. ed. Belo Horizonte: Autêntica, 2020.

A esse respeito, em já clássico estudo sobre a questão racial e a gênese das instituições brasileiras, Lilia Moritz Schwarcz[164] constata que a produção acadêmica da Faculdade de Direito de Recife investia na difusão e desenvolvimento de teorias racistas, introduzidas entre os intelectuais da época a partir do que era produzido no período por expoentes do racismo científico europeu. A ideia era de que essas teorias os ajudassem na resolução do "problema racial" brasileiro. Já a Faculdade de Direito de São Paulo, embora elegesse como preocupação primordial a formação de burocratas para ocuparem cargos e funções na estrutura do Estado, estava atenta à necessidade de manter as hierarquias raciais que moldavam a sociedade da época[165].

As pesquisas da historiadora revelam a contribuição da escola de Direito de Recife para a formação de uma cultura jurídica permeada pelo darwinismo social, ao ponto de a Revista Acadêmica da Faculdade de Direito do Recife, cuja circulação iniciou em 1891, ter como primeira publicação um artigo que sugeria um "quadro evolutivo para o Direito", no qual se fazia remissão a autores como Haeckel, Darwin, Le Bom, Lombroso e Ferri, nomes que seriam recorrentes nos 30 primeiros anos do periódico.[166] Essas primeiras produções acadêmicas lançam luzes sobre os alicerces de uma epistemologia jurídica colonialista, "[...] que encontrava no evolucionismo e, notadamente, na raça os elementos fundamentais de análise."[167].

Isso porque as publicações conferiam especial destaque para autores como Lombroso e Ferri, denotando que as pesquisas empreendidas naquela instituição estavam interessadas em investigar os avanços da escola italiana na compreensão do crime a partir da análise subjetiva de quem o pratica ou estaria naturalmente predisposto a praticá-lo, em função do biotipo e/ou da raça a qual pertenciam os potenciais criminosos[168]. "Essas teorias

164 SCHWARCZ, Lilia Moritz. **O espetáculo das raças**: cientistas, instituições e questão racial no Brasil – 1870-1930. 1. ed. São Paulo: Companhia das Letras, 1993. p. 244-245.

165 SCHWARCZ, Lilia Moritz. **O espetáculo das raças**: cientistas, instituições e questão racial no Brasil – 1870-1930. 1. ed. São Paulo: Companhia das Letras, 1993.

166 *Ibid.*, p. 204.

167 CIDADE DE JESUS, Edmo de Souza; SÁ NETO, Clarindo Epaminondas de. Entre colonialismo jurídico e epistemicídio: o uso estratégico do direito como instrumento de governança racial. *In:* ANGELIN, Rosângela; GABATZ, Celso (org.). **Conceitos e preconceitos de gênero na sociedade brasileira contemporânea**: perspectivas a partir dos Direitos Humanos. 1. ed. Foz do Iguaçu: CLAEC e-books, 2021, p. 77. *E-book*. Disponível em: https://publicar.claec.org/index.php/editora/catalog/view/53/53/572-1. Acesso em: 15 jan. 2022.

168 SCHWARCZ, 1993.

refletem na realidade presente e são responsáveis, em grande medida, pelos estereótipos racistas consolidados e mantidos por múltiplos fatores no imaginário social contemporâneo."[169].

Diversamente do periódico de Recife, a Revista da Faculdade de Direito de São Paulo não dispensava especial atenção a um autor ou a um grupo de autores específicos, já que caracterizada por seu ecletismo. Ela se consubstanciava, sobretudo, em um instrumento de divulgação das ideias de alunos e professores, inclusive as baseadas em preceitos de hierarquia racial. Apesar disso, a revista conferia especial relevo à história do Direito, já que compreendia que o fenômeno jurídico estava submetido à evolução da sociedade, sendo que competiria ao Direito a descoberta das leis que iriam regê-la. O periódico da Faculdade do Largo de São Francisco foi responsável pela defesa irrestrita da ação estatal, adaptando às perspectivas evolucionistas um modelo liberal conservador, tendendo a legitimar um Estado centralizado, autoritário e nitidamente manipulador[170].

Nesse sentido, é induvidosa a contribuição das duas primeiras faculdades de Direito brasileiras, cujas estruturas educacionais influenciaram as demais, para a introjeção e reprodução de um colonialismo jurídico vocacionado a difundir, declaradamente ou não, um pensamento jurídico racista. Do mesmo modo, é inafastável a constatação de que a cultura jurídica nacional é ontologicamente racista, pois sempre foi instrumentalizada para dar conta dos conflitos raciais que se estabelecem no seio de uma sociedade que mantinha, e ainda mantém, uma população majoritariamente negra profundamente segregada, algo que reverbera até hoje nas instituições brasileiras. Os ecos dessa cultura ressoam no pensamento jurídico tradicional, uma vez que, concebido nas bases de outrora, permanece conduzindo à seletividade epidérmica quanto à aplicação das leis, especialmente aquelas de natureza jurídica penal[171].

É a epistemologia jurídica brasileira que fornece, desde a sua gênese até a atualidade, os elementos necessários ao planejamento, desenvolvimento e execução de técnicas sofisticadas de governança racial, conceito que, para Adilson Moreira[172], é compreendido como tecnologia de poder cuja finalidade é a manutenção da ordem racial a partir do controle social

---

[169] CIDADE DE JESUS; SÁ NETO, 2021, p. 77.

[170] SCHWARCZ, *op. cit.*

[171] CIDADE DE JESUS; SÁ NETO, *op. cit.*

[172] MOREIRA, Adilson José. **Pensando como um negro**: ensaio de hermenêutica jurídica. 1. ed. São Paulo: Contracorrente, 2019.

dos corpos negros. O produto dessa governança é a manutenção da concentração do poder político e econômico adstrito à zona do ser, na qual habitam os homens brancos, cis heterossexuais, cristãos, proprietários e sem deficiência[173]. Por isso, segundo Adilson Moreira[174]:

> A ação discriminatória de empregadores, a ação discriminatória da polícia, a reprodução da representação negativa do homem negro é uma maneira de manter uma ordem racial baseada na necessidade do controle social dos corpos negros. A ação policial é uma ação estatal informada por interesses do grupo racial dominante em reproduzir formas de controle destinadas a manter um sistema de privilégios raciais que sustenta a hegemonia branca em nosso País. Creio que esse conceito de governança racial é relevante porque exemplifica como a raça informa diversas instâncias da vida social e da atuação das instituições sociais. Observamos o surgimento de uma nova forma de governança racial nas últimas décadas, sendo que ela utiliza dois mecanismos para manter a exclusão social: o genocídio da juventude negra e o encarceramento da população negra. Como alguns autores afirmam, o racismo é um sistema de dominação que adquire novos aspectos em diferentes momentos históricos e contextos sociais.

Assim, do mesmo modo que os processos de racialização informam as práticas discriminatórias fundadas na estigmatização e na desumanização das pessoas negras, possibilitam que as leis, cunhadas supostamente sob preceitos de abstração e generalidade, afetem de modo muito diverso pessoas brancas e negras[175]. Isso porque o sistema de governança racial brasileiro, que tem como uma das vigas de sustentação o epistemicídio, é

> [...] pautado pela construção de um saber técnico-acadêmico-dogmático predominantemente branco que, forjado na colonialidade, concede aos agentes do sistema de justiça as armas epistemológicas necessárias à contenção dos sujeitos racialmente subalternizados.[176]

---

173 PIRES, Thula Rafaela de Oliveira. **Direitos Humanos e Améfrica Ladina**: Por uma crítica amefricana ao colonialismo jurídico. *In:* Dossier: El Pensamento de Lélia Gonzalez, un legado y um horizonte. v. 50. Latin American Association, 2019. Disponível em: https://forum.lasaweb.org/files/vol50-issue3/Dossier-Lelia-Gonzalez-7.pdf. Acesso em: 5 set. 2020.

174 MOREIRA, 2019, p. 103.

175 *Idem*.

176 CIDADE DE JESUS; SÁ NETO, 2021, p. 80.

A partir dos aportes teóricos de Aparecida Sueli Carneiro[177], é possível aferir que,

> [...] o epistemicídio é, para além da anulação e desqualificação do conhecimento dos povos subjugados, um processo persistente de produção da indigência cultural: pela negação ao acesso a (sic) educação, sobretudo de qualidade; pela produção da inferiorização intelectual; pelos diferentes mecanismos de deslegitimação do negro como portador e produtor de conhecimento e de rebaixamento da capacidade cognitiva pela carência material e/ou pelo comprometimento da auto-estima pelos processos de discriminação correntes no processo educativo. Isto porque não é possível desqualificar as formas de conhecimento dos povos dominados sem desqualificá-los também, individual ou coletivamente, como sujeitos cognoscentes. E, ao fazê-lo, destitui-lhe a razão, a condição para alcançar o conhecimento "legítimo" ou legitimado. Por isso o epistemicídio fere de morte a racionalidade do subjugado ou a sequestra, mutila a capacidade de aprender etc.
> É uma forma de sequestro em duplo sentido: pela negação da racionalidade do Outro e pela assimilação cultural que em outros casos lhe é imposta.
> Sendo, pois, um processo persistente de produção da inferioridade intelectual ou da negação da possibilidade de realizar as capacidades intelectuais, o epistemicídio nas suas vinculações com as racialidades realiza, sobre seres humanos instituídos como diferentes e inferiores constitui, uma tecnologia que integra o dispositivo de racialidade/biopoder, e que tem por característica específica compartilhar características tanto do dispositivo quanto do biopoder, a saber, disciplinar/normalizar e matar ou anular. É um elo de ligação que não mais se destina ao corpo individual e coletivo, mas ao controle de mentes e corações.

Por essa razão, a abordagem da problemática racial e as discussões em torno das mazelas causadas pelo racismo na sociedade brasileira refogem à formação jurídica. Essas questões são estrategicamente silenciadas a pretexto da existência de uma mitológica democracia racial, de modo que, teleologicamente, o pensamento jurídico tradicional brasileiro está direcionado à conservação de uma estrutura social profundamente hierarquizada

[177] CARNEIRO, Aparecida Sueli. **A construção do outro como não-ser como fundamento do ser**. Tese (Doutorado em Pedagogia) – Programa de Pós-Graduação em Educação, Universidade de São Paulo, São Paulo, 2005. p. 97. Disponível em: https://negrasoulblog.files.wordpress.com/2016/04/a-construc3a7c3a3o-do-outro-como-nc3a3o-ser-como-fundamento-do-ser-sueli-carneiro-tese1.pdf. Acesso em: 14 set. 2020.

racialmente[178]. Eis a funcionalidade da ocultação do racismo no pensamento jurídico nacional. Consoante alerta Isabela Miranda[179], "O epistemicídio não só gera, mas potencializa a imbricação entre seletividade e racialização: a seletividade é racializada e o racismo é elemento estruturante da operatividade do sistema penal brasileiro e na produção de mortes".

Diante dessas questões, impende repensar o ensino jurídico e o próprio conceito de Direito que se busca aplicar. Roberto Lyra Filho[180] defendia que para que houvesse um ensino jurídico comprometido com a realidade complexa, dinâmica e dialética; compromissado, especialmente, com os direitos dos oprimidos e com a possibilidade de emancipação social, era imprescindível perpassar pela reflexão sobre o que de fato se considera por Direito. Para o jurista, a questão do ensino jurídico não pode ser solucionada, sequer pensada, sem a compreensão de que ela está atrelada à correta visão acerca do fenômeno jurídico[181]. E o Direito, afirma Lyra Filho[182], "[...] é aquilo que, como resultante do processo global (e, não da colheita em cavernas platônicas) transparece, como possibilidade da concretização de justiça social, em normas de peculiar intensidade coercitiva.". O Direito, na acepção do autor[183], precisa ser visto

> [...] em totalidade e movimento, como padrão atualizado de Justiça Social militante, que enseja a determinação das condições de coexistência das liberdades individuais, grupais e nacionais, com as únicas restrições admissíveis, na raiz da validade específica de toda normação legítima; e elas constituem precisamente o que define, de forma histórico-evolutiva e concreta, a essência manifesta da liberdade, como "o direito de fazer e buscar tudo o que a outrem não prejudica".

Nos últimos anos, orientados por uma teoria jurídica crítica, isto é, pautada em formulações teórico-práticas questionadoras, que sejam capazes de romper com a normatividade oficialmente consagrada e que

---

[178] CIDADE DE JESUS; SÁ NETO, 2021.

[179] MIRANDA, Isabella. A necropolítica criminal brasileira: do epistemicídio criminológico ao silenciamento do genocídio racializado. **Revista Brasileira de Ciências Criminais**, São Paulo, v. 135, p. 264, out. 2017. Disponível em: https://revistadostribunais.com.br/maf/app/resultList/document?&src=rl&srguid=i0ad6adc5000001748e-fa4c4497e63b78&docguid=I6cf797f08e4611e781ed010000000000&hitguid=I6cf797f08e4611e781ed010000000000&spos=14&epos=14&td=16&context=61&crumb-action=append&crumb-label=Documento&isDocFG=-false&isFromMultiSumm=&startChunk=1&endChunk=1. Acesso em: 4 set. 2020.

[180] LYRA FILHO, Roberto. **O Direito que se ensina errado**: sobre a reforma do ensino jurídico. 1. ed. Brasília: Obreira, 1980.

[181] LYRA FILHO, 1980, p. 8.

[182] *Ibid.*, p. 17.

[183] *Ibid.*, 1984, p. 30.

concebam e executem novas formas, não repressivas e verdadeiramente emancipadoras, de prática jurídica[184], diversas juristas negras e negros têm se dedicado à construção de epistemologias antirracistas para (re)pensar o Direito. Seguindo os passos de Eunice Aparecida de Jesus Prudente[185] e Dora Lucia de Lima Bertulio[186], uma nova geração de acadêmicas/os negras/os compreende que é preciso enfrentar o racismo incrustrado nas ciências jurídicas. Para isso, é necessário confrontar o pensamento jurídico dominante, introduzindo nos debates propedêuticos e, até mesmo, nos dogmáticos, a raça e o racismo como elementos indispensáveis para o entendimento da complexidade do fenômeno jurídico.

Essas/es intelectuais, na esteira do que dissera Dora Bertulio[187] em momento consideravelmente anterior, apontam como um dos problemas fundamentais dessa celeuma a educação jurídica tradicional. Já no fim da década de 1980, a jurista, precursora nesse debate, apontava, por exemplo, que os ensinamentos de teoria do Direito e teoria do Estado eram norteados por uma matriz teórica baseada nas produções de autores europeus, em cujas obras era possível encontrar discursos expressamente racistas que, não raro, procuravam justificar os horrores da escravidão colonial. O problema não era propriamente o estudo de autores considerados clássicos para o Direito, como Montesquieu e outros. O alerta feito por Dora Bertulio residia nas consequências de os conteúdos discriminatórios presentes nesses escritos serem reproduzidos sem a problematização das questões raciais que deles ressaíam, o que culminaria na "[...] interiorização de conceitos e preconceitos no ideário da camada dirigente, direta ou indiretamente [...]"[188]. Para a jurista,

> Esses comandos penetram sub-repticiamente, quando não intencionalmente, de forma a tornar-se de apreensão 'natural', dos governantes/intelectuais e perpassa o todo social estabelecendo a ideologia dominante.[189]

[184] WOLKMER, Antonio Carlos. **Introdução ao pensamento jurídico crítico**. 9. ed. São Paulo: Saraiva, 2015.

[185] PRUDENTE, Eunice Aparecida de Jesus. **Preconceito racial e igualdade jurídica no Brasil**. 1980. Dissertação (Mestrado em Direito do Estado) – Universidade de São Paulo, São Paulo, 1980. Disponível em: https://www.teses.usp.br/teses/disponiveis/2/2134/tde-03032008-103152/pt-br.php. Acesso em: 22 jan. 2022.

[186] BERTULIO, Dora Lucia de Lima. **Direito e relações raciais**: uma introdução crítica ao racismo. Dissertação (Mestrado em Direito) – Programa de Pós-Graduação em Direito, Universidade Federal de Santa Catarina, Florianópolis, 1989. Disponível em: https://repositorio.ufsc.br/handle/123456789/106299. Acesso em: 16 set. 2020.

[187] *Idem*.

[188] BERTULIO, 2019, p. 107.

[189] *Idem*.

Em continuidade à crítica formulada por Dora Bertulio[190], Adilson Moreira, Philippe de Almeida e Wallace Corbo[191] aduzem que há uma relação direta entre a possibilidade de avanço da pauta democrática e a mudança nos padrões de ensino jurídico ofertados nas instituições de ensino brasileiras. Segundo eles, o tipo de educação jurídica a que têm acesso os estudantes de Direito Brasil afora não apenas impede a construção de uma sociedade nos moldes da que foi idealizada pela Constituição da República de 1988, como se constitui em um dos principais obstáculos para que haja qualquer espécie de justiça racial. Trata-se de um problema comum a várias democracias liberais, não exclusivo ao caso brasileiro, e que pode ser identificado a partir de dez características básicas[192].

A primeira delas estaria relacionada à redução da educação jurídica ao ensino de um conjunto de técnicas de aplicação e interpretação das normas, como se fosse possível a existência de uma realidade objetiva e permanentemente imutável. Esse método é incapaz de promover transformação social, já que o corpo discente, ao aplicar essa lógica, reproduz as hierarquias nas quais se fundam a sociedade e se torna incapaz de conceber o Direito como um instrumento de emancipação social[193].

A segunda característica seria a diferenciação existente entre as disciplinas propedêuticas e as dogmáticas. Essa distinção faz com que os estudantes, orientados pela ânsia de uma educação bancária[194] e acrítica, considerem que os temas discutidos em disciplinas como Teoria e História do Direito, em Sociologia e Filosofia do Direito, sejam irrelevantes para a sua formação acadêmica, pois os conteúdos ministrados nas disciplinas dogmáticas (como Direito Constitucional, Direito Civil, Direito Processual Civil e Penal, dentre outras), supostamente seriam suficientes para aprenderem a operacionalizar o sistema jurídico, passar em concursos públicos ou mesmo no exame para admissão nos quadros da Ordem dos Advogados do Brasil (OAB). Isso implica a ausência de reconhecimento da relevância do debate das relações raciais para o Direito, trazendo a falsa ideia de que esse assunto é estranho à ciência jurídica e que, portanto, seria afeto a outras áreas do conhecimento[195].

---

190 *Idem.*

191 MOREIRA, Adilson José; ALMEIDA, Philippe Oliveira de; CORBO, Wallace. **Manual de educação jurídica antirracista.** 1. ed. São Paulo: Contracorrente, 2022.

192 *Idem.*

193 *Idem.*

194 FREIRE, Paulo. **Pedagogia do oprimido.** 73. ed. Rio de Janeiro/São Paulo: Paz e Terra, 2020.

195 MOREIRA; ALMEIDA; CORBO, *op. cit.*

A terceira está relacionada à profunda alienação da educação jurídica com relação à realidade social, algo comum às sociedades liberais em geral. O excesso de formalismo jurídico, aliado a uma estrutura social manifestamente injusta, impossibilita aos profissionais da área jurídica atuarem como agentes de promoção de mudanças, porquanto são incapazes de compreender como as normas jurídicas de fato atuam na realidade concreta[196].

O quarto atributo diria respeito à utilização do liberalismo individualista como critério de compreensão e interpretação das normas jurídicas, algo que está diretamente associado a uma educação formalista. Sobre esse ponto, Adilson Moreira, Philippe de Almeida e Wallace Corbo[197] assinalam que:

> A educação jurídica oferecida em nossas instituições de ensino superior incapacita nossos estudantes a se engajarem em práticas alternativas, porque são levados a acreditar que a sociedade só pode operar de acordo com certos pressupostos filosóficos e políticos associados ao individualismo, fato que reproduz uma cultura jurídica baseada na ideia de que as pessoas não são (ou são apenas circunstancialmente) afetadas por estruturas de exclusão presentes dentro de uma sociedade.

A quinta característica estaria na veneração do legalismo. Estudantes são ensinados a reverenciarem o arcabouço normativo, o que os impede de analisarem com a acuidade necessária as relações sociais para as quais se destinariam a aplicação dessas normas. A ênfase no legalismo obnubilaria a adoção de uma perspectiva jurídica crítica, fazendo com que alunas e alunos reproduzam no âmbito do discurso as "[...] disparidades raciais presentes na sociedade, ignorando as hierarquias de forças nela existentes e deixando de lado a exclusão histórica, nos processos decisórios, de grupos sociais subordinados."[198].

A sexta residiria na promoção de um processo de reificação da realidade social como subproduto do formalismo jurídico característico dos currículos e das metodologias de ensino aplicadas. A consequência de os docentes procurarem transformar as normas jurídicas em uma expressão plena de racionalidade é o impedimento ou a imposição de dificuldades para a formação de uma consciência crítica nas/nos estudantes. "O professor deixa de ser um instrumento de formação crítica para ser um agente de alienação ao ensinar o conformismo moral aos seus estudantes."[199].

---

196 MOREIRA; ALMEIDA; CORBO, *op. cit.*

197 *Ibid.*, p. 34.

198 *Ibid.*, p. 35.

199 MOREIRA; ALMEIDA; CORBO, *loc. cit.*

A inaptidão de a maioria das instituições de ensino promoverem o desenvolvimento da capacidade crítica das alunas e alunos; a existência de uma educação jurídica majoritariamente voltada para moldar a maneira com a qual estudantes deverão pensar e agir na prática profissional cotidiana; bem como a homogeneidade racial do corpo docente das faculdades de Direito seriam, respectivamente, a sétima, oitava e nona características básicas desse problema[200].

Por fim, o décimo sintoma dessa problemática estaria na noção de que o ensino jurídico pode prescindir da reflexão sobre as imbricações entre Direito e relações raciais, ou seja, entre a produção e aplicação do arcabouço normativo e os mecanismos de governança racial que operam na sociedade brasileira. Essa última característica decorre principalmente da homogeneidade racial das faculdades de Direito brasileiras.[201] Sobre as implicações de se contar com corpos docentes eminentemente brancocentrados das faculdades de Direito, Adilson Moreira, Philippe de Almeida e Wallace Corbo[202] destacam que:

> A presença quase exclusiva de professores brancos nessas instituições permite a marginalização não apenas do debate sobre a questão racial, mas também de todos os autores que pesquisam o tema. A reprodução da noção de que o processo de aplicação das normas jurídicas pode ocorrer a partir das noções de neutralidade e objetividade torna, assim, a produção dos membros do grupo racial dominante o protótipo do que deve ser a produção intelectual nas nossas faculdades: estudos que encaram a sociedade como um conjunto de indivíduos que possuem experiências sociais comuns, o mesmo problema presente em inúmeras sociedades liberais. O controle sobre as publicações acadêmicas por membros do grupo racial dominante permite o estabelecimento de certas epistemologias como as únicas capazes de serem utilizadas dentro do campo jurídico, fator que dificulta a aplicação de outras perspectivas aptas a desvelar as relações de poder que o discurso jurídico procura coibir muitas vezes.

Impulsionada pelas lutas estabelecidas pelos movimentos negros e, também, pelo engajamento teórico de pesquisadoras e pesquisadores negros, ao longo dos anos foram empreendidas importantes alterações curriculares na estrutura dos cursos jurídicos no país. As críticas ao papel central ocupado pelo Direito em uma sociedade estruturalmente racista, aliada às pressões políticas exercidas por acadêmicas/os e militantes, resultaram, ao menos em tese,

---

200 MOREIRA; ALMEIDA; CORBO, *loc. cit.*

201 *Idem.*

202 *Ibid.*, p. 39.

no reconhecimento institucional de que o combate ao racismo na sociedade brasileira precisa ser enfrentado do ponto de vista da formação dos futuros juristas que ocuparão importantes cargos e funções no sistema de justiça.

Pode-se dizer que esse processo de descolonização dos currículos foi provocado em larga medida pela implementação da política de ações afirmativas, notadamente com a deflagração do sistema de cotas raciais para ingresso nos cursos de graduação das universidades brasileiras, mas o início desse processo antecede à Lei de Cotas Sociorraciais. Nilma Lino Gomes[203] afirma que "[...] a descolonização dos currículos é um desafio para a construção da democracia e para a luta antirracista [...]" e que isso significa "[...] reconhecer que, apesar dos avanços dos séculos XX e XXI, a colonialidade e o próprio colonialismo ainda se mantêm incrustrados nos currículos [...]".

Para além da produção de conhecimento crítico por teóricas e teóricos negros, muitos dos quais integravam o Movimento Negro Unificado (MNU), sobre a problemática racial contida nos currículos tradicionais, que certamente informaram o debate público sobre o tema e propiciaram as mudanças institucionais que vieram depois, o primeiro marco legal de relevância nacional para a implementação de uma educação antirracista foi a alteração dos artigos 26 A e 79 B da Lei de Diretrizes e Bases da Educação (Lei n. 9.394/1996) pela Lei n. 10.639/2003, sancionada naquele ano pelo Presidente Luís Inácio Lula da Silva. Na oportunidade, foi introduzida a obrigatoriedade de os currículos das escolas públicas e privadas contemplarem o ensino da história e da cultura afro-brasileira e africana.

Após, no ano de 2008, o artigo 26 A da LDB foi novamente alterado, desta vez pela Lei n. 11.645/2008, para tornar igualmente obrigatório o ensino da história e da cultura das populações indígenas brasileiras. Essas conquistas foram coroadas pelo impacto causado pela edição da Lei n. 12.711/2012 (Lei de Cotas Sociorraciais) e da Lei n. 12.990/2014 (Lei de Cotas Raciais em Concursos Públicos), as quais aumentaram significativamente a presença negra nas instituições públicas federais de ensino, principalmente quanto aos discentes, mas também possibilitou o início da diversificação racial do corpo docente das universidades e institutos federais brasileiros[204].

---

[203] GOMES, Nilma Lino. O Movimento Negro e a intelectualidade negra descolonizando os currículos. *In*: BERNARDINO-COSTA, Joaze; MALDONADO-TORRES, Nelson; GROSFOGUEL, Ramón (org.). **Decolonialidade e pensamento afrodiaspórico.** 2. ed. Belo Horizonte: Autêntica, 2020. p. 231.

[204] GOMES, Nilma Lino. O Movimento Negro e a intelectualidade negra descolonizando os currículos. *In*: BERNARDINO-COSTA, Joaze; MALDONADO-TORRES, Nelson; GROSFOGUEL, Ramón (org.). **Decolonialidade e pensamento afrodiaspórico.** 2. ed. Belo Horizonte: Autêntica, 2020. p. 223-246.

De acordo com Fernanda da Silva Lima e Delton Aparecido Felipe[205], "[a]s cotas raciais, para além de ampliar a presença de pessoas negras nas universidades, têm se mostrado uma ótima estratégia de promoção da justiça curricular e de de(s)colonização do imaginário social.". Para eles, o

> Fato é que [...] as instituições que estabeleceram as políticas de ações afirmativas na modalidade de cotas raciais passaram e passam constantemente por (re)configurações sócio-espaciais, sendo a questão racial, um demarcador importante para a constituição das subjetividades, construções identitárias e dos imaginários sociais, individuais e coletivos. E tudo isso não acontece livre de tensionamentos, disputas e/ou conflitos, uma vez que o racismo é um dos grandes construtores e produtores de clivagens sociais que se consubstanciam na hierarquização e classificação dos indivíduos [...][206].

Dessa forma, certamente essa conjunção de fatores possibilitou um importante avanço no sentido de tentar descolonizar o ensino jurídico nacional. Embora não se possa ignorar as resistências havidas à correta implementação e execução dessas determinações, no ano de 2018, a Câmara de Educação Superior do Conselho Nacional de Educação instituiu, por intermédio da Resolução n. 5, de 17 de dezembro de 2018, alterada pela Resolução CNE/CES n. 2 de 19 de abril de 2021, as novas diretrizes curriculares nacionais dos Cursos de Graduação em Direito. O ato normativo passou a determinar, conforme disposto no § 4º de seu artigo 2º, que o Projeto Pedagógico do Curso (PPC) deve prever

> [...] formas de tratamento transversal dos conteúdos exigidos em diretrizes nacionais específicas, tais como [...] de educação em políticas de gênero, de educação das relações étnico-raciais e histórias e culturas afro-brasileira, africana e indígena, entre outras.[207]

A íntegra do dispositivo legal traz a seguinte redação:

---

[205] LIMA, Fernanda da Silva; FELIPE, Delton Aparecido. Insurgências e insubordinações negras no ensino superior: as cotas raciais e o tensionamento dos currículos nas universidades. **Revista Culturas Jurídicas**, Niterói, v. 8, n. 20, p. 890, maio/ago. 2021. Disponível em: https://periodicos.uff.br/culturasjuridicas/article/view/52393/30557. Acesso em: 9 jan. 2023.

[206] *Idem*.

[207] BRASIL. Conselho Nacional de Educação. **Resolução n. 5, de 17 de dezembro de 2018**. Institui as Diretrizes Curriculares Nacionais do Curso de Graduação em Direito e dá outras providências. Brasília, DF: Ministério da Educação. DOU de 18 dez. 2018. p. 1. Disponível em: http://portal.mec.gov.br/docman/dezembro-2018-pdf/104111-rces005-18/file. Acesso em: 8 jan. 2023.

Art. 2º No Projeto Pedagógico do Curso (PPC) deverão constar:
I - o perfil do graduando;
II - as competências, habilidades e os conteúdos curriculares básicos, exigíveis para uma adequada formação teórica, profissional e prática;
III - a prática jurídica;
IV - as atividades complementares;
V - o sistema de avaliação;
VI - o Trabalho de Curso (TC);
VII - o regime acadêmico de oferta; e
VIII - a duração do curso.
§ 1º O PPC, abrangerá, sem prejuízo de outros, os seguintes elementos estruturais:
I - concepção do seu planejamento estratégico, especificando a missão, a visão e os valores pretendidos pelo curso;
II - concepção e objetivos gerais do curso, contextualizados com relação às suas inserções institucional, política, geográfica e social;
III - condições objetivas de oferta e a vocação do curso;
IV - cargas horárias das atividades didático-formativas e da integralização do curso;
V - formas de realização de interdisciplinaridade, de mobilidade nacional e internacional, de incentivo à inovação e de outras estratégias de internacionalização, quando pertinente;
VI - modos de integração entre teoria e prática, especificando as metodologias ativas utilizadas;
VII - formas de avaliação do ensino e da aprendizagem;
VIII - modos de integração entre graduação e pós-graduação, quando houver;
IX - incentivo, de modo discriminado, à pesquisa e à extensão, como fator necessário ao prolongamento da atividade de ensino e como instrumento para a iniciação científica;
X - concepção e composição das atividades de prática jurídica, suas diferentes formas e condições de realização, bem como a forma de implantação e a estrutura do Núcleo de Práticas Jurídicas (NPJ);
XI - concepção e composição das atividades complementares; e,
XII - inclusão obrigatória do TC.
§ 2º Com base no princípio da educação continuada, as IES poderão incluir no PPC a perspectiva da articulação do ensino continuado entre a graduação e a pós-graduação.
§ 3º As atividades de ensino dos cursos de Direito devem estar articuladas às atividades de extensão e de iniciação à pesquisa.

> § 4º O PPC deve prever ainda as formas de tratamento transversal dos conteúdos exigidos em diretrizes nacionais específicas, tais como as políticas de educação ambiental, de educação em Direitos Humanos, de educação para a terceira idade, de educação em políticas de gênero, de educação das relações étnico-raciais e histórias e culturas afrobrasileira, africana e indígena, entre outras.[208]

As novas diretrizes curriculares estimulam, ainda, um ensino jurídico calcado na transdisciplinaridade e transversalidade dos conteúdos, primando pela formação de bacharéis com sólida formação humanística, que possuam uma postura reflexiva e sejam dotados de uma visão crítica "[...] que fomente a capacidade e a aptidão para a aprendizagem, autônoma e dinâmica, indispensável ao exercício do Direito, à prestação da justiça e ao desenvolvimento da cidadania."[209].

Ao mencionar que os cursos de graduação em Direito devem priorizar a interdisciplinaridade e a articulação de saberes, o artigo 5º da Resolução determina, também, que esteja à disposição do corpo discente uma formação geral, que lhe forneça "[...] os elementos fundamentais do Direito, em diálogo com as demais expressões do conhecimento filosófico e humanístico, das ciências sociais e das novas tecnologias da informação [...]"[210]; uma formação técnico-jurídica, com enfoque dogmático, porém "[...] estudados sistematicamente e contextualizados segundo a sua evolução e aplicação às mudanças sociais, econômicas, políticas e culturais do Brasil e suas relações internacionais [...]"[211]; além de uma formação prático-profissional, voltada para a resolução de problemas.

Em que pese o reconhecimento da importância que a Resolução representa ao promover a aproximação entre a educação jurídica e a realidade concreta, o fato é que a sua implementação, que deveria ocorrer no prazo máximo de dois anos, conforme estabelecido em seu artigo 14, ainda se defronta com a forte resistência de um corpo docente que, apesar do advento da Lei de Cotas Raciais para concursos e de uma certa sensibilização por parte das instituições de ensino privadas quanto à diversificação racial de seus quadros, conserva-se majoritariamente branco.

Portanto, a despeito de se reconhecer o potencial que o ato normativo possui de inserir discussões sobre as imbricações entre o racismo e o Direito no âmbito dos cursos de graduação, a aparente tentativa de descoloniza-

[208] BRASIL, 2018, p. 1-2.

[209] BRASIL, 2018, p. 2.

[210] *Ibid.*, p. 3.

[211] BRASIL, *loc. cit.*

ção curricular somente terá efetividade quando docentes negras e negros passarem a ocupar uma maior quantidade de cátedras universitárias nos diversos cursos de Direito estabelecidos no Brasil. Enquanto isso não ocorre, a comunidade acadêmica negra permanecerá tensionando os currículos, até fazer com que se compreenda o racismo como elemento constitutivo do fenômeno jurídico, subvertendo-se os pilares de uma cultura jurídica sedimentada no colonialismo e norteada, por essa razão, pelos efeitos da colonialidade. Por esse motivo, é imprescindível revisitar os becos da memória jurídica nacional, pois foram neles que juristas negras, como Eunice Aparecida de Jesus Prudente e Dora Lucia de Lima Bertulio, transitaram e erigiram os quilombos jurídicos teórico-práticos responsáveis por oferecer as condições para a resistência em uma área predominantemente ocupada por homens brancos[212].

[212] Atualmente, na tentativa de romper com os padrões racistas genderizados do Sistema de Justiça brasileiro, coletivos negros se organizam em campanha nacional pela nomeação da primeira mulher negra como ministra do Supremo Tribunal Federal. A campanha tem angariado apoios na sociedade civil e, se exitosa, culminará com a nomeação da primeira-ministra negra do STF na história do Brasil.

4

AS ESCREVIVÊNCIAS DE EUNICE PRUDENTE E DORA BERTULIO NA DESESTABILIZAÇÃO DO PENSAMENTO JURÍDICO HEGEMÔNICO

Este capítulo se propõe a exibir as trajetórias pessoal, profissional e acadêmica de Eunice Aparecida de Jesus Prudente e de Dora Lucia de Lima Bertulio, com a finalidade de demonstrar como as suas produções *desestabilizaram* o pensamento jurídico brasileiro hegemônico. Ela é desenvolvida a partir de dados obtidos em entrevistas realizadas com as juristas, sendo que a formulação das perguntas e a análise das respostas observaram a chave analítica da interseccionalidade, com especial atenção para as imbricações entre raça, gênero e classe.

Isso porque, nos termos do que se procurou explicitar na introdução deste trabalho, a interseccionalidade, como demarcadora do paradigma teórico e metodológico de tradição dos feminismos negros, promove "intervenções políticas e letramentos jurídicos sobre quais condições estruturais o racismo, sexismo e violências correlatas se sobrepõem, discriminam e criam encargos singulares às mulheres negras."[213]. Também porque, de acordo com Patricia Hill Collins e Sirma Bilge[214], essa ferramenta "investiga como as relações interseccionais de poder influenciam as relações sociais em sociedades marcadas pela diversidade, bem como as experiências individuais na vida cotidiana.".

Por isso, procurou-se demarcar o contexto social e político nos quais as juristas estavam inseridas. As 23 perguntas que nortearam as entrevistas foram formuladas em cinco blocos, subdivididos da seguinte forma: **a)** investigação sobre o histórico familiar; **b)** investigação sobre o envolvimento com a militância; **c)** investigação sobre o acesso à educação e o período de vida acadêmica; **d)** investigação sobre a vida profissional; e **e)** investigação sobre as percepções a respeito do campo *Direito e Relações Raciais* e os impactos na institucionalidade. O questionário foi elaborado com a finalidade de

[213] AKOTIRENE, Carla. **Interseccionalidade.** 1. ed. São Paulo, Pólen, 2019. p. 59.

[214] COLLINS, Patricia Hill; BILGE, Sirma. **Interseccionalidade.** 1. ed. São Paulo: Boitempo, 2021. p. 15.

aferir como as categorias de raça, gênero e classe social sobrepõem-se e funcionam de maneira unificada[215] como tecnologias de controle social e possuem consequências nas trajetórias de Eunice Prudente e Dora Bertulio.

Este capítulo apresenta, ainda, as dissertações de mestrado produzidas pelas intelectuais, consideradas obras fundacionais do campo *Direito e Relações Raciais*, com o fito de demonstrar o quanto as suas vivências atravessam os seus textos. Nesse sentido, escrita e vivência (con)fundem-se, constituindo--se em escrevivências[216]. Trata-se de um ato de inscrição no mundo, que é, antes de tudo, interrogação; uma escrita que não se esgota em si, mas que "[...] aprofunda, amplia, abarca a história de uma coletividade [...]"[217].

Para o desenvolvimento do presente capítulo, correspondente à função ética (*desestabilizar*) da teoria crítica dos Direitos Humanos proposta por Herrera Flores[218], mobilizar-se-á, metodologicamente, a categoria *narrações* do Diamante Ético (metodologia relacional dos Direitos Humanos) herreriano, pois a abordagem será norteada pelas percepções das juristas sobre os fatos que compõem as suas trajetórias, sobre a forma como elas os definem, bem como sobre o modo como lidaram com as normas sociais que procuraram ditar as suas participações nas relações sociais.

4.1 PERCURSOS, INSUBORDINAÇÕES E INSURGÊNCIAS DE EUNICE APARECIDA DE JESUS PRUDENTE RUMO À (E ALÉM DA) FACULDADE DE DIREITO

Participei de um movimento onde a questão de raça não aparecia, mas depois começou a aparecer. E aí, não tinha como, né? E aí, eu vejo hoje o feminismo negro como um movimento que iluminou essa sociedade, porque ele trouxe o pensamento de Angela Davis com a questão de gênero, a questão da etnia, sim, a questão racial, mas também as classes sociais, a desigualdade socioeconômica. Então, aí os movimentos sociais como um todo cresceram muito, inclusive, o movimento negro, a partir dessas mulheres, a partir do feminismo negro.
(Eunice Prudente, 2022)[219]

---

[215] COLLINS; BILGE, 2021; AKOTIRENE, 2019.

[216] EVARISTO, Conceição. Da grafia-desenho de minha mãe, um dos lugares de nascimento de minha escrita. *In*: DUARTE, Constância Lima; NUNES, Isabella Rosado (org.). **Escrevivência**: a escrita de nós – Reflexões sobre a obra de Conceição Evaristo. Rio de Janeiro: Mina Comunicação e Arte, 2020. p. 48-54.

[217] *Ibid.*, p. 35.

[218] HERRERA FLORES, Joaquín. **A reinvenção dos Direitos Humanos.** 1. ed. Florianópolis: Fundação Boiateux, 2009.

[219] Entrevista de Eunice Aparecida de Jesus Prudente, concedida a Edmo de Souza Cidade de Jesus, por intermédio de videoconferências realizadas pelo Google Meet, entre 6 e 12 de dezembro de 2022. Todas as transcrições contidas neste capítulo decorrem da referida entrevista.

Figura 1 – Eunice Aparecida de Jesus Prudente

Fonte: site institucional da Faculdade de Direito da Universidade de São Paulo

A jurista Eunice Aparecida de Jesus Prudente é a única filha mulher de um casal de operários paulistas. O pai metalúrgico e a mãe tecelã conheceram-se na militância política e sindical do movimento dos trabalhadores, organizada, à época, a partir do coletivo denominado Juventude Operária Católica (JOC). O casal teve dois filhos, Eunice e o irmão, e desde cedo os inseriu nos ambientes sindicais que frequentavam. Nem sempre, conta Eunice, devido à tenra idade, compreendiam integralmente as discussões que se estabeleciam naqueles locais, sobretudo no Sindicato dos Metalúrgicos, que visitavam com mais regularidade, mas, ainda assim, considera importante a inserção de crianças em ambientes como esses. Ao resgatar a lembrança, ela afirma: *"Nem tudo entendíamos, mas nós sabíamos que era algo importante para os meus pais. Então, participávamos a ponto de ficarmos dormindo, assim, no chão, enquanto os adultos discutiam. Mas nós queríamos estar lá"*. A tia de Eunice, Ana Florência Jesus Romão, irmã mais nova de seu pai, chegou a presidir nacionalmente a Juventude Operária Católica.

Eunice recorda, também, de quando ainda criança se entusiasmava, junto às filhas e filhos de outros trabalhadores, quando eram realizados os mutirões para a construção das casas próprias, notadamente na Zona Norte da cidade de São Paulo. Nessas ocasiões, as famílias trabalhadoras se uniam para a construção de suas próprias casas e das casas de seus companheiros, após uma longa e árdua semana de trabalho intenso. Organizavam-se para se ajudarem mutuamente aos domingos, nas construções de casas populares, e confraternizavam com almoços coletivos. Esse associativismo remete à práxis quilombista teorizada por Abdias Nascimento[220], pautada na "reunião fraterna e livre, solidariedade, convivência, comunhão existencial". Essa ideia-força, apesar de estar em constante reatualização, encontra inspiração nos quilombos históricos desde o século XV e tem motivado a população negra a criar outros modelos de organização[221]. Eram importantes lições de sociabilidade, assenta Eunice, pois esses eventos marcaram a sua formação ao lhe ensinar a defender os seus interesses e a se posicionar.

> *Depois, me lembro também de mutirões para a construção de casa própria, sobretudo na Zona Norte aqui da cidade de São Paulo, onde uma empresa chamada Companhia Paulista de Terrenos vendia lotes e doava... acho que era um milheiro de tijolos... alguma coisa assim, para a construção. E as famílias trabalhadoras, como a minha, organizavam mutirões para a construção. Então, não só para a construção da minha casa, como participamos de outros mutirões na Vila Maria Alta, que era onde nós moramos, e eu me lembro da minha alegria e de outras crianças também. Porque nesses mutirões nos ajudávamos, e havia um almoço comunitário para nós, crianças. Era uma lição, assim, de sociabilidade, mas sobretudo, era muito agradável estar com muitas crianças, muita gente e todo mundo corria e conversava e almoçavam juntos e trabalhavam... Pessoas que tinham, seriamente, e duramente, trabalhado durante a semana! Então, domingo era dia de mutirão. Então, eu diria que fui muito bem educada, porque fui aprendendo a me relacionar com os outros, aprendendo a defender os meus direitos, a me posicionar [...].*

Os pais de Eunice, extremamente politizados, sempre destacaram aos filhos a importância da educação. Educada formalmente em escolas públicas, as quais destaca que, à época, superavam a maior parte das escolas privadas em termos de qualidade de ensino, Eunice sempre teve à sua disposição, por incentivo dos genitores, acesso a livros e informações. Sua família vivia socioeconomicamente uma "*pobreza digna*", como ela classifica. Ou seja, tinham aos seus alcances os bens de consumo necessários à subsistência

[220] NASCIMENTO, Abdias. **O Quilombismo**: documentos de uma militância Pan-Africanista. 3. ed. São Paulo: Perspectiva; Rio de Janeiro: Ipeafro, 2019. p. 289-290.

[221] *Ibid.*, p. 282.

básica, a um conforto mínimo, que lhes conferiam dignidade. Ela e o irmão eram os responsáveis por cuidar da casa enquanto o pai e a mãe passavam os dias nas fábricas ganhando o sustento da família.

Como no período de sua infância os movimentos sociais, majoritariamente de orientação marxista, centravam as discussões na categoria classe, por considerarem que os debates de gênero e de raça prejudicavam a luta dos trabalhadores, os pais de Eunice não tensionavam essas questões naqueles ambientes, mas as traziam para dentro de casa. Ela recorda de a mãe lhe contar de episódios de perseguição no trabalho e de como a progenitora e as colegas de trabalho dela processaram os patrões por isso. A primeira vez que Eunice se deparou com uma magistrada em sua vida foi motivada por esse episódio. Tratava-se de uma audiência trabalhista para a qual a sua mãe a levou. A ocasião é narrada da seguinte maneira:

> *Um pouco mais difícil, porque os movimentos sociais mais antigos seguiam aquela orientação marxista. Uma discussão sobre gênero, uma discussão racial, entendia-se que prejudicava a luta dos trabalhadores, então, essas questões não eram muito discutidas. Mas na minha casa o eram. Eu lembro da mamãe contar de perseguições no trabalho. A primeira vez que eu vi um juiz na vida, foi uma juíza, e foi uma juíza do trabalho, porque a minha mãe, com outras companheiras, colegas dela de trabalho, entraram com uma ação trabalhista contra o empregador. E aí minha mãe me levou na audiência. Fiquei sentadinha lá... Acho que é importante isso. Talvez não se entenda muito, mas eu vi as discussões delas todas e como elas estavam sofridas e prejudicadas por aquela pessoa. Eu perguntava: "Mãe, é esse?" E ela dizia: "Não, esse é o chefe fulano de tal, não é o dono da empresa, não. Não é o dono da fábrica". Eu olhava assim: "Que homem mal!" "Não, não é nem isso!". E a mamãe explicava.*

O envolvimento da família com a militância social, notadamente no âmbito do movimento dos trabalhadores, por intermédio da JOC, fez com que a tia, Ana Florência Jesus Romão, que havia presidido a entidade, tenha sido alvo da ditadura militar. Certa vez, por volta de 1964, deduz Eunice, a tia foi convocada a comparecer no Departamento de Ordem Política e Social (DOPS), em São Paulo. Cientes do perigo que aquela convocação representava para a integridade física e para a vida, após aconselhamento com diversas pessoas, os familiares e amigos resolveram que seria uma boa ideia que Eunice acompanhasse a tia durante o seu interrogatório no DOPS. Ao chegarem no local, perceberam que nada de maior gravidade ocorreria, já que os agentes da repressão estavam interessados em obter meros esclarecimentos sobre a passagem de sua tia pelo exterior. Naquele momento, apesar de Ana Romão já ter deixado a presidência da JOC, estava bastante integrada ao Movimento Negro de São Paulo. Então, rememora Eunice, as perguntas foram sobre temas bem gerais e, ao final, foram liberadas.

Além do engajamento dos pais, Eunice contava com o exemplo da militância aguerrida de sua tia Ana que, por vezes, lhe proporcionou momentos que marcaram consideravelmente a sua trajetória. É o caso da primeira vez em que Eunice adentrou na Faculdade de Direito do Largo de São Francisco, onde futuramente faria a graduação em Direito, cursaria o mestrado, o doutorado e se tornaria docente. Eunice relata que a primeira vez que pôde entrar na Faculdade de Direito foi na formatura de Fidélis Policarpo Cabral d'Almada, sobrinho de Amílcar Cabral e amigo de suas tias. Elas eram as únicas pessoas negras no Salão Nobre da Faculdade e estavam lá para prestigiar o amigo de Guiné Bissau, cuja família se encontrava naquele país. Fidélis, egresso do Largo de São Francisco, foi uma importante liderança na luta anticolonial pela libertação de Guiné Bissau e de Cabo Verde do jugo português, tendo sido membro do Partido Africano da Independência da Guiné e Cabo Verde (PAIGC).

Para Eunice, a influência exercida e os ensinamentos repassados por seus pais e suas tias despertaram-lhe a consciência social que possui hoje, no sentido de manter ativo o permanente compromisso em fazer a devolução à sociedade de tudo o que aprendera ao longo de sua vida. Em face disso, ela sustenta:

> *Então, eu diria, meu caro Edmo, que eu fui uma pessoa que eu tive berço. Eu tive berço! Eu sempre estudei em escola pública, e eu tenho o compromisso de devolver tudo que eu aprendi para esse povo, para o povo brasileiro, porque eu sempre estudei em escola pública! E fui educada e orientada, e eu tenho um compromisso social... cada um de nós o tem. E eu fui orientada, justamente, nesse sentido.*

Versada nos debates de classe, em razão do envolvimento dos pais e das tias no movimento sindical, o despertar para discussões mais aprofundadas sobre raça e racismo na sociedade brasileira veio com o próprio Movimento Negro. Eis o papel educador do Movimento Negro do qual Nilma Lino Gomes[222] faz alusão. Para a intelectual, essa função do movi-

[222] GOMES, Nilma Lino. **O Movimento Negro educador**: saberes construídos nas lutas por emancipação. 1. Ed. Rio de Janeiro: Vozes, 2017.

mento engloba pelo menos três tipos de saberes: identitários, políticos e estético-corpóreos. Esses conhecimentos foram produzidos pelas pessoas negras brasileiras e as acompanham em sua trajetória histórica, tendo ganhado maior visibilidade na sociedade brasileira e na educação formal do país a partir dos anos 2000, "quando o Movimento Negro traz para a arena política, a mídia, a educação e o sistema jurídico a discussão e a demanda por políticas de ação afirmativas."[223]. Eunice recorda, por exemplo, que as tias eram amigas do prestigioso intelectual e ativista do Movimento Negro em São Paulo Oswaldo de Camargo, do qual ela tinha uma das obras publicadas.

A intelectual divide o histórico de atuação da militância negra brasileira em dois grandes momentos: a resistência quilombola, no tempo da escravização, e a luta contra a discriminação racial no mercado de trabalho. Eunice atribui a essa última problemática o fato de muitas pessoas negras de sua geração e, também, da geração que a antecedeu, terem ingressado no serviço público, já que a iniciativa privada resistia em contratar pessoas negras para as funções médias ou de mais elevada capacidade e instrução técnica. Exatamente por essa razão, ela, incentivada pela tia, que fez carreira no serviço público federal, decidiu prestar concursos públicos, porquanto era manifestamente discriminada e preterida por candidatos brancos, os quais mesmo não obtendo um desempenho tão bom quanto o seu nos exames de seleção, garantiam as vagas de emprego.

A professora Eunice faz essa reflexão reportando-se ao seu histórico familiar, como se pode observar do seguinte excerto da entrevista concedida a esta pesquisa:

> *Eu entendo o movimento negro com duas etapas muito fortes. Primeiro, a luta quilombola mesmo, no tempo da escravização. Depois, a luta contra a discriminação no mercado de trabalho. Imprensa negra, a movimentação do movimento negro era nesse sentido. Porque era um absurdo, num país que adota o capitalismo... Então, algumas pessoas, poucas, estão aí, formam o empresariado, são os responsáveis pelos meios de produção, mas há a massa dos trabalhadores. Se a pessoa não tem trabalho, se a pessoa é discriminada no mercado de trabalho, é algo que impossibilita qualquer forma de desenvolvimento para essa pessoa. Então, o que aconteceu com os negros? A geração da minha tia, ela foi funcionária pública federal e fez toda uma carreira, e eu mesma que também fui prestar concurso público, porque eu era manifestamente discriminada quando me apresentava*

[223] *Ibid.*, p. 69.

> *para uma vaga numa empresa privada. E, conversando com colegas que não tinham se saído bem nas provas e tal, enquanto candidatas a emprego, depois elas já estavam aprovadas e empregadas, e eu não. Então, aquilo era manifesto pra mim. A minha tia já tinha me alertado, porque ela tinha passado por isso... Não tive dúvidas, prestei concurso, fui para o funcionalismo público. E não só eu. Então, muitos negros funcionários públicos nós vamos ter aí em algumas décadas, porque era a saída se quisesse um emprego. Lembrando que do meu lado materno, o meu avô, o Antônio do Carmo, era funcionário da Empresa Paulista de Estradas de Ferro. Ele era de Jundiaí. Ele já era funcionário público.*

A reflexão de Eunice Prudente sobre a discriminação sofrida pelas pessoas negras no mercado de trabalho e o quanto isso impactou gerações, dando origem ao que intelectuais como Adilson Moreira[224] denominam de discriminação intergeracional[225], revela o caráter estrutural do racismo. Como pontuado pela jurista, as pessoas negras de sua época encontravam nos concursos públicos a alternativa às negativas racistas de emprego na iniciativa privada. Quando Eunice relembra a diferença do tratamento dispensado a si, comparativamente aos concorrentes brancos que não se saíam tão bem quanto ela nos processos seletivos, mas eram selecionados para as vagas, exemplifica o pacto narcísico celebrado pela branquitude em prol da manutenção de seus privilégios e da exclusão das pessoas negras[226]. Na acepção de Cida Bento[227],

> É evidente que os brancos não promovem reuniões secretas às cinco da manhã para definir como vão manter seus privilégios e excluir os negros. Mas é como se assim fosse: as formas de exclusão e de manutenção de privilégios nos mais diferentes tipos de instituições são similares e sistematicamente negadas ou silenciadas. Esse pacto da branquitude possui um componente narcísico, de autopreservação, como se o 'diferente' ameaçasse o 'normal', o 'universal'. Esse sentimento de ameaça e medo está na essência do preconceito, da representação que é feita do outro e da forma como reagimos a ele.

---

224 MOREIRA, Adilson José. **Tratado de Direito Antidiscriminatório**. 1. Ed. São Paulo: Contracorrente, 2020.

225 Conforme preceitua Adilson Moreira (2020, p. 474), "as consequências das práticas discriminatórias não afetam apenas as gerações presentes [...]", pois os "efeitos da exclusão social podem ser reproduzir ao longo do tempo, fazendo com que gerações de um mesmo grupo sejam afetadas por práticas discriminatórias.".

226 BENTO, Cida. **O pacto da branquitude**. 1 ed. São Paulo: Companhia das Letras, 2022.

227 *Ibid.*, p. 18-19.

> Tal fenômeno evidencia a urgência de incidir na relação de dominação de raça e gênero que ocorre nas organizações, cercada de silêncio. Nesse processo, é fundamental reconhecer, explicar e transformar alianças e acordos não verbalizados que acabam por atender a interesses grupais, e que mostram uma das características do pacto narcísico da branquitude.

Já as discussões de gênero foram aperfeiçoadas em momento posterior em sua vida. Eunice observa que isso se deve ao fato de que o movimento feminista da época estava especialmente preocupado com a inserção das mulheres no mercado de trabalho, leia-se: as mulheres brancas, pauta que não fazia muito sentido às mulheres negras, que historicamente sempre trabalharam para além de seus lares. A jurista relembra que a mãe, as tias, todas elas trabalharam nas fábricas de São Paulo, chegando ao ponto de participarem dos movimentos sindicais. Talvez por conta disso, sempre possuíram voz ativa dentro de suas famílias, sempre se insurgiram, se impuseram. Esse era o ambiente do qual Eunice era proveniente.

Desse modo, somente após formada, já como advogada, Eunice irá participar mais ativamente do movimento em prol dos direitos das mulheres, organizados pela Seccional da Ordem dos Advogados do Brasil de São Paulo e, mais tarde, é convidada para integrar a Frente das Mulheres Feministas do Estado de São Paulo, organização fundada por Ruth Escobar e fortemente influenciada pelo movimento feminista europeu. Nessa organização, teve contato com intelectuais e ativistas feministas como Marta Suplicy, que lhe franqueava caronas em parte do trajeto entre sua casa e o local das reuniões, Eva Blay e Ruth Cardoso.

Afora o contato com as feministas brancas e com o movimento hegemônico de mulheres, Eunice viu nascer, como ela menciona, "*novas doutrinações*" por meio de Lélia Gonzalez, que ia a São Paulo palestrar, de Beatriz Nascimento e de Sueli Carneiro, intelectuais negras que fizeram um pertinente contraponto às feministas brancas, tensionando no âmbito daquele movimento a questão racial. A jurista considera que o feminismo negro iluminou a sociedade brasileira, promovendo a complexificação das pautas e possibilitando a instauração de discussões mais amplas, aprofundadas e, por conseguinte, mais qualificadas no âmbito dos movimentos sociais em geral.

Na compreensão de Eunice, as mulheres devem a sua cidadania ao movimento feminista, ao passo em que os homens negros e as mulheres negras devem a sua cidadania ao Movimento Negro. Aliás, a jurista confere especial relevância ao papel exercido pelos movimentos sociais de forma geral para a conquista de direitos e para o combate às opressões, conforme se pode inferir do trecho colacionado a seguir:

> *Olha, o movimento negro... Aliás, eu acho que as mulheres devem a sua cidadania ao movimento feminista, e os negros e negras devem a sua cidadania ao movimento negro. Não adveio das academias, o estudo, a análise que hoje observamos, para nos libertar de opressões. Foram os movimentos sociais. Por isso, vejo com muita simpatia os diversos coletivos hoje formados por alunos universitários de diversas ideologias, mas principalmente, pelos cotistas, hoje já muito presentes, se movimentando, formando um movimento negro a partir de coletivos que tem já objetivos específicos. Então, enfrentar o racismo estrutural, enfrentar homofobia, enfrentar sexismo etc.*

Com a boa educação formal a que teve acesso, a jurista não encontrou muita dificuldade em ser aprovada nos vestibulares que prestou para os cursos de Direito, da Faculdade de Direito do Largo de São Francisco, e de História, da Faculdade de Filosofia, Letras e Ciências Humanas da Universidade de São Paulo. Inicialmente, as duas graduações foram cursadas conjuntamente por dois anos, mas a necessidade de trabalhar e de estudar fez com que Eunice tivesse que optar por uma das carreiras. Escolheu prosseguir com os estudos na Faculdade de Direito do Largo de São Francisco, à noite, enquanto trabalhava durante o período diurno.

Como estudante de Direito, a intelectual se uniu a outros estudantes negros da Universidade de São Paulo, sobretudo da Faculdade do Largo de São Francisco, e formaram o autodenominado Grupo dos Vinte e Um, curiosamente composto por 19 discentes. A professora não se recorda a razão pela qual atribuíram ao grupo o número 21. Talvez fosse um número importante para algo, uma data comemorativa, porque ao contar o número de integrantes, entre os períodos diurno e noturno, sempre se chegava ao número de 19. De todo modo, o importante é que se tratava de um coletivo estudantil negro, ligado ao Centro Acadêmico XI de Agosto, por intermédio do qual alunas e alunos negros da universidade reuniam-se para promover eventos e debates sobre a questão racial.

Segundo relembra Eunice Prudente, acusavam-nos de americanizados, pois traziam, na visão dos críticos, um tema tipicamente estadunidense para o Brasil, o fantasioso paraíso da democracia racial, onde não há racismo. Obviamente, Eunice e os colegas do Grupo dos Vinte e Um entendiam a premência de estabelecer tal debate, notadamente em uma época dominada pelas ideologias do branqueamento e da democracia racial. A interdição à discussão pública sobre o racismo na sociedade brasileira não se sustentava no ambiente da Faculdade de Direito de São Paulo, por força da atuação militante da jurista e das quase duas dezenas de estudantes negros e negras que se aliançavam naquele espaço.

> *Era junto do Centro Acadêmico XI de Agosto. Lá, nós nos reuníamos, nós fazíamos eventos para discutir a questão racial. Nem todos entendiam. Achavam que nós estávamos lá americanizados e que aqui não havia racismo! "Como não há racismo?" "Não, não há" e tal. Tempo de uma política de embranquecimento muito forte, onde nos proíbe de até mesmo publicamente discutir o racismo. Nos proibiam, mas, no ambiente da Faculdade de Direito nós discutíamos esses assuntos, sim. Até porque, eu não vou precisar o ano, mas é década de 50 do século XX... Florestan Fernandes, Octavio Ianni e outros na Faculdade de Filosofia, Ciências e Letras, na área da Sociologia, fundaram a Escola Paulista de Sociologia. E foi ali que o Florestan Fernandes produziu suas melhores obras sobre a questão racial, a questão do negro, do negro no mundo dos brancos. Já nos colocando ali numa posição de trabalhadores.*

Os debates promovidos com os colegas de graduação, aliados às aulas ministradas por alguns professores que possuíam interlocução com a discussão racial travada no âmbito das universidades dos Estados Unidos, e, ainda, aos dois anos em que Eunice frequentou o curso de graduação em História, na Faculdade de Filosofia, Letras e Ciências Humanas da USP, influenciaram o tema de pesquisa de seu mestrado em Direito. Esses fatos, somados à inspiração que sentiu ao ouvir uma comunicação oral de uma professora e advogada negra de São Paulo, Doutora Orlanda Campos, em reunião da Sociedade Brasileira para o Progresso da Ciência (SBPC), inspiraram Eunice a tensionar a questão racial a partir do Direito.

A professora Eunice destaca o papel de centralidade que os dois anos de curso de História representaram à sua pesquisa, afirmando que:

> *O curso de História foi muito importante pra mim. Porque quando eu fiz História, e eu fiz dois anos, eu não completei a graduação em História, mas conheci muito, sobretudo, da história do Brasil, porque eu fui aprovada em História do Brasil I e História do Brasil II, lá no Departamento de História que integra a Faculdade de Filosofia da USP, e eu me lembro que a professora chamava-se Maria Aparecida, e que ela e o marido, ambos professores lá na História, foram presos pelo governo da ditadura. Ela era excelente! O marido dela dava História Medieval, e eu cheguei a fazer um*

> *semestre com ele também. Mas, com essa História do Brasil, eu saí de lá com uma bibliografia bastante importante para a minha pesquisa. Então aí, na biblioteca de lá, mais a biblioteca da Faculdade de Direito, que é uma Escola muito antiga... Então ela tem uma biblioteca muito rica que era da época dos livros escritos. Não havia ainda qualquer comunicação virtual, era tudo material mesmo.*

A orientação do professor Dalmo de Abreu Dallari[228], que a acompanhou até o doutorado, abriu-lhe a porta da docência na Faculdade de Direito do Largo de São Francisco, Eunice conseguiu desenvolver uma pesquisa precursora e fundacional de um campo científico que ganharia eloquência no âmbito da teoria crítica do Direito nas décadas subsequentes. Ao falar sobre o orientador, a jurista o classifica como um democrata e humanista que teve um papel muito importante em sua vida e em sua carreira. Munida dos aportes interdisciplinares necessários, obtidos junto ao curso de História, mas também por meio da leitura aprofundada de textos de Kabengele Munanga e das obras dos teóricos da Escola Paulista de Sociologia, em especial do trabalho de Florestan Fernandes, foi possível conceber uma crítica racializada sistemática ao ordenamento jurídico brasileiro, até então jamais realizada.

Eunice ressalta que o interesse do professor Dalmo Dallari nas questões afetas à discriminação racial e a experiência dele na docência em outros países, mais abertos ao debate das relações raciais, foram essenciais para que tivesse uma boa orientação. Ele a estimulava a estudar obras diversas, inclusive a de autores que defendiam o regime escravagista, para que se pudesse ter uma visão ampla e aprofundada do fenômeno do racismo na sociedade brasileira. A esse respeito, a jurista conta que, certa vez, seu orientador lhe disse:

> *Ele falou: "Olha, os livros da oposição à escravização, à discriminação racial, vão ser muito úteis, mas você deve ir em quem era da posição... quem é e por que que era a favor da discriminação racial. Porque essas criaturas eles escreveram e produziram nunca imaginando que uma mulher negra fosse ler a obra deles. Eles escreviam como se a escravização fosse ser pra sempre, porque aquilo durou quase quatro séculos. Então, na cabeça deles, aquilo ia ser sempre assim...".*

---

[228] Durante a entrevista, a professora Eunice Prudente manifesta profundo afeto e gratidão ao falar de seu orientador. Ela diz, textualmente, que: *"E eu não poderia deixar de mencionar também o quanto foi importante na minha vida, na minha carreira, o democrata, humanista e professor Dalmo de Abreu Dallari, que foi meu orientador no mestrado e no doutorado. E eu não era filha de nenhum desembargador, na minha família não tinha nenhum advogado famoso. Eu trabalhava o dia todo e fazia meu curso à noite. E esse professor dialogou comigo, chegou junto, foi meu amigo."*.

O texto da dissertação, que será abordado no subcapítulo a seguir, defendido e aprovado em outubro de 1980, contou com a leitura prévia do professor Kabengele Munanga e de Clóvis Moura, que Eunice conhecia do Movimento Negro e era amigo de seu ex-esposo, Celso Prudente. A banca examinadora, consoante rememora a jurista, recepcionou bem a dissertação e formulou comentários e questionamentos pertinentes. Embora um dos membros, na ótica de Eunice, parecesse demonstrar algum desconforto, como se o trabalho científico ali apresentado estivesse superdimensionando a instrumentalização do Direito na produção e reprodução do racismo, não houve maiores insurgências. Mesmo porque, diz Eunice, estava tudo muito bem demonstrado. Nove anos após a defesa, a pesquisa é publicada como livro e, o mesmo Clóvis Moura que teve acesso ao texto antes da arguição, produzirá um posfácio à edição de 1989.

Não se sabe bem a que se deve esse fato, mas da época em que Eunice frequentou a Faculdade do Largo de São Francisco como estudante para o período em que passou a oficiar como professora, houve um grande contraste do ponto de vista da composição racial daquele espaço. O número de alunos e alunas negras foi diminuindo gradativamente ao ponto de Eunice passar anos sem ter contato com nenhum estudante negro na Faculdade de Direito. A congregação de discentes negros, a reunião para pautar o debate racial, como ocorria outrora com o Grupo dos Vinte e Um, por exemplo, tornou-se materialmente impossível em vários momentos. A acentuação do embranquecimento e a maior elitização da Faculdade de Direito da USP, espaço, aliás, que sempre foi dominado por homens brancos da elite paulista, expôs Eunice, única docente negra, à maior incidência de violência racial, tanto praticada pelos discentes quanto pelo corpo docente.

Desde que era monitora do professor Dalmo de Abreu Dallari, a presença de Eunice era contestada na função. Ela relembra de uma das ocasiões em que isso ocorreu:

> *Olha, por parte do corpo docente também. Nossa! O professor Dalmo foi questionado: "Por que a Eunice?", quando eu comecei a atuar como monitora. Por isso que hoje, felizmente, está institucionalizada a monitoria, tem cursos para os monitores. Na época, os professores saíam escolhendo, né? Era o professor que convidava alguém para auxiliá-lo, geralmente um aluno que tinha uma melhor nota etc., e eu tinha boas notas, né? Mas, o professor Dalmo foi questionado. Ele mesmo me contou.*

Já o racismo dos alunos, que provavelmente jamais tinham tido uma professora negra, afirma Eunice, manifestava-se na forma de questionamentos incomuns em sala de aula. Segundo ela, muitos eram para lhe testar, conforme compartilha:

> *Eu acho que eu devo ter assustado gerações! [risos de ambos]. Porque durante um bom tempo, não sei te dizer quanto tempo, eu não tinha alunos negros... Então, eu sabia, eu também havia passado por vestibular, então, eu já sabia o quanto a pessoa almeja o curso, na universidade pública, de onde advinham esses alunos, dos grandes colégios privados, e eles nunca tinham tido um professor negro. Mas, eu tinha que enfrentar isso. Então, nem todos os questionamentos eram normais. Muitos eram para me testar, mas eu tinha que me submeter, eu era a primeira professora negra que eles tinham tido na vida. E eu não reclamava nada não, fui em frente!*

Sobre ser uma jurista negra em uma área dominada por homens brancos, Eunice salienta a permanente necessidade de estar antenada, desperta. Ela recorda das posições de destaque que ocupou em sua carreira, como Secretária de Estado da Justiça de São Paulo e, também, como Secretária Municipal de Justiça da capital paulista, para ilustrar que quando se é a única negra em determinado espaço ou quando se é a primeira a galgar aquela posição, essas pessoas desenvolvem uma cidadania muito viva e vigilante. Nesse sentido, dada a posição de solidão das pessoas negras em espaços de prestígio e de poder, Eunice entende que é crucial o papel dos coletivos, pois é característico do Movimento Negro ser um movimento integrado por intelectuais dispostos a contribuir com todos os outros. Na opinião da jurista, "*o Movimento Negro contribui para os Direitos Humanos e contra todas as formas de opressão*".

Eunice tem consciência de que está deslocada do lugar social ao qual a sociedade lhe reservou enquanto uma mulher negra. Ela relata que, até hoje, procura se apresentar de antemão nos eventos sociais e não deixa de utilizar crachá, algo absolutamente desnecessário para alguém na sua posição. Ela o faz para evitar o constrangimento de lhe perguntarem quem ela é, aonde vai, por que vai etc. A jurista exemplifica que, em eventos do próprio Tribunal de Justiça, em outros l*ó*cus de poder, o seu ingresso nos espaços é por vezes questionado e de certa forma obstaculizado, por isso a necessidade de, invariavelmente, empunhar o seu crachá de identificação.

Ao ser questionada se visualiza eventuais entraves ou dificuldades em sua carreira pelo fato de ser uma mulher negra, Eunice Prudente responde:

> *Ah, muitos! Mas até hoje! Porque eu estou fora do lugar social que se determinou para as mulheres, que se determinou para o negro. Quantos lugares eu vou e me apresento: "Olha, eu sou a..." E eu não deixo de usar crachá. Não precisaria, mas eu não deixo de usar crachá. "Eu sou secretária municipal de Justiça, com licença e tal". Se não, eu sou barrada. E vem alguém me perguntar: "Mas a senhora, quem é? Onde vai? E por quê?" e etc.*

Passadas mais de quatro décadas desde a defesa de sua pesquisa de mestrado, cuja dissertação representaria o marco fundacional do campo científico *Direito e Relações Raciais*, Eunice vislumbra que, atualmente, já se pode cogitar que haja uma consolidação da área. A profusão de pesquisas que contaram e ainda contam com a contribuição de filósofos, sociólogos, historiadores, economistas e demais pensadores alheios ao jurídico, bem como o efeito iluminador provocado pelos feminismos negros, integrado por mulheres das Ciências Humanas e Sociais, vieram a cooperar para a consolidação de uma teoria racialmente crítica do Direito brasileiro. Para Eunice, esse estágio de consolidação se reflete nos subsídios e nas propostas políticas fornecidos por esse campo científico para o enfrentamento do racismo.

Tal consolidação se deve, sobremaneira, ao aumento significativo de estudantes negros e negras em diversos cursos de ensino superior, após o advento das políticas de ações afirmativas. Particularmente na área do Direito, o ingresso da juventude negra inicialmente nas graduações e, posteriormente, nos Programas de Pós-Graduação importaram na diversificação dos temas e do direcionamento das pesquisas empreendidas na academia. Relativamente à Universidade de São Paulo, Eunice consigna que impressiona a atuação política crítica dos coletivos formados por estudantes negros cotistas, de modo que, para além do impacto acadêmico, a inserção de estudantes negros na universidade provoca importantes impactos práticos, construtivos.

Portanto, denota-se que os percursos, insurgências e insubordinações de Eunice Aparecida de Jesus Prudente ao longo de sua trajetória provocaram fissuras nas rígidas estruturas brancocentradas da tradicional Faculdade de Direito do Largo de São Francisco, cujo histórico de fundação, brevemente demonstrado no subcapítulo 3.3, demonstra o quanto a instituição estava, desde a origem, comprometida com o fornecimento de bacharéis forjados na colonialidade jurídica para ocuparem as funções burocráticas do Estado. Tais juristas permaneceram vinculados, durante um longo período, aos interesses agrários e escravocratas da sociedade. As fissuras provocadas por Eunice Prudente se projetam, precisamente, no pensamento jurídico hegemônico brasileiro, rasurando-o. Assim, as formações pessoal e intelectual da jurista não podem ser dissociadas da bagagem que seus pais e suas tias lhe legaram em termos de letramento racial e de militância política, algo que reverberou diametralmente na rasura que o texto de sua dissertação ensejou na ciência jurídica brasileira.

4.2 O PASSO INAUGURAL: AS ESCREVIVÊNCIAS DE EUNICE APARECIDA DE JESUS PRUDENTE NA FORMULAÇÃO PRECURSORA DE UMA CRÍTICA RACIALIZADA AO DIREITO

A primeira pesquisa jurídica de que se tem notícia na história do pensamento jurídico brasileiro a promover uma crítica racializada ao Direito foi empreendida por Eunice Aparecida de Jesus Prudente. Durante o seu mestrado em Direito na Faculdade do Largo de São Francisco, cuja dissertação foi defendida em 1980, a jurista desvelou os meandros da instrumentalização do ordenamento jurídico do país para a promoção da marginalização social das pessoas negras. A estratégia jamais declarada era a edição de normas jurídicas, supostamente impessoais e dotadas de abstração e generalidade, com o fito de alijar a população negra do acesso a direitos básicos e, assim, manter o *status quo* racialmente estratificado e proteger os interesses políticos e econômicos das elites brancas dirigentes.

Preconceito Racial e Igualdade Jurídica no Brasil, título atribuído à dissertação que inaugurou uma ampla e, atualmente, sedimentada agenda de pesquisas no âmbito da Teoria Crítica do Direito brasileiro, é uma obra que se utiliza de aportes teóricos interdisciplinares, com ênfase na história social e nas produções dos autores da Escola Paulista de Sociologia, para explicar a relação simbiótica estabelecida entre o Direito e o racismo no Brasil. Logo no início, ao apresentar a obra, Eunice Prudente[229] evidencia a sua percepção de que, no Brasil, a estratificação social é determinada racialmente, a despeito da igualdade jurídica assegurada a todos constitucionalmente. Na mesma esteira, destaca que as teorias racistas europeias sempre foram bem acolhidas entre os intelectuais e influenciaram os legisladores do país. Justifica-se, por essa razão, afirma a intelectual, o porquê o "direito positivo,

[229] PRUDENTE, Eunice Aparecida de Jesus. **Preconceito racial e igualdade jurídica no Brasil**. 1980. Dissertação (Mestrado em Direito do Estado) – Universidade de São Paulo, São Paulo, 1980. Disponível em: https://www.teses.usp.br/teses/disponiveis/2/2134/tde-03032008-103152/pt-br.php. Acesso em: 22 jan. 2022.

tão cioso no passado, da defesa do direito de propriedade do escravocrata, é excessivamente brando quando pune a discriminação racial, cuja principal vítima é o elemento negro."[230]

As afirmações iniciais feitas pela jurista servem de substrato para relevar que os seus objetivos consistiam em buscar compreender, dentre outras questões, a razão pela qual os imigrantes europeus estavam presentes em todas as camadas socioeconômicas e as pessoas negras não; ou, como foi possível coexistirem um sistema escravocrata e uma Constituição Imperial norteada por princípios da doutrina liberal, como os da liberdade e da igualdade? Em outras palavras, Eunice Prudente se propõe, também, "[...] a demonstrar como o direito serviu de instrumento para a classe proprietária e para o Estado escravizarem tanto o negro africano como o negro brasileiro [...]"[231], não se fazendo distinção, inclusive, quando essas pessoas se encontravam livres.

Para responder a essas e outras indagações, Eunice Prudente guia o leitor e a leitora por meio de uma arguta análise crítica a respeito do papel das leis na produção dessas contradições, valendo-se, inclusive, dos comentários de juristas e historiadores do século XIX, como Perdigão Malheiro, Teixeira de Freitas, Evaristo de Moraes, Alencar Araripe Filgueiras, Conselheiro Rivas e outros, para lançar luz ao fato de que "a escravatura foi um verdadeiro compromisso conservador dos liberais brasileiros, inclusive dos revolucionários nativistas"[232].

A investigação realizada por Eunice compreende o exame da situação jurídica das pessoas negras escravizadas, civil e criminalmente, ressaltando a severidade da legislação penal extravagante sobre esse contingente da população, bem como as limitações constitucionais à cidadania de ex-escravizados, além de um exame crítico das leis de migração[233]. Isso porque Eunice tinha a consciência de que:

> Para compreender-se a situação atual do negro brasileiro, sem explicações preconceituosas, é necessário ver que a legislação concernente ao imigrante, revela a preocupação do Estado em bem recebê-lo e integrá-lo e à sua família ao território brasileiro, enquanto que a lei pertinente à escravatura teve caráter punitivo, em relação ao escravo e garantidor de pro-

[230] *Ibid.*, p. 2.

[231] PRUDENTE, 1980, p. 73.

[232] *Ibid.*, p. 4.

[233] *Idem.*

> priedade escrava aos senhores. Com o advento da Lei Áurea, e da igualdade jurídica o negro é preterido como trabalhador livre. O governo brasileiro omite-se da problemática do ex-escravo[234].

O trabalho é permeado por uma forte crítica ao liberalismo à brasileira, cuja doutrina era deglutida pelos filhos das elites brasileiras educados na Europa, para que, ao retornarem ao país, pudessem amoldar tal doutrina aos seus interesses particulares. Assim, o que assimilavam servia para emular erudição e promover a defesa dos Direitos Humanos, abstratamente considerados, nos salões nobres que frequentavam. Enquanto isso, ignoravam completamente a situação degradante a qual era submetida a população escravizada. Trata-se de um liberalismo à brasileira, retroalimentado por um sistema de favores e favorecimentos em detrimento da instauração de um sistema verdadeiramente competitivo[235]. Nesse sentido, Eunice Prudente[236] elucida que "somente quando os negros [...] desorganizaram todo o trabalho da zona rural, é que as vozes abolicionistas ecoaram pela liberdade individual e pelos Direitos Humanos, apresentando outras faces do liberalismo."[237].

No texto, a jurista esclarece que essa hipocrisia liberal fez com que o Direito nacional tenha absolutizado o direito de propriedade e restringido o direito à liberdade à uma pequena parcela da população. E, quando não houve mais como resistir à luta por liberdade travada pela população escravizada, novamente a ideologia liberal é manipulada para viabilizar a marginalização das pessoas negras[238]. A dissertação de Eunice Prudente demonstra de modo precursor as estratégias legislativas utilizadas pela elite branca para manter pelo máximo de tempo possível a exploração escravocrata, mesmo quando declaravam a suposta intenção de suavizá-la, diante, inclusive, das pressões externas sofridas. Não à toa, o Brasil foi um dos últimos países do mundo a abolir a indignidade da escravidão. A obra sinaliza, também, que até mesmo a legislação pretensamente emancipatória alçava os brancos à condição de superioridade com relação às pessoas negras, extirpando qualquer possibilidade de esses indivíduos se utilizarem de instrumentos jurídicos para garantir o cumprimento de parcela das normas que lhes eram favoráveis[239].

234 *Ibid.*, p. 4.

235 PRUDENTE, 1980.

236 *Ibid.*

237 *Ibid.*, p. 16.

238 *Idem.*

239 *Idem.*

Nessa medida, a intelectual aponta em sua obra que é a figura do escravizado quem representa o ponto contraditório do liberalismo à brasileira, porquanto ao mesmo tempo em que os liberais-revolucionários clamavam por independência, liberdade e igualdade, eram senhores de escravos. Mesmo para a defesa de seus interesses, temiam armar os negros para auxiliá-los ao enfrentamento do domínio português e, na sequência, a própria monarquia[240]. Destaca, outrossim, "o comprometimento do liberalismo brasileiro com o 'status quo'. As idéias liberais tinham como limite o próprio sistema escravocrata."[241].

Fruto de uma investigação eminentemente interdisciplinar, a dissertação é eficiente em apresentar o panorama histórico e sociológico no qual se inseriam as populações negras no Brasil, para, após, promover a análise crítica dos textos normativos vocacionados, direta ou indiretamente, a manter as pessoas negras à margem da sociedade. A autora demonstra, por exemplo, que o processo de abolição lenta e gradual é cuidadosamente engendrado pela elite não com o fito de finalmente cessar as agruras da escravidão, mas, especialmente, com a intenção de fazer com que o ordenamento jurídico protegesse o patrimônio das classes dominantes[242]. Eunice Prudente[243] despe a Lei n. 2.040/1871 (Lei do Ventre Livre) de seu cínico romantismo e expõe a sua real finalidade: a manutenção do regime de exploração e dos privilégios da classe senhorial. A esse respeito, aduz que:

> [...] a própria Lei nº 2040/1871 encarregava-se de proteger, não o nascituro, mas o patrimônio da classe proprietária; colaborando inclusive, com a escravização dos nascidos livres. Os menores ficavam com os proprietários de [suas] mães eram "de fato" escravos, pois como tal eram tratados, sem falar nas falsificações de documentos e matrículas de escravos, quando então permaneciam escravos também "de direito". Os ingênuos entregues ao Estado seguiam destino idêntico ao dos primeiros. Conforme o § 1º do Art. 2º da citada lei, o Estado encaminhava-os a associações que cuidassem de menores carentes (orfanatos, asilos), essas associações, por sua vez, possuíam sobre o "menor-livre" os seguintes direitos: § 1º- as ditas associações terão direito aos serviços gratuitos dos mesmos até a idade de 21 anos completos e poderão alugar esses serviços, mas serão obrigados:

240 *Idem.*

241 *Ibid.*, p. 34.

242 PRUDENTE, 1980.

243 *Idem.*

> 1. a criar e tratar os mesmos menores;
> 2. a constituir para cada um meaç um pecúlio na que as filhas de suas escravas possam ter quando aquelas estiverem prestando serviços".
> Na prática, os menores acabavam sendo "de fato" escravos de particulares aos quais seus serviços eram alugados pelas associações. Também o próprio Estado os entregava a particulares[244]

A jurista revela em sua análise que a Lei do Ventre Livre na verdade piorou, em certos aspectos, a vida das crianças escravizadas e de suas mães. Isso porque a legislação antecedente (Lei de 15 de setembro de 1869) proibia, na comercialização de pessoas escravizadas, que mães e filhos menores fossem separados. Por outro lado, a Lei do Ventre Livre autorizava os senhores de escravos a separar mães e filhos já a partir dos oito anos de idade, quando o escravocrata não quisesse a criança, ou aos 12 anos, na hipótese de alienação. Mesmo com toda a regulamentação que se sucedeu, denuncia Eunice, tal diploma normativo jamais foi cumprido em benefício das pessoas escravizadas. As digressões da intelectual e as conclusões a que chegou com a sua pesquisa constatam que todo o processo gradual de abolição da escravatura, instrumentalizado por meio das leis, em nenhum momento garantiu a situação das pessoas libertas[245].

Em seu exame sofisticado e aprofundado, Eunice exibe as contradições do ordenamento jurídico brasileiro na fase do Império. Exemplificativamente, ao mesmo tempo em que previa o instituto da alforria, admitia a revogação legal da liberdade das pessoas alforriadas e o retorno ao *status quo ante.* E, ainda que permanecessem livres em território nacional, a Constituição de 1824 negava a aquisição da cidadania por pessoas negras. Segundo a jurista, "estas medidas discriminatórias para com o negro demonstram o desinteresse oficial em integrar o negro na vida política do País, mantendo-o em situação inferior."[246]. Não obstante, o próprio Código Criminal do Império, explica a autora, tipificava como crime reduzir pessoa livre à escravidão[247]. Nesses termos, as contradições eram patentes.

Para além da análise crítica do arcabouço normativo racista, o trabalho inovador de Eunice Prudente[248] aponta que mesmo quando parcela das leis pudessem ser utilizadas em benefício dos escravizados, o Poder Judiciário

---

244 *Ibid.*, p. 56-57.

245 *Idem.*

246 PRUDENTE, 1980, p. 120-121.

247 *Idem.*

248 *Idem.*

impunha-se como uma barreira praticamente intransponível, uma vez que, diz ela, "a jurisprudência demonstra que se aplicava o direito conforme os interesses dos proprietários [...]"[249]. Mais de 40 anos se passaram desde o momento em que Eunice Prudente concebeu a sua pesquisa, mas ainda se percebe, apesar do contexto diverso, a atualidade da crítica formulada.

Preconceito Racial e Igualdade Jurídica no Brasil ainda contempla a investigação da repercussão das teorias racistas no Brasil; da legislação migratória adotada pelo país, com notório viés supremacista branco; do racismo no governo e na Administração Pública perante as manifestações negras; e dos desafios enfrentados pelas pessoas negras na área urbana, cuja competição desleal com os imigrantes europeus acentuou a situação de miserabilidade desse contingente populacional. Por meio do exame acurado da legislação migratória, do Império à República, o qual notabiliza que a política de branqueamento envidada pelo Estado brasileiro não prescindiu do Direito, Eunice Prudente[250] torna assente que:

> Nesse ponto, já se percebe, claramente a intenção tanto do governo régio, como do imperial e como do republicano, em incentivar a imigração europeia, cercar os imigrantes de medidas protetoras, proibir a entrada de asiáticos e africanos e extinguir a escravidão, não revelando quaisquer interesses em proteger os negros recém libertos. Iniciou-se o relacionamento entre o negro brasileiro ex-escravo e o trabalhador imigrante, e nesta competição o negro perderá, devido a total omissão governamental.

A intelectual detalha em sua escrita que o cenário de indigência a que eram relegadas as famílias negras no meio urbano no início do século XX pode ser atenuado pela liderança das mulheres negras. Após a abolição, essas mulheres passaram de mucamas a empregadas domésticas, pessimamente remuneradas, as quais, mesmo com o advento da legislação trabalhista, permaneceram marginalizadas. Como os homens negros não foram aceitos como trabalhadores livres, cabia às mulheres negras chefiarem as suas famílias, provendo-lhes o sustento. Em algumas ocasiões, graças aos contatos e amizades que eventualmente faziam nas casas dos patrões, era possível alocar os filhos e os esposos no mercado de trabalho[251]. A partir dessas considerações, a jurista faz uma interessante reflexão, que denota o caráter interseccional de sua análise, conforme se pode observar:

---

249 *Ibid.*, p. 77.

250 *Ibid.*, p. 146-147.

251 PRUDENTE, 1980.

> Essa situação fortaleceu o mais triste dos estereótipos a respeito do negro: "negro é por natureza vadio e só trabalha sob chicote".
> A sociedade brasileira é patriarcal, e tanto o homem branco, como o negro são orientados para dirigir suas famílias. Porém, o negro não possuía condições para enquadrar-se nesse sistema, onde cabia ao homem deter o poder; uma vez que, sequer tinha um trabalho.
> Essa realidade humilha o homem negro, "sustentado por mulher" e ele é visto como um cidadão de segunda classe".
> O contingente negro permaneceu nas camadas mais pobres da população, sujeito a todas as mazelas: sub-emprego, doenças, analfabetismo, vícios, etc.[252]

Diante de todos os elementos que a sua pesquisa lançou mão e que, generosamente, Eunice Prudente compartilhou com a comunidade jurídica, bem como da constatação da desigualdade racial historicamente enfrentada pela população negra, ela defendeu textualmente em sua dissertação, demonstrando o comprometimento de suas incursões teóricas com a prática, a criminalização do racismo[253], chegando a apresentar minuta de projeto de lei nos anexos do trabalho. Atualmente, sabe-se que a pretensão de Eunice se tornou realidade no país apenas em 1989, com a edição da Lei Caó, nove anos depois da defesa e aprovação de sua pesquisa de mestrado. Sobre essa questão, a intelectual assevera que:

> A desigualdade enfrentada, diariamente pelo negro só poderá desaparecer quando o governo brasileiro criar igualdade de oportunidades para todos, através de uma legislação que declare o racismo como crime e uma revolução no campo educacional, em termos amplíssimos, onde o negro apareça como ser humano, formador de nossa nacionalidade. Há necessidade de se diminuir as distâncias entre os homens, estabelecendo a igualdade social, só assim suprimir-se-ão os preconceitos[254].

Nesse pequeno excerto, é possível vislumbrar a preocupação da autora também com a formação educacional antirracista. Para Eunice Prudente, o papel da educação é fundamental para mitigar as desigualdades raciais que assolam a República Federativa do Brasil, mesmo porque, para a jurista, a educação brasileira, formal e informalmente considerada, foi sistematica-

---

252 *Ibid.*, p. 171.

253 *Idem.*

254 *Ibid.*, p. 197, grifos no original.

mente utilizada para o fortalecimento do racismo[255]. Nessa medida, a crítica delineada pela intelectual em sua dissertação exorta o campo jurídico para atingir também o epistemológico, algo que será aprofundado posteriormente por outras acadêmicas negras, como Sueli Carneiro[256].

Por fim, o trabalho de Eunice apresenta comentários à Lei Afonso Arinos (Lei n. 1.390/1951), expondo a sua insuficiência, na época, para a repressão ao racismo na sociedade brasileira. Os comentários empreendidos são dotados de criticidade e servem para a autora contestar o formalismo jurídico e a integração, de fato, das pessoas negras na sociedade[257]. Ao comentar determinada passagem de depoimento[258] do idealizador da referida lei, que procurava explicar a razão de sua iniciativa legislativa, a jurista aduz:

> Muito amorosa é a prosa de Afonso Arinos. Tem-se a impressão de vê-lo menino embalado por uma "mãe preta". Infelizmente as circunstâncias descritas demonstram o relacionamento vertical branco-negro, onde o negro não é um amigo, mas um subalterno.[259]

Na sequência, Eunice revela a real motivação da lei, sua imprecisão técnica e as limitações que possui para o fim a que se destinava: o combate à discriminação racial. Isso porque a repetição exaustiva do delito como aquele praticado em bares e restaurantes circunscrevia as situações racistas rechaçadas pela norma àqueles locais, tornando a legislação inócua[260].

> Resultado da emotividade e improvisação, esta lei teve como causa imediata a discriminação racial sofrida por seu motorista negro, que há trinta e cinco anos servia sua família, e que teve sua entrada barrada em uma confeitaria no Rio de Janeiro. Também na época, um hotel no Rio de Janeiro recusou hospedagem a uma atriz negra, norte-americana. Deve ser por isso que o delito-tipo é descrito tão repetidamente como discriminação praticada em bares e hotéis, pelo menos em três dos nove artigos que compõem a lei.

---

[255] PRUDENTE, 1980.

[256] CARNEIRO, Aparecida Sueli. **A construção do outro como não-ser como fundamento do ser**. Tese (Doutorado em Pedagogia) – Programa de Pós-Graduação em Educação, Universidade de São Paulo, São Paulo, 2005. Disponível em: https://negrasoulblog.files.wordpress.com/2016/04/a-construc3a7c3a3o-do-outro-como-nc3a3o-ser-como-fundamento-do-ser-sueli-carneiro-tese1.pdf. Acesso em: 14 set. 2020.

[257] PRUDENTE, *op. cit.*

[258] Na passagem citada por Eunice Prudente, Afonso Arinos de Melo Franco teria dito: "Criado entre negros e negras como todos os meninos brasileiros de velhas famílias, eu guardava recordações enternecidas de alguns daqueles mestres submissos de minha infância, nas casas paterna e avoenga. Muito aprendi com estes primeiros guias da minha infância" (FRANCO, 1965 *apud* PRUDENTE, 1980, p. 227).

[259] *Ibid.*, p. 228.

[260] *Idem.*

> Usando as expressões "recusar", "negar", "obstar", o legislador descreve as mesmas situações, diversas vezes.
> [...]
> Isso faz com que certas circunstâncias claramente racistas fujam do tipo legal, tornando a lei inócua. O caso recente da advogada negra, em São Paulo, que devido à raça foi proibida de usar o elevador social de um prédio, é um dos inúmeros casos. Segundo o depoimento da vítima, prestado no 4º Distrito Policial – Consolação, no prédio em questão os negros só podiam adentrar pelos elevadores de serviço. A advogada discriminada teve seu caso considerado atípico pelo Delegado de Polícia e pela Promotoria [...][261].

Ao final, a jurista arremata que, quando mal redigida, a lei penal contribui com a impunidade, sendo que um dos aspectos mais graves da Lei Afonso Arinos era justamente a consideração do racismo como contravenção penal. Por isso, Eunice defendia que a prática do racismo deveria ser mais severamente punida, sugerindo, como já se relatou, a edição de lei para alçá-la à categoria de crime.

Com esse breve escorço da paradigmática e fundacional dissertação *Preconceito Racial e Igualdade Jurídica no Brasil*, que rasurou a escrita acadêmica jurídica de toda uma época, é possível inferir o quanto o trabalho executado por Eunice Aparecida de Jesus Prudente foi essencial para o estabelecimento de novas agendas de pesquisa nas ciências jurídicas brasileiras. Mais do que isso, a análise do texto de Eunice Prudente torna evidente o quanto ele está permeado pela sua experiência social enquanto uma mulher negra, de modo que a sua potência pode ser atribuída ao fato de a sua dissertação materializar-se na academia como uma escrevivência, como uma prática de autoinscrição no mundo jurídico. Essa importante pesquisa inaugural teve o seu seguimento na obra de Dora Lucia de Lima Bertulio[262], a quem Eunice atribui o título de maior jurista brasileira[263], bem como, posteriormente, nas demais produções de juristas negras e negros que buscam consolidar o quilombo jurídico *Direito e Relações Raciais*.

---

[261] PRUDENTE, 1980, p. 228-230.

[262] BERTULIO, Dora Lucia de Lima. **Direito e relações raciais**: uma introdução crítica ao racismo. Dissertação (Mestrado em Direito) – Programa de Pós-Graduação em Direito, Universidade Federal de Santa Catarina, Florianópolis, 1989. Disponível em: https://repositorio.ufsc.br/handle/123456789/106299. Acesso em: 16 set. 2020.

[263] Essa declaração foi feita por Eunice Aparecida de Jesus Prudente em entrevista concedida a Edmo de Souza Cidade de Jesus, entre os dias 6 e 12 de dezembro de 2022. A jurista afirmou, na ocasião, que: "*Por todas as contribuições para o nosso Direito, para a luta contra o racismo, considero Dora Bertulio a maior jurista brasileira, sou sua leitora. Muitas reflexões, inclusive em sala de aula, com o livro dela.*"

4.3 PERCURSOS, INSUBORDINAÇÕES E INSURGÊNCIAS DE DORA LUCIA DE LIMA BERTULIO RUMO À (E ALÉM DA) FACULDADE DE DIREITO

[A]cho que essa é a minha origem,
na verdade, de pensar e de ter sempre uma visão muito à frente daquilo
que se apresentava como
o contexto material da vida.
(Dora Bertulio, 2022)[264]

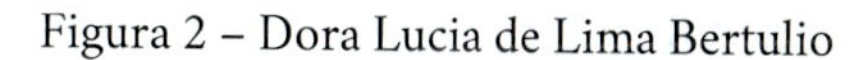
Figura 2 – Dora Lucia de Lima Bertulio

Fonte: página da Universidade Federal do Paraná no *Facebook*

[264] Entrevista de Dora Lucia de Lima Bertulio, concedida a Edmo de Souza Cidade de Jesus, em duas etapas. A primeira, realizada presencialmente, na cidade de Curitiba/PR, em 24 de novembro de 2022; e a segunda, por videoconferência, via Google Meet, em 9 de dezembro de 2022. Todas as transcrições contidas neste subcapítulo decorrem da referida entrevista.

Única filha mulher de uma família de oito pessoas, Dora Lucia de Lima Bertulio cresceu em uma família negra bem estruturada, proveniente da classe trabalhadora, altamente intelectualizada, em meio ao que classifica como *"pobreza decente"*, *"pobreza digna"*, distinta, em sua visão, dos padrões atuais, mas cercada pelas agruras da segregação racial[265] que operava fortemente na cidade de Itajaí, no Estado de Santa Catarina, na época. O pai, José Adil de Lima, paranaense de Castro, encontrou no Estado vizinho a oportunidade de formar a sua família, consolidar uma bem-sucedida carreira profissional e desestabilizar os pilares da conservadora e racista sociedade itajaiense com a sua militância política sindical.

O genitor de Dora iniciou a sua carreira na construção civil como operário, armador de ferro, no Porto de Itajaí, função e locais a partir dos quais vai se estruturando até se tornar empreiteiro de obras e um importante líder sindical. Já a mãe, Teodora de Lima, a quem Dora se reporta como uma *"mulher fantástica"*, era catarinense e partilhou com as demais mulheres negras de seu período uma vida de provações desde a primeira infância. Aos dois anos de idade auxiliava a avó de Dora nos canaviais, juntando com o irmão as canas cortadas pela genitora, e, aos oito anos, teve seu sonho de estudar interrompido quando ingressou na vida de trabalhadora doméstica para as famílias abastadas do centro de Itajaí, situação da qual só viria a se desvencilhar quando se casou com o pai de Dora.

Ambos os pais de Dora nutriam um forte apreço pelos estudos, sendo que as limitações econômicas que possuíam e a baixa escolaridade formal que conseguiram conquistar não os impediu de investir de modo autodidata em suas formações intelectuais e de proporcionarem boas escolas aos filhos e à filha. Não evitou, igualmente, que exigissem deles e dela dedicação máxima aos estudos. Para a jurista, ter pais com essas características *"[...] foi a grande oportunidade de vida. Nascer de um casal que tinha o estudo como sendo o limite máximo de nossa possibilidade de ser alguém na vida."*. Em suas palavras:

> *E os dois conseguiram dar conta de um ajudar o outro nessa questão do conhecimento. Ele era um homem que gostava muito de ler e começou a colocar mamãe pra ler também. Então era gozadíssimo porque mamãe, se você conversasse com ela, Jorge Amado ela conhecia todos. Ela conhecia tal livro, não sei das quantas. E a*

265 De acordo com os relatos de Dora Bertulio, a segregação racial em Itajaí/SC era tamanha que, inclusive, ela se manifestava na divisão racial dos espaços públicos na cidade. Ela cita como exemplos a lembrança de que, no interior da Igreja Católica cujas missas frequentavam, os negros se acomodavam em determinado canto; ao saírem de tais missas, os brancos caminhavam de um lado da rua e as pessoas negras de outro; em uma praça da cidade, frequentada por jovens, as pessoas negras se acomodavam de um lado e as brancas de outro.

> *gente estudava e ela sempre brigava, porque ela dizia assim: "Eu só tenho até o terceiro ano e tenho que ensinar uma criatura que tá no quarto ano, no quinto ano", não sei o quê. Mas, enfim. E ela sempre foi muito rígida conosco na escola. Então, acho que esse é o grande... foi minha grande oportunidade de vida. Nascer de um casal que tinha o estudo como sendo o limite máximo da nossa possibilidade de ser alguém na vida. Então, estudar era algo que ou se fazia ou se fazia. Não tinha alternativa. E é gozadíssimo porque eu fui uma menina, no caso, diferente das outras meninas negras nesse sentido. Porque eu não fazia serviço doméstico enquanto não terminasse lição, isso e aquilo.*

A valorização da educação fez com que o pai de Dora tenha decidido que a filha iria estudar em um colégio de freiras, particular, em Itajaí, pois entendia que naquela instituição ela teria maiores condições de desenvolvimento intelectual. Em um primeiro momento, apenas Dora estudou na rede privada de ensino, tendo os irmãos permanecido em escolas públicas. Após, a liderança política e as boas relações que o pai mantinha na cidade o possibilitou articular, via sindicato, um convênio com o colégio de padres e com o colégio de freiras, para que os filhos e filhas dos trabalhadores pudessem estudar com bolsas de estudos parciais. Isso fez com que, posteriormente, também os irmãos de Dora pudessem estudar naqueles estabelecimentos de ensino.

A possibilidade de estudar em instituições privadas de ensino fez com que Dora ficasse em uma situação delicada perante a comunidade em que estava inserida. Para as meninas brancas com as quais convivia na escola, ela era uma boa estudante, nada além disso, já que não era convidada para os eventos sociais ou para ocasiões que proporcionassem o estreitamento de laços fraternais. Dora comenta que, embora não tenha tido maiores problemas no colégio, quando saía da instituição ninguém mais a conhecia, ninguém a cumprimentava. Já para as meninas negras, Dora era taxada de "metida", a garota que estudava com os brancos. Isso fez com que o seu rol de amizades na infância e adolescência fosse bem reduzido, restrito aos filhos de duas famílias negras amigas de seu pai, igualmente envolvidas com o movimento sindical. As brincadeiras e as conversas, nesse sentido, eram diferenciadas, diante das informações que recebiam e do seio politizado no qual estavam absortos.

Segundo Dora, o seu foco nos estudos talvez tenha relação com a necessidade de estabelecer estratégias para se blindar da violência racial. Desenvolver-se e destacar-se nos estudos era uma forma que os jovens negros e as jovens negras encontravam de se sentirem menos acuados em Itajaí, cidade que Dora lembra ser muito difícil para a população negra. Na entrevista concedida à esta pesquisa, a jurista diz que:

> *Essa coisa toda de você criar um ambiente que seja mais confortável pra você num meio que não é confortável. Porque desde pequena você percebe, ou pelo menos eu percebia desde pequena, que o ser branco e o ser negro tinham uma diferença monumental. Na vida, nas possibilidades. E tudo você vai percebendo.*

Em contraponto a toda segregação e violência raciais a que estavam expostos na sociedade de Itajaí, o pai e a mãe de Dora construíram um ambiente de letramento racial, fortalecimento da autoestima e de politização para os filhos. Dora recorda dos livros que o pai tinha em casa, dos que ele trazia para que pudessem ter conhecimento e, também, da importância dos ensinamentos de sua mãe em sua formação:

> *E a mãe sempre dizia que "Nunca abaixe a cabeça pra branco nenhum", ela falava. Era tão interessante, né? "Você não deve nada pra ninguém. Então qualquer pessoa que te tratar mal, não é por tua causa. A pessoa é que não deve servir pra alguma coisa." Essa coisa de eu sentir, de qualquer restrição não era por mim, te dá forças. Te dá força porque eu nunca senti que eu tinha algum problema, que fazia com que as pessoas me tratassem mal ou coisa parecida.*

Além do letramento racial ofertado em casa, Dora, como filha de um importante líder sindical local e militante comunista, desde cedo teve uma formação crítica privilegiada sobre a estruturação da sociedade de classes e a exploração a que os trabalhadores e trabalhadoras estavam submetidos. Essa formação em seu seio familiar se distinguia da mera crítica social atrelada à discussão de classe, pois como um homem negro, seu pai sempre esteve atento e repassou aos filhos que as questões raciais e de classe no Brasil estavam profundamente imbricadas, embora não se debatesse raça no âmbito do movimento político da época. De se ressaltar, a esse respeito, que foi a militância comunista de seu pai que o levou a sair do Paraná e a formar a sua família em Santa Catarina, porquanto o objetivo inicial do deslocamento, algo que Dora descobriu já adulta, durante os trabalhos da Comissão da Verdade, era ir para Itajaí e montar uma célula do Partido Comunista.

A militância política sindical em prol dos trabalhadores da cidade, a intensa atividade intelectual e, notadamente, o comprometimento de seu pai com a comunidade negra local despertou em Dora o desejo de fugir do destino relegado às mulheres com maior escolaridade do período: fazer o Curso Normal e se tornar professora. Dora decidiu que Direito é o que ela faria. Para isso, era necessário ir a Florianópolis e fazer o Curso Científico, como o irmão mais velho tinha feito. Mas sua condição feminina lhe tirou Florianópolis do horizonte. A opção que lhe restava era cursar o Normal em Itajaí ou fazer o curso de Contabilidade à noite. Dora insurgiu-se e convenceu o pai a lhe matricular no segundo curso, mesmo que à noite.

Foi exatamente nesse período que a ditadura militar brasileira se estabeleceu e exerceu toda a opressão violenta que lhe foi peculiar, particularmente sobre a família de Dora, em face da militância comunista e sindical de seu pai, figura conhecida na cidade, que chegou a ser preso duas vezes pelo regime de exceção. As prisões políticas sofridas pelo pai de Dora fizeram com que aquela família negra fosse ainda mais estigmatizada pela racista comunidade de Itajaí. O aparente respeito que os brancos da cidade demonstravam para com ele foi definitivamente descortinado pela perseguição sofrida durante a ditadura militar.

Com o recrudescimento do regime, os militantes brancos e ricos se exilavam em outros países, enquanto os pobres e negros ficavam no Brasil à mercê da virulência ditatorial. Foi nesse período que ocorreu o fato que mudaria a vida de toda a família de Dora. Ela conta que, cientes de que as pressões e perseguições se acentuariam, os militantes se articulavam entre si para buscar alternativas para resistência e autoproteção. As informações e orientações que circulavam nesses grupos davam conta de que ficar em suas residências não era uma opção, já que estavam prendendo as pessoas. O pai de Dora, como uma das lideranças visadas pelo regime, saiu de casa para se refugiar e, apenas cinco dias depois, retornou para pegar roupas. Nesse breve período em que permaneceu em casa, em um domingo, a família foi surpreendida por um carro do Exército brasileiro, que estacionou em frente à residência. Dele desceram vários homens fortemente armados com metralhadoras e tomaram o quintal. Dora narra a experiência traumática nos seguintes moldes:

> *E daí o delegado chega, bate na porta. Mamãe vai atender, ele disse: "Seu Lima tá em casa?" A mamãe disse: "Não, ele não tá em casa." E ela segurou meu irmão pequeno, tinha um ano e meio, é um garoto... um bebê na verdade. Daí ela disse: "Não, meu marido não tá em casa." E ela se plantou na porta. Daí nisso... o papai tinha feito um sobrado, né? O papai desce... uma cena bem fantástica. Papai desce a escada e disse: "Dora." Porque*

> *mamãe chamava Dora também. "Dora, deixa, eu resolvo isso. Daí a mamãe vira, assim, assustada, né? Tipo assim: "Porque que você tá vindo?" Mas ele disse: "Não, deixa isso aí. Depois a gente vai resolver, vai dar tudo certo. Fica tranquila." Daí ele desce, o cara pega e diz: "Desculpa, Seu Lima..." É incrível um delegado "Desculpa, Seu Lima, mas eu tenho uma ordem de prisão pro senhor." Daí o papai disse: "Eu entendo. O senhor me dá um tempo, eu vou. Me dá um tempo, eu vou pegar alguma coisa aqui." Falou para mamãe, né? "Dora, prepara uma bolsa com umas roupas para mim?" E a mamãe queria chorar, olhou para ele, ele disse: "Tá tudo bem, você vai ficar bem e eu também. Cuida das crianças. E nós ao redor, né? Era eu... Só o Gil que não estava, meu irmão mais velho, os outros todos tudo assustados. A gente grudou na mamãe e ficou assim, né? E olhava pela janela assim, todo mundo com metralhadora. E daí a vizinhança toda veio e foi um bafafá na rua. E daí o papai saiu, ele não algemou o papai: "Eu não vou fazer nada." "O senhor vai?" "Vou, tá tudo bem." "Não vou pôr algema nem coisa nenhuma." E daí papai faz aquele caminho, né? Com os caras da metralhadora, e ele faz aquele caminho muito imponente, e entra no carro do Exército.*

A partir desse momento, foram três meses sem saber onde o pai estava. A família, que até aquele momento tinha conquistado uma condição de vida confortável, passou a enfrentar dificuldades. Como a maior fonte de renda deixara de existir, tinha que contar com os trocados que a mãe auferia ao executar trabalhos de costureira, em casa, e com a ajuda, inclusive para se alimentar, dos companheiros de militância do pai. A vida se tornou mais difícil com o aumento da violência racial na vizinhança e com as várias incursões que o Comando do Exército realizou sucessivamente.

Dora associa a hostilidade dos vizinhos do bairro especialmente ao fato de o pai ser um homem negro e não apenas por ser um comunista, por si só. Enquanto a comunidade negra foi solidária, respeitosa e jamais demonstrou enxergar José Adil de Lima como um comunista perigoso, a branca encontrou o subterfúgio necessário para o exercício da violência. Dora relata que, nessa época, na localidade em que moravam só havia duas famílias negras e que, a partir do momento em que o pai começou a ser perseguido e preso pelos agentes da ditadura militar, acentuou-se, na sua percepção, o processo de estigmatização dele na cidade. A sua impressão era a de que parecia ter havido uma espécie de satisfação sádica dos vizinhos, porque, diz ela:

> *Parece que a gente tá falando como se eu tivesse raiva, não tem nada a ver, é na verdade todo um contexto de que "Era aquele homem negro que tinha uma casa grande igual a minha, ou melhor que a minha. O que ele tá pensando que é da vida, né? E que bom que eles prenderam ele."*

Ao retratar a experiência vivida pelas pessoas negras na sociedade, Frantz Fanon[266] auxilia a compreender essa sensação de Dora Bertulio, pois o pensador elucida que "o mundo branco, o único honesto" rejeita a participação da população negra. Na sociedade branca, às pessoas negras é exigido portar-se como tal, jamais como um homem ou uma mulher, mas apenas como negros e negras[267], seres cuja humanidade é sequestrada por um processo massivo de subalternização e de inferiorização. Nesse contexto, frequentar determinados lugares ou residir em bairros epidermicamente reservados aos brancos pode representar uma afronta às normas sociais racistas.

Meses depois, o pai de Dora foi solto e já não havia mais condições de permanecer em Itajaí. Companheiros de uma célula comunista o chamam para ir a Curitiba e lá ele conseguiu emprego em uma construtora. Ao se estabelecer, José de Lima leva toda a família para a capital paranaense, deixando a casa grande e confortável que havia conquistado ao longo dos anos de trabalho árduo para morar no depósito da construtora que o contratara. Eram duas peças, com um banheiro improvisado que ficava apartado, no pátio. Diante das circunstâncias, Dora, que cursava Contabilidade em Itajaí quando tudo ocorreu, trouxe consigo a documentação necessária para dar continuidade ao curso em Curitiba, que à época se situava anexo à Faculdade de Direito. Lá, com 15 para 16 anos, ela começa a trabalhar como auxiliar de escritório, na mesma empresa na qual o seu pai trabalhava. Este foi o seu primeiro emprego.

Antes disso, ainda em Itajaí, apesar do bom currículo que ostentava, isto é, estava cursando Contabilidade e possuía curso de datilografia, Dora jamais conseguiu obter uma oportunidade de trabalho, algo extremamente necessário no período em que seu pai foi preso, diante da premência em aumentar os rendimentos familiares. A jurista resgata de suas memórias que o fato de não conseguir trabalho em Itajaí devia-se à sua condição de mulher negra:

---

[266] FANON, Frantz. **Pele negra, máscaras brancas**. Tradução de Renato da Silveira. Salvador: Edufba, 2008. p. 107.

[267] *Idem*.

> *Com 15 pra 16 anos, exatamente. Lá em Itajaí, quando o papai foi preso, esse pessoal que tá fazendo a rede de apoio foi lá em casa, conversou com a mamãe. Eles perguntaram qual era a minha formação. Eu tinha o ginásio completo, já tava fazendo Contabilidade, era uma coisa fantástica, tinha datilografia, podia trabalhar.*
> *Tava tudo pronto para trabalhar. Daí eles foram e levaram em vários lugares. E até que eu ia lá, ia eu e a mamãe, daí dizia que era Dora Lucia, fulano que nos indicou e tal. "Mas, desculpe, a vaga não está mais disponível." Daí primeiro era num banco, não deu. Daí foi num outro escritório, não deu. Foi uma outra firma, não deu. Daí tinha uma farmácia, que o cara achou um lugar que tinha na farmácia. Daí o cara também disse que já tinha contratado. Daí esse senhor chegou para mamãe, disse assim: "Dora, eu vou ser sincero com você, não leve mais sua filha em lugar nenhum. Eles não vão contratar porque disseram que não vão contratar negro."*

Ainda assim, a despeito das negativas racistas que impediam o seu acesso ao trabalho, Dora não parou mais de trabalhar, tendo conciliado sua formação acadêmica com o serviço público, já que após a experiência como auxiliar de escritório na construtora em que seu pai trabalhava, passou, aos 18 anos, em concurso público realizado pelo Município de Curitiba. Assim como ocorreu com Eunice Prudente e sua família, a via do concurso público apresentava-se como o caminho mais promissor para a colocação de Dora Bertulio no mercado de trabalho, em cargos ou funções condizentes com o seu grau de escolaridade e sua capacidade técnica.

No mesmo período, foi aprovada no vestibular e ingressou na Faculdade de Direito do Paraná, atualmente pertencente à estrutura da Universidade Federal daquele Estado. Na instituição, envolveu-se com a militância estudantil e integrou o Centro Acadêmico do curso, a partir do qual teve contato com outras organizações estudantis. Dora chegou a participar ativamente de uma delas, em meados dos anos 1970, na qual era responsável por datilografar os jornais, enquanto seus colegas se incumbiam de realizar a panfletagem. A preferência pela datilografia e organização dos panfletos e jornais da organização política estudantil se dava pelo pavor que Dora tinha de ser presa, torturada e obrigada a delatar o paradeiro de seu pai, que na época exilava-se em município no interior do Paraná. Então, evitava a rua e se concentrava no trabalho interno no âmbito da militância realizada pelos estudantes do período, o que, todavia, não a impediu de participar de várias atividades de pixação, de comícios, passeatas etc.

Durante a graduação em Direito, portanto, Dora aprofunda os seus estudos sobre as questões políticas da sociedade e desenvolve um forte ativismo nessa área, não chegando a dedicar, até esse momento, maior atenção política à questão racial. Isso ocorreria mais tarde, durante a pós-graduação em Direito na Universidade Federal de Santa Catarina.

Depois que se formou, Dora se casou e foi morar no estado de Mato Grosso. Já advogada e residindo em uma cidade estranha, sem muitos contatos, inicialmente Dora encontrou dificuldades para exercer a profissão, sobretudo diante da necessidade de acompanhar o esposo nos deslocamentos constantes que realizava de fazenda em fazenda, atendendo aos animais de grande porte (gados e cavalos, majoritariamente) dos quais era médico veterinário. Somente após fixar residência em Cuiabá, quando o marido ingressou como professor da Universidade Federal de Mato Grosso (UFMT), Dora passou a exercer atividades jurídicas, na assessoria jurídica da instituição. Paralelamente, exerceu a advocacia privada com uma amiga. De volta aos movimentos sociais, mais especificamente por estar envolvida com a Pastoral da Terra, no início de sua carreira na advocacia Dora teve a oportunidade de advogar para uma população assentada em um território objeto de litígio agrário.

Com a finalidade de impedir o despejo das famílias assentadas, majoritariamente compostas por pessoas negras, Dora ingressou com diversas medidas judiciais, as quais foram parcialmente exitosas no sentido de impedir que a reintegração de posse almejada pelos proprietários se realizasse em sua totalidade. E, mais do que isso, para obrigá-los a destinarem outras faixas de terras para que aquelas pessoas que não pudessem permanecer onde estavam, fossem corretamente alocadas em outras regiões. Nesse ínterim, Dora se aproximou de professores do Curso de Direito da UFMT mais alinhados política-ideologicamente à esquerda, a quem ela consultava em algumas ocasiões em razão da complexidade que essas ações envolviam. Esse litígio agrário foi tão significativo para a região que Dora chegou a ser conduzida, ilegalmente, diga-se de passagem, por Oficial de Justiça à casa do Juiz de Direito da Comarca, que procurou ameaçá-la para dissuadi-la de sua atuação no caso. A jurista recorda do episódio ao aduzir que:

> *E tive uma briga séria com o juiz, inclusive. Pasme, o juiz mandou um oficial de justiça na minha casa me buscar para ir na casa dele. Olha que coisa doida. Eu pensei: "Vou ou não vou?" Daí eu disse pro meu marido: "Eu vou com o oficial de justiça e tu vás atrás." Para saber o que que tá acontecendo. Daí eu entro da casa*

do juiz, ele me recebe na casa dele. Não foi no Fórum, foi na casa dele. Daí ele pega e diz assim: Quanto é que a senhora tá ganhando desse pessoal para defender esse grupo de pessoas lá, os invasores lá? Daí eu disse: "Desculpa, não tô entendendo sua pergunta". O senhor me chamou aqui, o que que o senhor gostaria? Porque eu sou advogada deles, e daí o senhor quer conversar comigo sobre o quê? Daí ele disse: "Não, porque esse movimento aí desse pessoal que fica invadindo terra é coisa de comunista, coisa de Sem Terra, e naturalmente eles devem estar pagando a senhora aí para fazer uma coisa que a senhora sabe que não vai ganhar, né?" Daí eu disse: "Eu não vou discutir isso com senhor, eu quero saber..." Eu insisti, né? "...eu quero saber o que que você gostaria de conversar comigo." Daí ele me pediu para sentar. Eu nem sentei, eu fiquei em pé. Daí ele disse assim: "Não, eu só quero lhe dizer o seguinte: Que a senhora desista do processo. É melhor a senhora desistir do processo. Esse pessoal depois vai achar um outro lugar para ficar. A senhora tá aí advogando na cidade, vai ter outros clientes..." Desse jeito. "...a senhora desista disso, porque eu acho que vai ficar melhor para a senhora. E depois a senhora pode até conversar com fulano." Que era o dono da terra. "...a senhora pode até conversar, se precisar de alguma coisa." O juiz. Daí eu disse pra ele: "Olha, eu não sei o que que o senhor tá pensando de mim, mas o senhor está me permitindo pensar do senhor. Então tem mais alguma coisa que gostaria de falar comigo?" Daí ele disse: "Eu tô vendo que a senhora é "renitente", alguma palavra que ele usou assim, né? "Onde é que a senhora formou?" Bem assim. "Eu me formei na Universidade Federal do Paraná. E o senhor, formou aonde?" Falei bem assim. Daí ele disse: "A senhora é muito insolente." Eu disse: "Eu acho que é melhor eu ir embora, porque eu vou reportar tudo isso que o senhor falou pro presidente do Tribunal. Porque o que o senhor tá fazendo, para mim é estranho. Nunca imaginei que um juiz fosse falar como o senhor fala. Porque na faculdade que eu formei, a gente aprendeu que segue a lei, que cumpre a Constituição e tudo o mais. Então acho que é melhor a gente fechar a conversa aqui. Eu tô indo embora." Daí ele disse: "A senhora vai se arrepender." Falou bem assim. "A senhora vai se arrepender. E eu vou mandar o oficial..." "Não, o senhor não vai mandar nada. Eu estou saindo. Muito obrigado. Até logo." E fui embora, né? Daí o meu marido tava longe lá me esperando. Fui lá. Eu tava sem fôlego. "Que que aconteceu? Quando eu falei pra ele, disse: "Eu vou lá bater nesse cara." Eu disse: "Não, vamos deixar por isso."

Depois de estar mais ambientada na Universidade Federal de Mato Grosso, conhecer dois professores negros e de seu irmão passar a cursar Geologia na instituição, Dora tentou mobilizar os estudantes negros da

UFMT. Ela conta que, conjuntamente com seu irmão, colocou cartazes nos murais do campus com a seguinte chamada: "Reunião de Negros da Universidade". No dia e local reservados à referida reunião, só compareceram Dora e o irmão, que relembra: *"Daí fomos lá nessa sala. Tava eu e meu irmão. Ninguém mais foi. Reunião de dois. Daí nós rimos e disse: 'não tem problema, vai acontecer. E daí nisso a gente começa então a fazer, a mexer."*.

Após essa tentativa, Dora se aliou com a professora Ana Maria Rodrigues Ribeiro, do Curso de História da UFMT, proveniente do Rio de Janeiro e que havia ingressado na instituição por concurso público naquele período. Juntas, criam a Associação de Mulheres e Mulheres Negras. Essa associação, posteriormente transformada em núcleo de estudos, foi bastante questionada, inclusive pela imprensa, que queria entender a razão pela qual as fundadoras tinham inserido na nomenclatura aquele *"e mulheres negras"*. Foi a partir desse movimento que Dora passou a discutir a situação das mulheres negras e, de modo mais amplo, a questão das pessoas negras na sociedade brasileira.

No período em que esteve na UFMT, desperta em Dora o desejo de cursar o mestrado em Direito. O contato com as professoras da universidade, sobretudo com as historiadoras, que integravam uma associação de classe fundada por seu marido, auxiliou-lhe a aprofundar o seu conhecimento sobre a temática racial. Ela rememora que, em certa ocasião, ao conversar com uma dessas docentes, a historiadora Iraci Galvão, sobre racismo e manifestar o seu desejo em aprofundar o seu conhecimento, inclusive no âmbito do mestrado que pretendia futuramente cursar, foi orientada de que a primeira coisa que deveria fazer era ler Frantz Fanon. E assim Dora fez. Afora outras obras, a professora Iraci Galvão lhe presenteou com um exemplar de *Os Condenados da Terra*, de Fanon (2022), o que foi suficiente para lhe apresentar a um mundo de possibilidades, outras lentes de análise do fenômeno racial na sociedade capitalista e, sobretudo, reforçar o desejo de tensionar a raça e o racismo no Direito. Dora menciona que a professora Iraci lhe apresentava as obras que, após lidas por ela, eram discutidas com o auxílio da professora Ana Maria Rodrigues Ribeiro, uma mulher negra.

Durante as reflexões que antecederam a elaboração de seu projeto de pesquisa, além de intensificar as leituras com as indicações de professoras com as quais mantinha contato, Dora começou a pesquisar e a estudar a legislação escravista e supostamente antirracista produzida no Brasil. Quando busca os textos das normas e os lê com a atenção devida, ela se dá conta da instrumentalização do Direito pelo racismo, sendo que a Lei do Ventre Livre é a que mais lhe choca do ponto de vista da dissimulação da realidade que a norma promovia. Nesse sentido, a análise crítica desses dispositivos legais, a partir de Fanon, foi o seu ponto de partida.

No momento de maturação de seu projeto de pesquisa, quando além do trabalho na UFMT Dora integrava a Pastoral da Terra e prestava assessoria jurídica à população vulnerabilizada nos conflitos agrários da região de Cuiabá, o padre responsável por aquela organização designou Dora para representar a pastoral no Primeiro Encontro de Direitos Humanos que ocorreu na Pontifícia Universidade Católica de São Paulo (PUC/SP). No evento, Dora teve a oportunidade de ouvir pela primeira vez e de conhecer Eunice Aparecida de Jesus Prudente, uma das conferencistas do encontro. *"Eunice foi a minha estrela"*, afirma Dora, que viu na intelectual a possibilidade de que o caminho poderia não ser tão solitário quanto parecia. Após a conferência, na qual Eunice apresentou a sua pesquisa, Dora foi ao seu encontro. As duas conversaram sobre o trabalho de Eunice, que na oportunidade franqueou uma cópia do texto à Dora e a incentivou a cursar o mestrado na Universidade de São Paulo (USP). Dora chegou a tentar ingressar no mestrado na Faculdade do Largo de São Francisco, mas foi reprovada no teste preliminar de língua inglesa. Essa foi a sua primeira tentativa.

> *Sabe, eu tinha pensado tudo isso e, de repente, tem uma pessoa que está até fazendo isso! E aí, ela que me apresentou o trabalho dela, ela que me deu a cópia do trabalho dela. Depois, ela queria que eu fizesse mestrado lá... Ela disse: "Vem fazer!". E eu não estava aqui ainda, eu não tinha nem mestrado, não tinha nada. Aí, o primeiro teste que eu fiz de mestrado, foi lá na São Francisco, mas eu reprovei em inglês.*

Já com três filhos e em meio à demissão do marido pelo Reitor da Universidade, em retaliação ao fato de ele ter criado e sido o primeiro presidente de uma associação de professores, Dora retorna à Curitiba por ocasião de uma oferta de trabalho da Secretaria de Estado da Saúde do Paraná, recebida por seu esposo. Com esse novo deslocamento, ela vê a oportunidade de concretizar a sua vontade de cursar o mestrado, já que tempos antes tinha sido orientada pelo Procurador-Chefe com o qual trabalhou na UFMT de que a melhor instituição para tentar fazê-lo, de acordo com o perfil crítico de Dora, seria a Universidade Federal de Santa Catarina, pela criticidade que o Programa de Pós-Graduação ostentava na época.

Com a família em Curitiba, Dora faz o seu primeiro processo seletivo para ingresso no Programa de Pós-Graduação em Direito da UFSC. Durante a arguição, foi questionada sobre o que lhe trazia à seleção. Ela explicou para a banca que pretendia estudar de que modo o Direito e o Estado interferiam na formação e na introjeção de valores racistas na população brasileira; que teriam lhe recomendado a instituição como um local aberto ao desenvolvimento de pesquisas de viés jurídico crítico e social, bem como de que o fato de o esposo estar trabalhando em Curitiba a oportunizaria a frequentar o programa. Sua resposta não foi bem recebida, Dora foi tratada com desdém e reprovada, segundo ela por dois fatores: por ser mulher e por ser negra. Dora descreve a situação do seguinte modo:

> *E quando eu cheguei, você sabe que eu não passei na primeira prova, né? E eu não passei por conta de eu ser mulher, além de ser negra, porque eu era a única, eu fui única. É claro, na entrevista, eles perguntam por que é que eu estou ali. Daí eu disse que eu sempre quis fazer mestrado e que minha chefia lá da assessoria jurídica, lá da Federal do Mato Grosso, me indicou, disse que se eu quisesse trabalhar com temas mais abertos, era aqui o lugar. Eu falei pra banca! Eu disse, e aí aconteceu de meu marido ser transferido para cá, e aí veio a oportunidade. Sabe o que o cara disse? "Eu sempre acho interessante, porque as mulheres são assim mesmo. Elas vêm atrás dos maridos e daí ficam querendo usar o tempo, né?".*

Um dos professores componentes da banca, como o trecho citado revela, é manifestamente machista, enquanto o outro integrante menciona na arguição que o assunto proposto para a pesquisa não tinha ressonância no Direito, indicando que Dora buscasse programas ligados às Ciências Sociais ou à História. Um terceiro docente lhe diz que o difícil seria achar um orientador para a pesquisa. O episódio é relembrado pela jurista assim:

> *Ele era aquele cara que só falava de Kelsen, o erudito em Filosofia do Direito. Eu não lembro, mas vou lembrar. Daí, o que acontece? Ele pega e diz pra mim assim: "Mas você quer falar sobre racismo, sobre o que mais sobre racismo? Mas a senhora está no lugar errado, aqui não é lugar para falar isso. A senhora não quer procurar lá o curso de Ciências Sociais ou História mesmo, quem sabe? Eu acho que aqui a senhora não vai conseguir ir pra frente, porque esse seu tema não é um tema que diz respeito ao Direito". Mas eu respondi, eu disse: "Não quero fazer em Ciências Sociais, não quero fazer em História porque, das leituras que eu tenho feito, o Direito é muito importante para a discussão do racismo, e acho que é aqui o lugar da gente fazer essa discussão, sim". Aí o outro que era mais desligado, disse assim: "É, difícil vai ser a senhora achar um orientador". Eu digo: "Eu imagino que vai ser muito*

difícil eu achar um orientador, mas, de repente, pode ser que tenha alguém que tenha essa cabeça aberta, que me falaram que tinha aqui em Santa Catarina, na faculdade".

No mesmo ano da reprovação no processo seletivo para o ingresso no programa de mestrado em Santa Catarina, a Faculdade de Direito da UFPR organizava a sua primeira seleção para interessados em cursar o mestrado em Direito. Como egressa da instituição, Dora encontrou maior abertura entre os professores, que apesar de demonstrarem certo espanto com o tema proposto, disseram-lhe que se ela conseguisse efetivamente desenvolvê-lo, seria algo muito interessante e positivo para a faculdade, que iniciava o seu programa de pós-graduação naquele momento. Aprovada e já cursando o mestrado no Paraná, Dora ainda não havia desistido do mestrado naquela que era considerada a instituição de ensino jurídico mais crítica do país. Coincidentemente, uma das disciplinas cursadas por Dora durante o semestre em que estudou na UFPR foi ministrada por um dos professores que havia lhe interpelado na banca de que participou durante o processo seletivo para ingresso no mestrado em Direito na UFSC. Ele a reconheceu em sala de aula, desculpou-se pelo comportamento machista e acabou se tornando seu amigo.

Isso, de certa forma, reabriu as portas do curso de mestrado da UFSC para Dora, que participou de novo processo seletivo para ingresso, sendo desta vez aprovada e tendo iniciado o seu vínculo institucional como discente no ano de 1985. Dividindo-se entre Curitiba e Florianópolis, Dora circulou pelos espaços da federal catarinense promovendo o debate racial por onde passava, pois mesmo nos ambientes universitários mais críticos, naquela época a discussão era centrada na categoria classe. Assim ocorreu, por exemplo, no Centro de Filosofia e Ciências Humanas (CFH) da Universidade, no qual Dora procurava acesso ao conhecimento interdisciplinar para o desenvolvimento de seu trabalho. Frequentou aulas nos cursos de História e de Filosofia, congregou com estudantes, professoras e professores e sempre estimulou os colegas, nas respectivas áreas a que pertenciam, a debaterem sobre a questão racial.

Paralelamente ao seu engajamento no âmbito da universidade e ao deslinde de sua pesquisa, Dora uniu-se com outros militantes negros catarinenses e fundou, em Florianópolis, o Núcleo de Estudos Negros[268] (NEN), espaço existente até hoje e que é reservado à promoção de letramento racial e de debates sobre as dimensões do racismo na sociedade brasileira.

[268] Como fundadores e integrantes do NEN, Dora cita diversos militantes históricos do Movimento Negro de Santa Catarina, tais como Jeruse Romão, João Carlos Nogueira, Lino Fernando Bragança Peres, Márcio de Souza, dentre outros.

> *Quando eu venho fazer o mestrado em Santa Catarina, em Florianópolis, nós juntamos o pessoal negro e a gente cria o NEN, que eu sou... como se diz? Na minha casa é que foi formado o NEN... que é a segunda organização que eu entro. Depois do NEN, eu não entro mais em organização nenhuma, e eu me considero uma militante do movimento negro dentro da minha área de conhecimento, sem nenhum vínculo orgânico com nenhuma instituição.*

Durante o mestrado, Dora foi orientada pelo professor de origem francesa, titular do Departamento de Direito da UFSC à época, Christian Guy Caubet. Para Dora, foi o Doutor Christian quem melhor lhe compreendeu dentro do Programa, embora outros professores também a tenham fornecido importantes contribuições. Após amplas pesquisas realizadas com o auxílio do corpo docente e, principalmente, de seu orientador, bem como de suas incursões ao acervo das bibliotecas do Senado Federal e da Câmara dos Deputados, Dora concluiu o texto de sua dissertação, trabalho que representaria um marco no âmbito da teoria crítica do Direito brasileiro.

A banca[269] de defesa da dissertação, intitulada *Direito e Relações Raciais: uma introdução crítica ao racismo*, foi paradigmática não apenas pelo tema e pela discussão inovadora que o trabalho propunha, mas especialmente porque, conta Dora, *"a sala encheu de negros"*. Pessoas negras de todos os lugares prestigiaram aquele momento: membros do movimento negro, estudantes negros de outros centros da universidade, imigrantes africanos e haitianos; estavam todos lá em apoio à colega militante e estudante. Além dos colegas e amigos, Dora levou um dos filhos para assisti-la. Concluída a apresentação, antes de a banca realizar a arguição e manifestar a boa recepção ao trabalho, Dora foi arrebatada por uma salva de palmas da plateia que a assistia.

> *O Christian, por exemplo, disse: "Que sala colorida é esta?". Que é o jeito de se falar de alguma coisa assim, entende? E isso também me deu muita dimensão do quão importante aquela discussão era. Porque fez as pessoas se sentirem felizes, fez as pessoas se sentirem contempladas, né? Pessoas que não tinham nada a ver com Direito, muitos estrangeiros, inclusive, africanos, haitianos, que na época se sentiram contemplados por uma discussão que provavelmente estava lá guardada na garganta, e que ninguém, até então, colocava pra fora... e dentro do Direito! Que eu acho que isso foi o mais importante.*

[269] A banca examinadora da dissertação de Dora Bertulio foi composta pelos professores doutores Chistian Guy Caubet e Leonel Severo Rocha, orientador e examinador, respectivamente, e pela professora doutora Ana Maria Rodrigues Ribeiro, examinadora externa. Àquela época, o Programa de Pós-Graduação em Direito da UFSC era coordenado pelo professor doutor Cesar Luiz Pasold.

Depois do mestrado, em meados da década de 1990, Dora ingressou no doutorado em Direito do mesmo Programa de Pós-Graduação, dessa vez, tendo a oportunidade de realizar um período como *visiting scholar*, durante um ano e meio, na Faculdade de Direito da Universidade de *Harvard*. Na renomada instituição estadunidense, Dora foi recepcionada e orientada por Roberto Mangabeira Unger. No decurso do doutorado sanduíche, Dora teve a oportunidade de frequentar diversos cursos de departamentos distintos, como aluna ouvinte. Essa experiência lhe proporcionou o contato com teóricos do movimento *Critical Legal Studies* e da *Critical Race Theory*, como Duncan Kennedy, A. Leon Higginbothan Jr. e Kimberlé Williams Crenshaw, além de ter sido apresentada à obra de Derreck Bell e de ter frequentado cursos ministrados por Cornel West, cuja eloquência lhe causou encantamento enquanto pesquisadora da área *Direito e Relações Raciais*.

O doutorado, contudo, lhe rendeu a experiência mais traumática de sua vida acadêmica. Após um ano e meio de estudos nos Estados Unidos, Dora precisou retornar ao Brasil para concluir a escrita da tese e defender a pesquisa. Com esse desiderato, ela organizou todo o material que coletou e no qual trabalhou, salvou-os em disquetes, armazenou-os junto ao computador de última geração (*Windows* 95), que conseguiu adquirir durante a sua estadia nos EUA, e embarcou em um voo comercial de volta. Apesar de os arquivos e o computador não terem sido despachados, tendo ingressado a bordo como bagagem de mão, apenas Dora aterrissou no Brasil. Mesmo com as buscas incessantes realizadas ao longo de aproximadamente três meses, os itens jamais foram encontrados; toda a pesquisa estava perdida. O furto interrompeu a sua carreira acadêmica, impedindo-a de conquistar o título de doutora em Direito.

Todavia, a vida profissional, os estudos e a militância política antirracista não pararam por ali. Dora prosseguiu com sua carreira na advocacia pública, chegando a ser Procuradora-Chefe da Procuradoria da Universidade Federal do Paraná, além de ter passado por órgãos do Estado do Paraná, quando cedida, e da estrutura da União, como a Fundação Palmares e o Instituto Nacional de Colonização e Reforma Agrária (Incra), por exemplo. A jurista também lecionou em cursos de Direito da rede privada de ensino superior do Paraná e teve a oportunidade de participar da Conferência de Durban, a convite de Edna Roland. Junto a outras destacadas intelectuais brasileiras, Dora desempenhou um importante papel no assessoramento da delegação oficial brasileira em Durban, contribuindo com a elaboração de documentos que subsidiaram as negociações que se dariam na Conferência, conforme esclarece Sibelle de Jesus Ferreira[270].

Não obstante, outro papel de elevada relevância exercido por Dora durante a sua trajetória foi a sua atuação, em âmbito nacional, em prol da implementação da política de cotas raciais para o ingresso no ensino superior público federal. Ela resgata de suas memórias o grupo formado, à época, pela Fundação Palmares, do qual fazia parte com aproximadamente seis outras pessoas, dentre as quais figuravam o antropólogo José Jorge de Carvalho e os juristas Evandro Duarte e Samuel Vida. Dora narra que, apoiados em um conjunto de documentos informativos, o grupo diligenciou às universidades Brasil afora, apresentando-os para os Conselhos Universitários e para os reitores e reitoras, com a finalidade de explicar-lhes acerca da necessidade de instituir ações afirmativas.

> *Quando eu volto, é exatamente o momento em que aqui a Universidade está mudando de gestão, e eu sou convidada para ser procuradora-chefe. Eu era procuradora e daí eu sou procuradora-chefe. E daí, com isso, novamente, você vai conseguir ter um protagonismo, você tem poder, né? Porque você está ali na frente de todo mundo que fala. É o procurador-geral que, razoavelmente, dirige aquilo que é correto, aquilo que é legal, aquilo que está dentro do sistema constitucional e tudo o mais. E foi assim que a gente trabalhou as cotas raciais. Nesse período, também, a Fundação Palmares iniciou um projeto que se chama "O Negro na Universidade". Conheces? Tu esperas um pouquinho para eu pegar o livro aqui da capa deles... Porque aí nós fomos... eu acho que tem só três universidades, três estados brasileiros que eu não tenha ido. O Acre é um deles. Sergipe, eu acho que eu não fui nessa época, depois fui por outros motivos, outra situação, e Rio Grande do Norte. Nas outras universidades, nós fazíamos.... O que a Fundação Palmares fez? Ela fez um grupo de pessoas. O José Jorge, que você deve conhecer, o Samuel Vida entrou junto, o Evandro Duarte, eu, e tinha mais... nós éramos em sete, se não me engano. E, de vez em quando, um ou outro faltava, mas era assim, o grupo ia com um kitzinho de documentos, de discussão e isso e aquilo, para apresentar para os conselhos e para os reitores dessas universidades, falando da necessidade de formação de ações afirmativas.*

[270] FERREIRA, Sibelle de Jesus. **Mulheres negras em Durban**: as lideranças brasileiras na Conferência Mundial contra o Racismo de 2001. Dissertação (Mestrado em Direitos Humanos) – Programa de Pós-Graduação em Direitos Humanos e Cidadania, Universidade de Brasília, 2020. Disponível em: https://repositorio.unb.br/handle/10482/40534. Acesso em: 27 fev. 2023.

Embora tenha atuado intensamente junto a esse grupo, Dora encontrou em seu caminho, invariavelmente, uma maioria de homens brancos. E, como uma jurista negra em um mundo profissional dominado por homens brancos, Dora considerava que havia uma permanente imprescindibilidade de autoimposição muito intensa e dolorosa. *"É preciso estar sempre preparada, pronta para as questões"*, diz ela. Em suas palavras, é importante agir a cada instante com imponência, com respeito, mas com muita contundência. É indispensável exercer uma prepotência sadia e gentil.

> *Exatamente. Hostilidade. Então, você sente isso. E na medida em que você vai falando, eles vão tendo que se adaptar. Na verdade, é isso. É se adaptar. Então, é uma coisa gozada eu ter que dizer, mas eu acho que a primeira coisa que a gente tem mesmo que fazer com muita precisão. É uma prepotência sadia e gentil. Prepotente tem que ser. Tem que ser muito saudável, uma coisa assim muito tranquila, né? E muita gentileza. Eles caem com a gentileza, sabe? Porque eles vêm com uma grosseria e você responde de um jeito que tira a razão da grosseria. Agora, é interessante, porque eles já sabem: "Lá vem a negra falar de negro!". Mas, não tem problema, é isso mesmo!*

Percebe-se, portanto, que a trajetória de vida de Dora Lucia de Lima Bertulio é permeada pelo compromisso ético de insurgir-se contra as amarras de uma sociedade patriarcal, machista e eminentemente racista. Dora pautou sua vida pela liberdade e pela ânsia de ser muito mais do que a sociedade lhe reservara enquanto mulher e negra, jamais considerando, contudo, que as suas conquistas pessoais eram um fim em si mesmas. Na verdade, como uma mulher cuja interpretação do mundo parte de uma perspectiva de esquerda, socialista, sempre teve a consciência da necessidade de coletivizar as lutas, os avanços e as conquistas.

Apesar de sua indelével importância para a sedimentação do campo científico *Direito e Relações Raciais*, o seu legado transcende os muros da academia jurídica, pois sua ação sempre esteve compromissada com a práxis emancipatória. Exatamente por isso a escrita jurídica crítica de Dora Bertulio (con)funde-se com a sua história de vida, com o seu compromisso social e racial, com a sua militância no âmbito dos Movimentos Negros e, consequentemente, com a sua própria constituição subjetiva enquanto mulher e negra. Trata-se da escrevivência de uma jurista insurgente, que foi capaz de promover a desestabilização do pensamento jurídico tradicional brasileiro.

4.4 O CONTINUAR DA CAMINHADA: AS ESCREVIVÊNCIAS DE DORA LUCIA DE LIMA BERTULIO E A SEDIMENTAÇÃO DO QUILOMBO JURÍDICO *DIREITO E RELAÇÕES RACIAIS*

Seguindo os passos dados por Eunice Aparecida de Jesus Prudente em 1980, nove anos depois, Dora Lucia de Lima Bertulio defendia, perante o Programa de Pós-Graduação em Direito da Universidade Federal de Santa Catarina (PPGD/UFSC), a dissertação de mestrado intitulada *Direito e Relações Raciais: uma introdução crítica ao Racismo*. O texto emblemático, que dá prosseguimento, aprofunda e ultrapassa as críticas jurídicas envidadas por Eunice Prudente, foi responsável por sedimentar uma agenda de pesquisas, dando origem ao campo científico que, futuramente, seria objeto de consolidação por uma profusão de publicações frutos da mobilização intelectual de juristas negros e negras.

A dissertação, publicada como livro[271] somente 30 anos depois de sua defesa pública, recorre a um arcabouço teórico interdisciplinar para lograr êxito em demonstrar as imbricações entre Direito, raça e racismo, e o quanto essa dinâmica está incrustada na cultura jurídica nacional, sem deixar de analisar e publicizar as consequências que dela decorrem. Valendo-se, dentre outras, de lentes de interpretação antropológicas, históricas e sociológicas, Dora Bertulio[272] inicia o seu texto anunciando que o objetivo principal de seu "[...] trabalho é a introdução a discussão racial no estudo e na prática do Direito."[273]. Ela afirma, outrossim, em uma perspectiva acadêmica que atualmente seria considerada de matriz decolonial, que "[...] ao lado da pesquisa sistemática nas obras de Direito, Ciência Política, Antropologia, Sociologia e História, fomos às fontes informais do conhecimento, dando a estas, o mesmo peso da ciência dado àquelas.".[274]

A pretensão da jurista decorre da constatação de que o racismo produzido e reproduzido desde o período colonial era desconsiderado pela produção acadêmica do Direito e da Ciência Política nacionais. Nesse sentido, as técnicas de gerenciamento racial utilizadas pelo Estado brasileiro, como a política de branqueamento da população e a difusão da ideologia da

[271] BERTULIO, Dora Lucia de Lima. **Direito e relações raciais**: uma introdução crítica ao racismo. 1. ed. Rio de Janeiro: Lumen Juris, 2019.

[272] BERTULIO, Dora Lucia de Lima. **Direito e relações raciais**: uma introdução crítica ao racismo. Dissertação (Mestrado em Direito) – Programa de Pós-Graduação em Direito, Universidade Federal de Santa Catarina, Florianópolis, 1989. Disponível em: https://repositorio.ufsc.br/handle/123456789/106299. Acesso em: 16 set. 2020.

[273] BERTULIO, 1989, p. 5.

[274] *Ibid.*, p. 20-21.

democracia racial, encontram no Direito, segundo a autora, uma instância reveladora de seu ardiloso e duplo papel na sociedade brasileira. Isto é, ao mesmo tempo em que as leis brasileiras e mesmo o texto constitucional, este a partir de 1946, passam a supostamente repelir a discriminação racial, na prática, juristas, doutrinadores e cientistas políticos permanecem reservando tais normas apenas aos compêndios, códigos e coletâneas legais, já que a carga racista das esferas de poder do Estado impede que os agentes e as autoridades públicas apliquem-nas[275].

Com uma perceptível influência do pensamento marxista, Dora Bertulio enuncia que é fundamental no raciocínio despendido em sua pesquisa a noção de que o Direito e o Estado estão necessariamente associados ao sistema de produção econômica da sociedade. Nessa medida, apesar de o discurso declarado fazer menção à existência de deveres e direitos a todos os cidadãos, a verdade é que, conforme elucida Dora, "[a]s garantias e gozo dos direitos estão subordinados à manutenção de privilégios.".[276] Por essa razão, a intelectual afirma que,

> É neste contexto que se poderá inferir a importância e a reflexão das ideologias racistas na formação, apreensão e utilização do Direito. Visto o racismo, não apenas em sua couraça agressiva do preconceito, mas entendido também em suas formas aversiva e especialmente de natureza institucional, é que se visualizará o tratamento do jurídico às questões raciais no Brasil.[277]

Mesmo porque, conforme preceitua Dora, se as Relações Raciais perpassam a sociedade civil e a política, o Direito e o Estado não podem prescindir de discuti-las também em seus âmbitos. Desse modo, iniciando pela apresentação do contexto ideológico-cultural a partir do qual o racismo brasileiro se manifesta, a intelectual denuncia que o sistema jurídico do Estado, desde o Império, articula-se não como mediador entre Estado e sociedade civil ou controlador das atuações estatais, mas, sobretudo, como delimitador do espaço das pessoas negras, como historicamente ocorre com a instrumentalização racista das Posturas Municipais. Essa espécie normativa não se limitava a regular a utilização do espaço territorial dos municípios, mas, notadamente, regular comportamentos associados à cultura afrodiaspórica.[278]

---

[275] *Idem.*

[276] *Ibid.*, p. 7.

[277] *Ibid.*, p. 7-8.

[278] BERTULIO, 1989.

No concernente às Posturas Municipais como normas de segregação racial, Dora Bertulio[279] alerta:

> O que chama a atenção ao exame de tais normas, é a estratificação que elas operam na população dos municípios. Assim, negros, libertos, mendigos, desocupados têm, através delas, delimitado seu espaço na sociedade e, os brancos, o tratamento a ser dado aqueles indivíduos. Como exemplo de Posturas Municipais delimitando comportamentos, temos o art. 39 da Resolução 429 de 28.03.1857 que aprova o Código de Posturas de Laguna, Santa Catarina na Assembléia Legislativa daquela Província e que proíbe batuques de escravos e multa os senhores que permitirem tais folguedos. [...]
> Estas Posturas, por se encontrarem mais próximas dos indivíduos, auxiliavam no controle estabelecido pelas leis gerais. Era a delimitação do lugar do negro na sociedade e a forma de apreensão e tratamento devido ao negro pelos brancos, objetivo bem cumprido por aquelas normas, nos diversos municípios brasileiros. São Paulo ou Florianópolis; Cuiabá ou Rio de Janeiro. As Posturas Municipais enquanto determinavam a estrutura político administrativa de cada localidade, determinavam, igualmente, o tratamento e mobilização do negro e do branco na sociedade. O Direito, sim, protegia os senhores de escravos e, mais tarde, os brancos nacionais ou estrangeiros. Os nacionais no "justo" limite de suas riquezas.

Da mesma forma que as Posturas Municipais cumpriram o seu papel, o Direito Penal cumpria e permanece cumprindo, pontua Dora em sua dissertação, a sua função na sociedade racista brasileira: a eliminação dos indesejáveis do convívio social, "[...] incidindo preponderantemente sobre a população negra. A polícia, o judiciário, o legislativo, todo o sistema, enfim, colaborando e perpetuando o estereótipo negativo [...]"[280] das pessoas negras na sociedade brasileira. De modo geral, leciona a jurista, coube ao Direito internalizar preceitos racistas e devolvê-los ao Estado na forma de leis e sentenças, voltadas à manutenção da arianização do país e à neutralização da concorrência oferecida pelas pessoas negras aos imigrantes europeus no mercado de trabalho, de modo a garantir aos últimos e aos seus descendentes, destinados a branquear a população brasileira e a eliminar a chaga negra, os locais de privilégio na estratificação da sociedade[281].

[279] *Ibid.*, p. 39-40.

[280] *Ibid.*, p. 40.

[281] *Idem.*

Ademais, demonstrando a paradoxal relação do Estado brasileiro com o racismo, que, aliás, sempre procurou encobrir, Dora Bertulio[282] retoma a crítica de Eunice Prudente[283] a respeito da Lei Afonso Arinos, classificando o conteúdo da norma como absolutamente elitista, uma vez que se reporta aos atos discriminatórios praticados em bares, restaurantes e hotéis, excluindo o ambiente de trabalho, por exemplo, da tutela normativa. A jurista acresce a essa crítica e aos apontamentos outrora efetuados por Eunice Prudente, que o autor da referida lei, Senador Afonso Arinos, ao comentar sobre a discussão e votação da emenda que pretendia transformar racismo em crime inafiançável, na Assembleia Nacional Constituinte, revelou que apesar de desconhecer tal emenda, se tivesse tomado ciência da proposição, teria votado contra, pois ela teria o condão de provocar um antagonismo entre negros e brancos.

Embora o texto da dissertação e a sua autora, por razões óbvias, estarem impossibilitados de anteverem o futuro, justificativa similar à utilizada pelo retromencionado Senador da República foi mobilizada por diversos e diversas intelectuais e artistas brasileiros para repelirem e, inclusive, lançarem ampla campanha nacional, contra a criação e a institucionalização da política de ações afirmativas para pessoas negras no Brasil. Como hoje se sabe, foram vencidos, porém resta a indene constatação de que a criatividade não é o melhor atributo dos articuladores do racismo brasileiro, mesmo que este tenha se apresentado em sofisticadas formulações ao longo da história.

Talvez a crítica mais característica e, por isso, a mais autêntica e inovadora realizada por Dora Bertulio em sua dissertação seja a que foi direcionada ao pensamento jurídico tradicional brasileiro, que até o momento de sua formulação estava alheio à realidade racial do país. Para a intelectual, a cultura jurídica nacional possui forte influência no Estado e no Direito frente às relações raciais. Uma vez que as matrizes jurídicas importadas de países europeus ou dos Estados Unidos sequer sofreram adaptações à realidade brasileira, sendo "certo que europeus e norte-americanos deixaram o racismo, o colonialismo e o imperialismo para fora do 'bem comum', da 'justiça', 'igualdade' e 'liberdade'"[284], é sintomático que os juristas do país evitem debater a problemática do racismo e a sua associação com o Direito.

Com base nessas elucubrações, Dora Bertulio[285] compreende que:

---

282 BERTULIO, 1989.

283 PRUDENTE, 1980.

284 BERTULIO, 1989, p. 118.

285 *Ibid.*, p. 119.

> Como país colonizado que fomos (?), nossas matrizes jurídicas foram importadas e nem sequer sofreram adaptações à realidade sócio-econômico-cultural e ambiental brasileira. O Direito brasileiro, portanto, seguiu os modelos do liberalismo, de forma que leis e doutrinas brasileiras, em fins do século XIX, reproduziam os ideais e princípios das revoluções e democracias norte-americana e europeias, consagrados nas sociedades ocidentais: Igualdade, Liberdade, Direitos iguais e governo de todos e para todos, foram os princípios adotados por nossa Constituição de 1891, que perduram nossos dias.

Em sua análise, a jurista faz alusão que a formação dos juristas brasileiros sempre esteve permeada, de forma acrítica, pelo contato com obras e autores europeus que normalizam a escravização negra e discorriam abertamente sobre a artificial inferioridade dessas pessoas com relação às brancas[286]. Dora cita as declarações racistas do teórico francês Montesquieu, para ilustrar o quanto

> Esses ensinamentos, que fazem parte da obra de Montesquieu, que tanto influenciou os cientistas políticos, juristas e governantes, provavelmente foram e são reproduzidos no trato das relações raciais, pelos mesmos. A interiorização de conceitos e preconceitos no ideário da camada dirigente, direta ou indiretamente repassado para o senso comum é um dos fatores de formação do pensamento da sociedade. Esses comandos penetram sub-repticiamente, quando não intencionalmente, de forma a tornar-se de apreensão "natural", dos governantes, intelectuais e perpassa o todo social estabelecendo a ideologia dominante[287].

Essas digressões fazem com que a autora infira, em seu texto, que "[...] a internalização do racismo e a sua consequente institucionalização na esfera jurídica"[288] se dê pela omissão, pois

> A invisibilidade com que o negro, suas condições de vida, direitos, agressões e assassinatos sofridos no Brasil é visto por toda a sociedade, quer branca, quer negra, é o ponto nevrálgico das relações raciais neste país. O discurso do silêncio, da ignorância e da negação dos conflitos raciais internos é processado nas esferas públicas brasileiras com ênfase na organização das ações estatais e no Direito, em

[286] *Idem.*

[287] *Ibid.*, p. 123.

[288] *Ibid.*, p. 141.

> conformidade com o imaginário social racista de ser e pertencer a uma sociedade branca. Este imaginário social de ser branco é, obviamente, resultado da introjeção coletiva e institucionalizada da inferioridade do elemento negro e da 'responsabilidade' negra pelas desventuras do país[289].

Afora a crítica ao pensamento jurídico tradicional brasileiro, a dissertação *Direito e Relações Raciais: uma introdução crítica ao Racismo* conta com uma minuciosa análise das constituições brasileiras, até o momento da realização da pesquisa, sob a ótica das relações raciais, por intermédio da qual Dora procura enfatizar o caráter dúplice e paradoxal do Direito frente ao racismo. Da negação à cidadania, estímulo à educação eugênica aos silêncios eloquentes das normas constitucionais, até à efetiva criminalização do racismo[290], a intelectual demonstra que, historicamente, as normas constitucionais brasileiras, no que tange às relações raciais, demonstram-se inconstantes e, quanto ao efetivo combate à violência racial, ressoam timidamente no cotidiano da população negra.

Nesse diapasão, a jurista conclui o seu trabalho afirmando que, compulsando as constituições brasileiras, o Direito Penal e as regras de imigração, é inevitável dessumir que as normas de comportamento na história do Direito brasileiro estão direcionadas prioritariamente às pessoas negras. Igualmente, reputa que a ausência de enfrentamento da questão racial pelo Direito constitui-se em um modo eficaz de o Estado ensejar a manutenção, reprodução e institucionalização do racismo na sociedade brasileira[291]. Logo, romper com esse epistemicídio jurídico é condição *sine qua non* para fazer com que o Direito deixe de se consubstanciar em instrumento de perpetuação dos privilégios e do poder político e econômico das classes dominantes, para que, eventualmente, possa ser instrumentalizado como mecanismo de promoção de emancipação social e racial.

Portanto, devidamente demonstradas as razões pelas quais as escrevivências de Dora Lucia de Lima Bertulio representam um marco no pensamento jurídico crítico brasileiro. Suas inéditas contribuições foram impactadas pelo seu percurso pessoal e profissional e não apenas desestabilizaram a cultura jurídica nacional, como possibilitaram o aprofundamento da crítica jurídica racializada promovida no período antecedente, além de ser responsável pela sedimentação do campo científico que carrega no pró-

---

289 *Ibid.*, p. 141.

290 *Idem.*

291 *Ibid.*

prio nome o título do trabalho fruto de suas reflexões, durante o curso de mestrado. Certamente, a proeminência dessa área de estudos, o seu caráter interdisciplinar e essencialmente comprometido com a práxis, carregam no âmago o DNA de Dora e de Eunice Aparecida de Jesus Prudente. O importante legado dessas juristas negras precursoras, que se insurgiram a um só tempo contra o machismo e o racismo endêmicos da sociedade brasileira e, particularmente, das ciências jurídicas, reverbera latente e efetivamente nas pesquisas e nas obras das pesquisadoras e pesquisadores negros que se seguiram.

5

UM QUILOMBO JURÍDICO CHAMADO *DIREITO E RELAÇÕES RACIAIS* E OS SEUS IMPACTOS NA INSTITUCIONALIDADE

Queremos dizer que oficialmente o quilombo termina com a abolição. Mas que permanece enquanto recurso de resistência e enfrentamento da sociedade oficial que se instaura, embora não mais com aquele nome nem sofrendo o mesmo tipo de repressão. Se sabemos que o negro e outros oprimidos permanecem, por exemplo, nas favelas e áreas periféricas da cidade, obrigados por fatores não só decorrentes da marginalização do trabalho como também pela marginalização racial, podemos dizer que o quilombo, embora transformado, perdura.[292]

Quilombo não significa escravo fugido. Quilombo quer dizer reunião fraterna e livre, solidariedade, convivência, comunhão existencial. [293]

O que é um quilombo? Essa categoria pode ser utilizada para classificar o momento teórico-prático e o campo de conhecimento *Direito e Relações Raciais*? Qual é a potencialidade dela nesse desiderato? Afinal, as produções teóricas de juristas negros e negras foram capazes de promover transformações na academia jurídica e no Sistema de Justiça? A tentativa de oferecer respostas a essas questões, ainda que preliminares, guiam o percurso estabelecido ao longo deste capítulo e norteiam as digressões nele realizadas.

Inicialmente, serão empreendidos esforços no sentido de demonstrar a potencialidade da categoria quilombo em seus aspectos histórico, sociológico, cultural, mas também metodológico, com a finalidade de sugerir que o campo *Direito e Relações Raciais* se consubstancia em um verdadeiro quilombo jurídico. E, nessa medida, as intelectuais e os intelectuais que o integram aliançam-se no que Abdias Nascimento[294] chamaria de *Quilombismo* e que, aqui, procura-se identificar como *Quilombismo Jurídico*.

[292] NASCIMENTO, Beatriz. **Uma história feita por mãos negras**: relações raciais, quilombos e movimentos. RATTS, Alex (org.). 1. ed. Rio de Janeiro: Zahar, 2021. p. 136.

[293] NASCIMENTO, Abdias. **O Quilombismo**: documentos de uma militância Pan-Africanista. 3. Ed. São Paulo: Perspectiva; Rio de Janeiro: Ipeafro, 2019. p. 289-290.

[294] *Idem.*

Assentadas essas balizas, procura-se exprimir, na sequência, que as contribuições pioneiras de Eunice Aparecida de Jesus Prudente[295] e de Dora Lucia de Lima Bertulio[296] ecoam na intensa produção acadêmica hodierna com enfoque na discussão racializada do fenômeno jurídico. Buscar-se-á salientar que se deve a elas o surgimento de uma contracultura jurídica nacional[297], voltada à crítica ao sistema jurídico como produtor e reprodutor de opressões raciais, bem como à promoção de transformações não apenas teóricas, mas, sobretudo, práticas.

Por derradeiro, intenciona-se exemplificar como as produções teóricas de intelectuais negras e negros que compõem o campo *Direito e Relações Raciais* têm sido utilizadas pelo Sistema de Justiça, ensejando, inclusive, *transformações* nas posturas até então adotadas, seja no exercício da função jurisdicional ou na administração institucional dos órgãos de cúpula, como o Supremo Tribunal Federal (STF), o Conselho Nacional de Justiça (CNJ) e o Conselho Nacional do Ministério Público (CNMP). Para tanto, será feita a referência a alguns atos normativos editados por esses órgãos, a publicações oficiais que incentivam a utilização do arcabouço doutrinário desenvolvido por essas e esses juristas, assim como a acórdãos proferidos pela Corte, com o fito de detectar de que maneira os Ministros e Ministras do STF mobilizam o conhecimento científico produzido nessa seara.

Para o alcance da finalidade deste capítulo, correspondente à função política (*transformar*) da teoria crítica dos Direitos Humanos, utiliza-se, metodologicamente, a categoria *historicidade* do Diamante Ético (metodologia relacional dos Direitos Humanos) proposto por Herrera Flores[298], pois a análise do material bibliográfico será guiada pelo propósito de demonstrar como historicamente as pessoas negras têm organizado e articulado formas de resistência à institucionalidade racista, seja no âmbito social ou no acadêmico-jurídico, de modo a possibilitar a identificação das eventuais transformações provocadas pelas mobilizações desse contingente populacional.

---

[295] PRUDENTE, Eunice Aparecida de Jesus. **Preconceito racial e igualdade jurídica no Brasil**. 1980. Dissertação (Mestrado em Direito do Estado) – Universidade de São Paulo, São Paulo, 1980. Disponível em: https://www.teses.usp.br/teses/disponiveis/2/2134/tde-03032008-103152/pt-br.php. Acesso em: 22 jan. 2022.

[296] BERTULIO, Dora Lucia de Lima. **Direito e relações raciais**: uma introdução crítica ao racismo. Dissertação (Mestrado em Direito) – Programa de Pós-Graduação em Direito, Universidade Federal de Santa Catarina, Florianópolis, 1989. Disponível em: https://repositorio.ufsc.br/handle/123456789/106299. Acesso em: 16 set. 2020.

[297] GOMES, Rodrigo Portela. Cultura jurídica e diáspora negra: diálogos entre Direito e Relações Raciais e a Teoria Crítica da Raça. **Revista Direito e Práxis**, Rio de Janeiro, v. 12, n. 2, p. 1.203-1.241, abr./jun. 2021. Disponível em: https://www.scielo.br/j/rdp/a/NFJR7sgzKmzc78Z5Q87JYGK/. Acesso em: 16 jan. 2022.

[298] HERRERA FLORES, Joaquín. **A reinvenção dos Direitos Humanos**. 1. ed. Florianópolis: Fundação Boiateux, 2009.

5.1 UM QUILOMBO JURÍDICO?

O vocábulo quilombo provém da palavra *kilombo*, originária dos povos de língua bantu, mais especificamente da língua umbundu[299]. A história desse tipo de organização social está envolta em conflitos pelo poder, cisão de grupos étnicos, migrações em busca de novos territórios e alianças políticas entre povos diversos do continente africano. Embora a etimologia do termo esteja associada à língua umbundu, enquanto instituição social os *kilombos* foram desenvolvidos no âmbito dos povos imbangalas ou jagas. Para essas sociedades, os *kilombos* representavam o fornecimento de uma estrutura sólida, formada por diversos guerreiros desvinculados de suas linhagens, além da disciplina militar necessária para derrotar grandes reinos[300]. Por essa razão, Kabengele Munanga[301] defende que

> A palavra quilombo tem a conotação de uma associação de homens, aberta a todos sem distinção de filiação a qualquer linhagem, na qual os membros eram submetidos a dramáticos rituais de iniciação que os retiravam do âmbito protetor de suas linhagens e os integravam como co-guerreiros num regimento de super-homens invulneráveis às armas de inimigos (10). O quilombo amadurecido é uma instituição transcultural que recebeu contribuições de diversas culturas: lunda, imbangala, mbundu, kongo, wovimbundu, etc.

Em África, a formação institucional dos *kilombos* ocorreu entre os séculos XVI e XVII, coincidentemente no mesmo período em que essa forma de organização social se desenvolveu no Brasil[302]. Consubstanciando-se originariamente em instituições políticas e militares, centralizadas e pautadas pela transculturalidade e transetnicidade, os quilombos brasileiros, relativamente ao seu conteúdo, estruturam-se de acordo com os modelos dos *kilombos* africanos, na esteira do entendimento de Kabengele Munanga[303]. Isso porque essas instituições teriam sido formadas no Brasil a partir da experiência ou até mesmo do conhecimento ancestral de pessoas escravizadas provenientes do continente africano, as quais buscavam fundar estruturas políticas capazes de resistir às agruras do empreendimento colonial.[304]

---

[299] MUNANGA, Kabengele. Origem e histórico do quilombo na África. **Revista USP**, [*s. l.*], n. 28, p. 56-63, 1996. Disponível em: https://www.revistas.usp.br/revusp/article/view/28364. Acesso em: 9 mar. 2023.

[300] MUNANGA, Kabengele. Origem e histórico do quilombo na África. **Revista USP**, [*s. l.*], n. 28, p. 56-63, 1996. Disponível em: https://www.revistas.usp.br/revusp/article/view/28364. Acesso em: 9 mar. 2023.

[301] *Ibid.*, p. 60.

[302] *Idem.*

[303] *Idem.*

[304] *Idem.*

Segundo Munanga[305], é a partir do modelo africano que os escravizados fugitivos do regime escravocrata ocupavam territórios até então não povoados, de difícil acesso, com a finalidade de instituir organizações sociais hábeis ao estabelecimento de estratégias de resistência e de emancipação. Para o intelectual,

> "[i]mitando o modelo africano, eles transformavam esses territórios em espécie de campos de iniciação à resistência, campos esses abertos a todos os oprimidos da sociedade (negros, [indígenas] e brancos), prefigurando um modelo de democracia plurirracial que o Brasil ainda está a buscar."[306]

Por outro lado, para Clóvis Moura[307], os quilombos dos negros brasileiros não eram transplantações dos *kilombos* africanos. Tratava-se de organizações concebidas a partir de necessidades específicas, em resposta às peculiaridades do regime escravocrata brasileiro. A partir dessa compreensão, foram os senhores e não as pessoas escravizadas que teriam adotado o termo quilombo para designar essas organizações voltadas à resistência ao escravismo. Moura[308] sustenta a sua tese com base em dados que demonstram que os mocambos passaram a ser chamados de quilombos a partir de uma ordem do rei de Portugal ao Conselho Ultramarino da metrópole apenas em 1740. Depois dessa ocasião, o vocábulo teria se generalizado, passando da utilização na burocracia colonial para a classe senhorial e, por conseguinte, para outras camadas da sociedade escravista. Nesse sentido, portanto, Clóvis Moura[309] advoga a ideia de que "o quilombo brasileiro era uma forma específica de resistência ao modo de produção escravista no Brasil e correspondia às suas particularidades em relação aos outros tipos de exploração compulsória no restante da América.".

Flávio dos Santos Gomes[310] corrobora a afirmação de Clóvis Moura[311] no sentido de que, primeiramente, no Brasil colonial, essas comunidades formadas por escravizados fugitivos eram denominadas de mocambos. De acordo com o historiador, tanto os quilombos quanto os mocambos eram termos da África Central utilizados para designar acampamentos impro-

305 *Idem.*

306 *Ibid.*, p. 63.

307 MOURA, Clóvis. **Dicionário da escravidão negra no Brasil**. 1. ed. São Paulo: Universidade de São Paulo, 2013.

308 *Idem.*

309 *Ibid.*, p. 337.

310 GOMES, Flávio dos Santos. **Mocambos e Quilombos**: uma história do campesinato negro no Brasil. 1. ed. São Paulo: Claro Enigma, 2015.

311 MOURA, 2013.

visados. Enquanto no século XVII a palavra quilombo era associada aos guerreiros jagas e seus rituais de iniciação, a palavra mocambo ou mukambu "significava pau de fieira, tipos de suportes com forquilhas utilizados para erguer choupanas nos acampamentos."[312].

De acordo com Ilka Boaventura Leite[313], na tradição popular brasileira há inúmeras variações no significado da palavra quilombo, que ao passo em que pode estar associada a um lugar, pode se referir à luta que se estabelece nesse determinado lugar; ou mesmo ao povo que vive em tal localidade, ou às manifestações populares dessas pessoas. Pode significar, ainda, o local de uma prática condenada pela sociedade, um conflito, uma relação social ou mesmo um sistema socioeconômico. Essa polissemia, afirma a antropóloga, favorece a utilização do termo "para expressar uma variada quantidade de experiências, um verdadeiro aparato simbólico a representar tudo o que diz respeito à história das américas."[314].

Os quilombos ou mocambos eram formados quase sempre por escravizados fugitivos, sendo que há registros de que esse tipo de comunidade foi instituído no Brasil pela primeira vez em 1575[315]. Abdias Nascimento[316] adverte, no entanto, que "quilombo não significa escravo fugido. Quilombo quer dizer reunião fraterna e livre, solidariedade, convivência, comunhão existencial.". Dessa primeira experiência de resistência seguiram-se muitas outras, ao ponto de gerar temor e preocupação nas autoridades escravocratas, tanto da colônia portuguesa quanto da metrópole[317], diante do potencial revolucionário de que eram dotados.

> O surgimento de um quilombo atraía a repressão, assim como mais fugas para ele. Isso era o que talvez mais causasse preocupação aos fazendeiros. Cativos desertores diminuíam

---

[312] GOMES, *op. cit.*, p. 10.

[313] LEITE, Ilka Boaventura. Quilombos e Quilombolas: cidadania ou folclorização? **Horizontes antropológicos**, Porto Alegre, ano 5, n. 10, p. 123-149, maio 1999. Disponível em: https://www.scielo.br/j/ha/a/4CD96PrdycJX6xKSjLfrmbS/. Acesso em: 2 fev. 2023. LEITE, Ilka Boaventura. Os quilombos no Brasil: questões conceituais e normativas. **Etnográfica: Revista do Centro em Rede de Investigação em Antropologia**, [*s. l.*], v. 4, n. 2, p. 333-354, 2000. Disponível em: https://journals.openedition.org/etnografica/2769#quotation. Acesso em: 10 fev. 2023.

[314] LEITE, Ilka Boaventura. Os quilombos no Brasil: questões conceituais e normativas. **Etnográfica: Revista do Centro em Rede de Investigação em Antropologia**, [*s. l.*], v. 4, n. 2, p. 337, 2000. Disponível em: https://journals.openedition.org/etnografica/2769#quotation. Acesso em: 10 fev. 2023.

[315] GOMES, Flávio dos Santos. **Mocambos e Quilombos**: uma história do campesinato negro no Brasil. 1. ed. São Paulo: Claro Enigma, 2015.

[316] NASCIMENTO, Abdias. **O Quilombismo**: documentos de uma militância Pan-Africanista. 3. ed. São Paulo: Perspectiva; Rio de Janeiro: Ipeafro, 2019. p. 289-290.

[317] GOMES, *op. cit.*

> a força de trabalho disponível; além disso, quilombos na vizinhança funcionavam como polo de atração para mais e novas escapadas. Notícias sobre quilombos se espalhavam em várias regiões. Há mesmo registros de africanos escravizados recém-desembarcados do tráfico atlântico, que acabavam logo fugindo para eles. Quilombos eram sinônimos de transgressão à ordem escravista. Também não era incomum que habitantes de quilombos de recente formação se agrupassem para atacar fazendas e engenhos, arregimentando mais escravos.[318]

Assim como essas formas de resistência espalharam-se por todo o Brasil até o século XVIII, durante todo o regime escravocrata, também estiveram presentes em outras regiões das Américas nas quais incidiram a exploração escravista. Havia os *palenques* em Cuba, na Colômbia e em outras regiões; os *cumbes* na Venezuela; os *bushnegroes* na Guiana Francesa[319]. Na Jamaica e em outras colônias inglesas no Caribe, bem como no sul dos Estados Unidos da América, foram denominados *marroons*; enquanto no Caribe francês, conhecidos como *marronage*[320]. Como é possível verificar, as pesquisas historiográficas já tiveram a oportunidade de constatar que a instituição dos quilombos e, igualmente, de seus correspondentes em diversas regiões das Américas, consubstanciou-se em um fenômeno hemisférico, pois desenvolveram-se por todo o período escravista e em todo o território do continente americano várias comunidades de fugitivos da escravidão, sendo elas pequenas, médias ou grandes, improvisadas, solidificadas, temporárias ou permanentes.[321]

No que diz respeito à sua forma de organização, Beatriz Nascimento[322] assinala como uma das características fundamentais dos quilombos o elevado número de habitações. Quilombos como os de Palmares, os de Sergipe e os de Minas Gerais, entre os séculos XVII e XVIII, poderiam chegar a vinte mil habitantes. Outras duas características apontadas pela historiadora é a organização política e a forma de produção, marcadas pelo estabelecimento de relações diplomáticas com as autoridades coloniais e a produção agrícola em grande escala, o que permitia a negociação do excedente com moradores das capitanias e até mesmo das províncias.[323]

---

318 GOMES, 2015, p. 16

319 MOURA, 2013; GOMES, 2015.

320 GOMES, 2015.

321 GOMES, 2015.

322 NASCIMENTO, Beatriz. **Uma história feita por mãos negras**: relações raciais, quilombos e movimentos. RATTS, Alex (org.). 1. ed. Rio de Janeiro: Zahar, 2021.

323 *Idem.*

Quanto à estruturação econômica dos quilombos, Clóvis Moura[324] fornece elementos complementares às informações trazidas por Beatriz Nascimento[325] ao afirmar que a base da economia quilombola era a agricultura policultora, algo que contrastava frontalmente com o modo de produção dos latifúndios monocultores e, por consequência, predatórios, do período escravista. A comunidade plantava principalmente milho, mas também feijão, mandioca, cana-de-açúcar, banana e batata-doce. Entre plantações e colheitas, costumavam descansar a terra em ciclos de pelo menos duas semanas. A produção era destinada à subsistência dos habitantes, mas diante da bem-sucedida produtividade[326], o excedente permitia o estabelecimento de transações comerciais, pautadas pelo escambo, com os vizinhos[327].

Outro atributo fundamental para a compreensão dessa forma de organização social é o permanente intercâmbio que estabeleciam com outras populações oprimidas pelo sistema escravista, ou seja, os quilombos jamais foram unidades isoladas. Seus núcleos eram constituídos principalmente pelas pessoas escravizadas fugitivas, todavia, essas comunidades conviviam, por exemplo, com desertores do serviço militar, criminosos, indígenas, além de manterem contato com guerrilheiros e grupos de bandoleiros, como leciona Moura[328]. O sociólogo ressalta, outrossim, que esse tipo de interação poderia estender-se aos escravizados que ainda habitavam as senzalas, aos pequenos proprietários, agricultores, comerciantes e mascates de um modo geral. Esses laços de fraternidade com outros grupos marginalizados pela sociedade da época pode ser um dos indicativos da vitalidade dos quilombos[329]. Como arremata Flávio Gomes[330], "não havia isolamento cultural, mas sim quilombolas conectados à sociedade envolvente.".

As alianças não se limitavam aos estratos subalternizados, pois alcançavam, muitas vezes, alguns segmentos econômicos com os quais se mantinham negócios e, até mesmo, prestavam-se serviços. As dinâmicas de comunicação e interação variavam de acordo com o tamanho dos quilombos, como é possível inferir dos apontamentos realizados por Clóvis Moura[331]:

---

[324] MOURA, Clóvis. **Sociologia do negro brasileiro**. 2. ed. São Paulo: Perspectiva, 2019. MOURA, Clóvis. **Os quilombos e a rebelião negra**. 1. ed. São Paulo: Dandara, 2022.

[325] NASCIMENTO, *op. cit.*

[326] MOURA, 2022.

[327] MOURA, 2022; NASCIMENTO, 2021.

[328] MOURA, 2022.

[329] MOURA, 2022.

[330] GOMES, Flávio dos Santos. **Mocambos e Quilombos**: uma história do campesinato negro no Brasil. 1. ed. São Paulo: Claro Enigma, 2015. p. 43.

[331] MOURA, *op. cit.*, p. 39.

> Quanto o quilombo era pequeno, móvel, quase que em permanente movimento, esses contatos se restringiam a simples trocas esporádicas de objetos roubados ou a um escambo rudimentar. No entanto, quando o quilombo conseguia se manter, ampliar e estender geograficamente numa região capaz de permitir-lhe uma agricultura permanente e intensiva, esses contatos mudavam de conteúdo e adquiriam importância maior. No capítulo dedicado à agricultura dos quilombos tentaremos mostrar como a economia agrícola desses redutos se organizava e se desenvolvia como um enclave à agricultura monocultora e latifundiária da Colônia escravista.
> Na República de Palmares, o maior e mais importante de todos eles, este relacionamento com os colonos das vizinhanças era evidente. Como diz Edison Carneiro, "os negros tinham os seus amigos entre os moradores vizinhos".

As mulheres ocupavam papel de centralidade na sociedade quilombola. Ainda que demograficamente figurassem em menor número nos quilombos, reflexo da menor quantidade de mulheres negras escravizadas, comparativamente aos homens, na sociedade como um todo, elas eram responsáveis pela manutenção das famílias, além do destaque que possuíam na produção econômica artesanal de utensílios e mesmo no enfrentamento de tropas escravistas[332]. Levando em consideração os estudos realizados com base na República de Palmares, que se tratava de uma espécie de confederação de quilombos, Clóvis Moura[333] menciona que esse desequilíbrio entre homens e mulheres na composição da sociedade palmarina fez com que fossem instituídos dois tipos de organização familiar: a família polígama e a família poliândrica. Enquanto a poligamia era praticada pelos membros principais da estrutura de poder, que adquiriam o direito a várias mulheres, a maior parte da comunidade era formada por famílias poliândricas, isto é, nas quais as mulheres chefiavam famílias compostas por vários homens com os quais se relacionavam afetivamente[334]. Nota-se, uma vez mais, que a própria existência desse sistema social representava uma profunda relação antitética com a sociedade escravista colonial, alicerçada sob os dogmas e preceitos religiosos do cristianismo europeu, para a qual a possibilidade de coexistência de outras formas de composição familiar era, por si só, uma afronta ao regime.

---

332 GOMES, 2015.

333 MOURA, Clóvis. **Sociologia do negro brasileiro**. 2. ed. São Paulo: Perspectiva, 2019.

334 MOURA, 2019.

Para além de situar sociológica e historicamente a categoria quilombo, bem como de descortinar a sua origem etimológica, uma compreensão razoavelmente satisfatória dessa forma de organização política perpassa necessariamente pela conceituação jurídica que lhe fora atribuída ao longo dos séculos. A esse respeito, faz-se remissão ao estudo empreendido por Diego Nunes e Vanilda Honória dos Santos[335], os quais procuraram estabelecer, por meio do exame de fontes documentais primárias, uma história do conceito jurídico de quilombo no Brasil entre os séculos XVIII e XX. Juridicamente, segundo os pesquisadores, a polissemia conceitual de quilombo parece sugerir a constituição de uma parábola ascendente, pois se no passado o conceito carregava consigo uma conotação negativa, dos pontos de vista da regulamentação de sanções privadas, da normatização do espaço público ou mesmo da tipificação de condutas dos quilombolas, a sua vertente atual, Comunidades Remanescentes de Quilombos, ganha contornos de afirmação e de reinvindicação de direitos[336].

Nunes e Santos[337] aduzem que é possível extrair das fontes jurídicas da época o significado predominante de quilombos nos discursos jurídicos e políticos dos séculos XVIII e XIX. Nesse sentido, apontam como um conceito antigo de quilombo "o espaço geográfico no qual os negros livres e escravos se refugiavam para escapar de torturas e violações da dignidade por parte dos seus senhores."[338]. Como em todas as fontes do século XVIII a que tiveram acesso evidenciavam que a palavra quilombo estava atrelada, no período, à concepção de aglomerações de negros fugidos, que se aquilombavam, constituindo-se, desse modo, em uma espécie de formação social fora da lei, os pesquisadores afirmam que o tratamento jurídico conferido formalmente, pela primeira vez, foi por intermédio de correspondência entre o rei de Portugal e o Conselho Ultramarino, em 1740. No documento, a coroa portuguesa definiu quilombo como "toda habitação de negros fugidos, que passem de cinco, em partes despovoadas, ainda que não tenham ranchos levantados, nem se achem pilões neles."[339].

[335] NUNES, Diego; SANTOS, Vanilda Honória dos. Por uma história do conceito jurídico de quilombo no Brasil entre os séculos XVIII e XX. **Revista da Faculdade de Direito UFPR**, Curitiba, v. 66, n. 1, p. 117-148, abr. 2021. Disponível em: https://revistas.ufpr.br/direito/article/view/72690. Acesso em: 3 fev. 2023.

[336] *Idem*.

[337] *Idem*.

[338] *Ibid.*, p. 123.

[339] NUNES; SANTOS, 2021.

Allyne Andrade e Silva[340] corrobora esse entendimento e acrescenta que a Provisão de 6 de março de 1741 consignava que "era reputado quilombo desde que se achavam reunidos cinco escravos". Essa conceituação foi modificada a partir do movimento de recrudescimento do escravismo. Leis provinciais chegaram a diminuir o número anteriormente previsto para caracterização de quilombos para dois ou mais escravizados reunidos com casa ou rancho (Lei n. 236, de 20 de agosto de 1847) ou, ainda, de mais de três escravizados, em reunião no mato ou em qualquer oculto (Lei n. 157, de 9 de agosto de 1848).

Ainda no século XIX, o medo branco[341] mobilizou as instituições brasileiras, notadamente no que tange à criminalização dos quilombos, o que pode ser comprovado por intermédio da análise dos discursos que exsurgem de fontes legislativas e jurídicas da época. No período, é recorrente nos escritos de juristas a noção de quilombo como fruto de indivíduos "incivilizados", "bárbaros", afetos ao "atraso", ou seja, afastados da plêiade conceitual civilizatória europeia branca. Além de a legislação procurar conferir, por exemplo, aos juízes de paz atribuições para a destruição de quilombos, na própria Assembleia Geral Constituinte de 1823 senadores manifestavam preocupação com a quantidade de escravizados fugidos e, por consequência, com o crescimento populacional dos quilombos[342], o que obviamente oferecia severo risco à estabilidade institucional do império.

Assim, conforme preceituam Diego Nunes e Vanilda Honória dos Santos[343], "encontra-se o século XIX embebido da concepção do quilombo enquanto espaço jurídico fora da lei, que necessita ser eliminado, e da concepção de quilombola equiparada a negro fugido, cujo tratamento criminal se pauta pela severidade das penas [...]". E, no século XX, é o debate constituinte que precederá o advento da Constituição da República Federativa do Brasil de 1988 que contribuirá para "o redimensionamento da categoria *quilombo* para a categoria jurídica *remanescentes de quilombos* [...]."[344].

---

[340] SILVA, Allyne Andrade e. **Direito e políticas públicas quilombolas**. 1. ed. Belo Horizonte, São Paulo: D'Plácido, 2022. p. 80.

[341] AZEVEDO, Celia Maria Marinho de. **Onda Negra, Medo Branco**: o negro no imaginário das elites - século XIX. 1. ed. Rio de Janeiro: Paz e Terra, 1987.

[342] NUNES; SANTOS, *op. cit.*

[343] *Ibid.*, p. 132.

[344] NUNES; SANTOS, 2021, p. 135.

Segundo Allyne Andrade e Silva[345], do ponto de vista normativo, os quilombos

> [...] permaneceram invisibilizados durante todo o período republicano até o advento da Constituição de 1988. Entretanto, foram alvos de estudos no campo das Ciências Sociais e tornam-se signo de resistência nos discursos políticos. De acordo com Arruti (2009), foi durante o período republicano que o termo sofreu as mais radicais ressemantizações. O autor agrupa-as em três correntes: (i) o quilombo como resistência cultural, fruto de interpretação histórica e antropológica; (ii) o quilombo como resistência política, servindo como modelo para pensar os conflitos entre as classes populares e o Estado; e (iii) um alinhamento da resistência política e cultural, em especial, a racial, que resulta no quilombo como símbolo de resistência negra.[346]

A invisibilidade normativa a que se refere Andrade e Silva[347] é tratada como um pacto de silêncio institucional em relação ao processo de escravização por Paulo Fernando Soares Pereira[348]. Para o pesquisador, a tríade temporal jurídico-racial manifestada pela abolição formal da escravidão (1888), pela Proclamação da República (1889) e pela promulgação da primeira Constituição republicana (1891), consolidaram o racismo republicano ao "não concederem quaisquer formas de reparação para aqueles que foram vítimas do fenômeno de violência, tutelado pelo Direito, de maior duração no Brasil: quase quatro séculos."[349].

Seja do ponto de vista histórico, sociológico ou jurídico, os quilombos brasileiros, assim como os demais espalhados pelo continente americano e pelo Caribe, representaram a mais bem acabada forma de resistência ao colonialismo europeu que se pode conceber. Sua importância enquanto instituição e organização social não encontram precedentes, talvez exatamente por isso os quilombos tenham transcendido o seu aspecto institucional, material, para se tornar símbolo de resistência, um verdadeiro instrumento

[345] SILVA, Allyne Andrade e. **Direito e políticas públicas quilombolas**. 1. ed. Belo Horizonte, São Paulo: D'Plácido, 2022.

[346] NASCIMENTO, 1980 *apud* SILVA, 2022, p. 81.

[347] SILVA, *Ibid.*

[348] PEREIRA, Paulo Fernando Soares. A Constituição de 1988 e o rompimento com os pactos de silêncio em torno dos quilombos. **Revista Direito e Práxis**, Rio de Janeiro, v. 13, n. 3, p. 1736-1762, jul./set. 2022. Disponível em: https://doi.org/10.1590/2179-8966/2020/49443. Acesso em: 2 fev. 2023.

[349] *Ibid.*, p. 1.757.

ideológico contra as formas de opressão[350]. Beatriz Nascimento[351] defende que "é como caracterização ideológica que o quilombo inaugura o século XX", justamente porque se firmou como instituição livre e sistema alternativo durante mais de três séculos, fazendo com que a sua mística alimentasse os anseios por liberdade de uma vasta população oprimida. A historiadora ensina que os quilombos passaram a ser sinônimo de povo negro, de esperança em uma sociedade melhor, de resistência cultural. Tudo o que buscasse uma maior valorização da herança negra, diz ela, seria quilombo. Desde uma atitude, um comportamento, à uma associação ou movimento, seja teórico ou prático, compromissado com os ideais de luta e resistência negras por igualdade e contra a discriminação, seria quilombo[352].

Abdias Nascimento[353] assente com o pensamento de Beatriz Nascimento[354] e propõe uma prática quilombista que dê conta de honrar o legado dos ancestrais quilombolas, no sentido de que se deve manter e ampliar a cultura afro-brasileira, pautando-se em um método que contemple a análise, a compreensão e a definição de uma experiência concreta. O projeto quilombista é uma empreitada coletiva que visa à

> [...] ereção de uma sociedade fundada na liberdade, na justiça, na igualdade e no respeito a todos os seres humanos; uma sociedade cuja natureza intrínseca torne impossível a exploração econômica e o racismo; uma democracia autêntica, fundada pelos destituídos e deserdados deste país, aos quais não interessa a simples restauração de tipos e formas caducas de instituições políticas, sociais e econômicas as quais serviriam unicamente para procrastinar o advento de nossa emancipação total e definitiva, que somente pode vir com a transformação radical das estruturas vigentes. Cabe mais uma vez insistir: não nos interessa a proposta de uma adaptação aos modelos da sociedade capitalista e de classes. Esta não é a solução que devemos aceitar como se fora mandamento inelutável. Confiamos na idoneidade mental do negro, e acreditamos na reinvenção de nós mesmos e de nossa história. Reinvenção de um caminho afro-brasileiro de vida fundado em

350 NASCIMENTO, 2021.

351 *Ibid.*, p. 163.

352 NASCIMENTO, Beatriz. **Uma história feita por mãos negras**: relações raciais, quilombos e movimentos. RATTS, Alex (org.). 1. ed. Rio de Janeiro: Zahar, 2021.

353 NASCIMENTO, 2019.

354 NASCIMENTO, 2021.

> sua experiência histórica, na utilização do conhecimento crítico e inventivo de suas instituições golpeadas pelo colonialismo e pelo racismo.[355]

Nesse sentido, em função da potencialidade que a categoria quilombo fornece para a classificação do movimento teórico-prático levado a efeito por juristas negras e negros, em contraposição à colonialidade jurídica endêmica na cultura jurídica tradicional, que esta pesquisa a utiliza em detrimento do conceito de campo científico[356] de Pierre Bourdieu[357]. Desse modo, ao conjunto de reflexões e de práticas jurídicas racialmente críticas, realizadas por juristas negras e negros desde a década de 1980, as quais cindem o pensamento jurídico hegemônico e fundam um novo campo no seio da teoria crítica do Direito, atribui-se o nome *Direito e Relações Raciais,* nomenclatura utilizada pioneiramente por Dora Lucia de Lima Bertulio[358], jurista responsável pela sedimentação da área de conhecimento. Esse campo, por sua vez, pode ser classificado como um quilombo jurídico, porque a partir de Abdias Nascimento, Clóvis Moura e Beatriz Nascimento, é possível pensar os quilombos para além da experiência histórica em que se consubstanciaram para percebê-los enquanto tecnologia político-social, espaço de insurreição e de práticas emancipatórias e como um lugar que transcende o físico, tornando-se também existencial[359].

Isso porque muito mais do que caracterizar um campo científico, a área *Direito e Relações Raciais* erige-se como um espaço de teorias e práticas insurgentes voltadas à práxis emancipatória. Na perspectiva de Marcos

---

[355] NASCIMENTO, *op. cit.*, p. 288.

[356] Na compreensão de Pierre Bourdieu (1983), o campo científico pode ser interpretado como um sistema de relações objetivas entre posições, como um espaço no qual é travada uma luta concorrencial em busca do monopólio da autoridade científica. Para ele, as práticas científicas não são desinteressadas, elas produzem e supõem um interesse voltado à aquisição de autoridade científica. Desse modo, os conflitos epistemológicos são sempre conflitos políticos. Assim, esse lugar de luta política pela dominação científica designará a cada pesquisador, seus problemas políticos e científicos, seus métodos e estratégias científicas. Portanto, para Bourdieu (1983), não há escolha científica que não seja também uma estratégia política orientada para obtenção da maximização do lucro científico, leia-se: a obtenção do reconhecimento dos pares/concorrentes.

[357] BOURDIEU, Pierre. O campo científico. *In:* ORTIZ, Renato (org.). **Pierre Bourdieu** – Sociologia. São Paulo: Ática, 1983.

[358] BERTULIO, Dora Lucia de Lima. **Direito e relações raciais**: uma introdução crítica ao racismo. Dissertação (Mestrado em Direito) – Programa de Pós-Graduação em Direito, Universidade Federal de Santa Catarina, Florianópolis, 1989. Disponível em: https://repositorio.ufsc.br/handle/123456789/106299. Acesso em: 16 set. 2020. BERTULIO, Dora Lucia de Lima. **Direito e relações raciais**: uma introdução crítica ao racismo. 1. ed. Rio de Janeiro: Lumen Juris, 2019.

[359] CARNEIRO, Fredson Oliveira. **Formas transvestigêneres da escrita da lei**: Erica Malunguinho e a Mandata Quilombo na ocupação da Política e na transformação do Direito. Tese (Doutorado em Direito) – Programa de Pós-Graduação em Direito, Universidade Federal do Rio de Janeiro, Rio de Janeiro, 2021.

Queiroz e Rodrigo Portela Gomes[360], esse espaço se coadunaria com o projeto intelectual de Clóvis Moura, para quem o conhecimento deveria ser produzido não apenas a partir de uma reflexão crítica acadêmica, mas, especialmente, em contato com o movimento e a política cultural negra. Tal conhecimento estaria engajado com a transformação social e a mudança da realidade de exclusão da população negra, porquanto seria produto de uma "*ciência da diáspora africana* [que] se contraporia à ciência consular e colonial produzida nas torres de marfim dos espaços científicos legitimados pelo poder dominante da branquitude."[361].

Trata-se de um quilombo jurídico porque reúne juristas que procuram se insurgir contra a ordem jurídica estabelecida e em face da suposta neutralidade racial das normas, instituições e teorias que procuram interpretá-las, pois é consabido que a funcionalidade delas está atrelada ao controle social dos corpos negros e à sua instrumentalização em prol da manutenção dos privilégios raciais que estruturam a sociedade brasileira. Tal qual os quilombos históricos, o quilombo jurídico é formado majoritariamente por pessoas negras, historicamente marginalizadas e invisibilizadas no contexto das instituições científicas e jurídico-políticas, o que não o impede de abarcar intelectuais não negros que estejam verdadeiramente dispostos a confrontarem o pensamento jurídico tradicional a partir de um enfoque crítico das dinâmicas raciais no Brasil.

Esse movimento teórico-prático pode ser compreendido como um quilombismo jurídico, está comprometido com a práxis e com métodos decoloniais de se conceber e interpretar a ciência jurídica, de modo que a produção científica, atenta à intelectualidade orgânica gestada no âmbito dos movimentos negros e, portanto, fora da academia, sempre estará vocacionada a servir de substrato às práticas emancipatórias que se estabelecerão na realidade concreta. A crítica articulada pelas e pelos juristas que compõem o quilombo jurídico *Direito e Relações Raciais*, portanto, não pode incorrer no erro de se tornar um fim em si mesma. Logo, a teoria jurídica racialmente crítica concebida em seu âmbito está eminentemente preocupada com os impactos institucionais que pretende e deve, primordialmente, provocar.

---

[360] QUEIROZ, Marcos; GOMES, Rodrigo Portela. A hermenêutica quilombola de Clóvis Moura: Teoria Crítica do Direito, Raça e Descolonização. **Revista Culturas Jurídicas**, Niterói, v. 8, n. 20, p. 733-754, mai./ago. 2021. Disponível em: https://periodicos.uff.br/culturasjuridicas/article/view/733-754/30552. Acesso em: 9 jan. 2023.

[361] *Ibid.*, p. 737.

5.2 *"NOSSOS PASSOS VÊM DE LONGE"*[362]: PENSAMENTO JURÍDICO AFRODIASPÓRICO BRASILEIRO[363] COMO ECOS DO LEGADO DE EUNICE APARECIDA DE JESUS PRUDENTE E DE DORA LUCIA DE LIMA BERTULIO

A forte resistência ao estabelecimento de um debate qualificado em torno das relações raciais no Brasil esteve durante muito tempo ligada, dentre outras possíveis causas, a) à inexistência de uma prática jurídico-acadêmica que, por intermédio da realização de estudos e pesquisas, sistematizasse eventuais possibilidades de enfrentamento da problemática racial; b) à dificuldade de romper com padrões argumentativos legatários do colonialismo escravocrata, do racismo científico e da ideologia da democracia racial; c) às concepções restritivas e elitistas de cidadania e de cultura, que reservam a uma parcela minoritária da população, porém economicamente poderosa, os privilégios raciais que dão substrato à formação desse tipo de casta em países de capitalismo periférico como o Brasil; bem como, d) à ausência de políticas públicas capazes de mitigar a acentuada desigualdade social a que está sujeita a maior parte da população[364].

Ao cotejar os contextos estadunidense e brasileiro, Evandro Duarte[365] lembra que as peculiaridades do tipo de marginalização social, econômica e política a que estavam submetidas as pessoas negras nos Estados Unidos da América, acabaram por produzir as condições para o enfrentamento coordenado da segregação racial naquele país. As lutas por direitos civis travadas por aquela população, que chegaram ao seu ápice de tensionamento na década de 1960, provocaram o alargamento, dentro da matriz

[362] A expressão é largamente utilizada pelo movimento de mulheres negras e/ou pelas feministas negras brasileiras, inclusive como "palavra de ordem". Apesar de ela ser comumente atribuída a Jurema Werneck, em entrevista concedida ao programa televisivo Roda Viva, em 17 de maio de 2021, a intelectual teve a oportunidade de esclarecer que, na verdade, o termo foi cunhado pela primeira vez por Fernanda Carneiro, em artigo que compôs a obra intitulada *O livro da saúde das mulheres negras: nossos passos vêm de longe*, organizada por Jurema Werneck, Maisa Mendonça e Evelyn C. White (WERNECK, 2021).

[363] Entende-se que o pensamento jurídico afrodiaspórico brasileiro é formado pelo conjunto de reflexões teórico-práticas formuladas por juristas negros e negras no âmbito da teoria crítica do Direito, que centralizam a raça, o racismo e a experiência diaspórica nas análises empreendidas. Trata-se de um conhecimento afrodiaspórico porque é produzido por descendentes de pessoas escravizadas em diáspora, a qual, como se sabe, foi forçada pelo empreendimento colonial europeu. Como pontua Fredson Oliveira Carneiro (2021), o rompimento da relação das pessoas negras escravizadas e de seus descendentes com o território originário tem sido, de certo modo, restaurado mediante o resgate dessa relação do ponto de vista político e cultural. Portanto, no sentido aqui adotado, o quilombo jurídico *Direito e Relações Raciais* congrega esses intelectuais e é o *locus* privilegiado a partir do qual emergem os estudos e pesquisas jurídicos racialmente críticos no Brasil.

[364] DUARTE, Evandro C. Piza. O debate sobre as relações raciais e seus reflexos no ordenamento jurídico brasileiro. ***Universitas Jus***, Brasília, v. 1, p. 110-145, 2004.

[365] *Idem.*

jurídico-política dominante, da atuação estatal, ensejando a expansão da garantia de direitos, até então sonegados, ao grupamento negro marginalizado da sociedade. Foi o caso, por exemplo, da decisão da Suprema Corte dos Estados Unidos no litígio *Brown v. Board of Education*, em 17 de maio de 1954, que declarou inconstitucional a segregação racial nas escolas públicas daquele país[366].

Lélia Gonzalez[367] oferece importantes contribuições para a compreensão das dinâmicas raciais que se estabelecem nas sociedades estadunidense e brasileira e, especialmente, para o entendimento de que a distinção nas formas de manifestação do racismo nesses países impacta na formação da consciência coletiva da população oprimida e, até mesmo, na articulação de estratégias de resistência. Lélia distingue as duas formas de manifestação em *racismo aberto* e *racismo disfarçado* ou *racismo por denegação*. O *racismo aberto* seria o praticado em países como os Estados Unidos da América e a África do Sul, nos quais houve a institucionalização da segregação racial, e onde, para que um indivíduo fosse considerado como uma pessoa negra e, portanto, passível de segregação, bastaria uma gota de sangue, de modo que a miscigenação é algo repelido social e juridicamente. Já nas sociedades de origem latino-americana, opera-se o *racismo disfarçado* ou o *racismo por denegação*, como no caso brasileiro. Nessas sociedades, prevalecem "[...] as 'teorias' da miscigenação, da assimilação e da 'democracia racial'."[368]. De acordo com Filósofa e Antropóloga, essa espécie de racismo "[...] é suficientemente sofisticada para manter negros e índios (sic) na condição de segmentos subordinados no interior das classes mais exploradas [...]"[369], graças à ideologia do branqueamento.

Ainda para Gonzalez[370], em sociedades de *racismo aberto*, a segregação racial explícita produz "[...] seus efeitos sobre os grupos discriminados, ao contrário do racismo por denegação, reforça a identidade racial dos mesmos.". Ela atribui à severidade do regime explicitamente segregacionista esse reforço à identidade racial que resulta no maior engajamento da militância negra no tensionamento do sistema dominante[371]. Essa maior união e engajamento fará com que a produção científica das pessoas negras desses países se caracterize

---

[366] *Idem.*

[367] GONZALEZ, Lélia. **Por um feminismo afro-latino-americano**: ensaios, intervenções e diálogos. *In:* RIOS, Flávia; LIMA, Márcia (org.). 1. ed. Rio de Janeiro: Zahar, 2020.

[368] *Ibid.*, p. 130.

[369] GONZALEZ, 2020, p. 131.

[370] *Op. cit.*, p. 132.

[371] *Idem.*

> [...] pelo avanço, autonomia, inovação, diversificação e credibilidade nacional e internacional; o que nos remete a um espírito de profunda determinação, dados aos obstáculos impostos pelo racismo dominante. Mas, como já disse antes, é justamente a consciência objetiva desse racismo sem disfarces e o conhecimento direto de suas práticas cruéis que despertam esse empenho, no sentido de resgate e afirmação da humanidade e competência de todo um grupo étnico considerado "inferior". A dureza dos sistemas fez com que a comunidade negra se unisse e lutasse, em diferentes níveis, contra todas as formas de opressão racista[372].

No Brasil, é possível notar algumas fases no desenvolvimento do pensamento social e jurídico no que concerne às relações raciais. Evandro Piza Duarte[373] propõe uma sistematização dessas etapas, do ponto de vista jurídico-político e ideológico. Para o pesquisador, a primeira fase teria sido demarcada com o início da colonização e com a estruturação do regime escravagista, que mobilizou argumentos teológicos para produzir uma artificial e inata inferioridade das pessoas negras, ao mesmo passo em que cuidou de estabelecer um sistema normativo repressivo ao contingente de pessoas escravizadas, chegando a admitir a coexistência de sistemas punitivos alternativos ao oficial, legitimando o exercício da justiça privada pelos senhores de escravos[374].

O segundo período teria como marco inicial a independência e a consolidação do Estado nacional, momento no qual se inicia propriamente o debate sobre "a questão negra". Com a crise do sistema escravista, ao mesmo tempo em que se procurou afastar das discussões os julgamentos morais e filosóficos sobre a escravidão, no âmbito do movimento abolicionista são mobilizados argumentos jurídico-filosóficos em favor do fim do regime escravista, sem, contudo, discutirem-se as consequências sociais desse sistema para aquelas pessoas e suas futuras descendentes. A tese para justificar o fim da escravidão centrava-se na sua incompatibilidade com o desenvolvimento do país, sendo que argumentos de cunho humanista foram pouco incitados ou eram meramente instrumentais da tese principal arguida. Essa fase findou em 1888 e, notadamente, em 1891, com a instituição constitucional do princípio da igualdade formal entre os diferentes grupos étnicos que compunham a sociedade brasileira.[375]

---

[372] GONZALEZ, 2020, p. 132.

[373] DUARTE, Evandro C. Piza. O debate sobre as relações raciais e seus reflexos no ordenamento jurídico brasileiro. ***Universitas Jus***, Brasília, v. 1, p. 110-145, 2004.

[374] *Ibid.*; BARBOSA, Mario Davi. **Do absolutismo paterno e de tantos tribunais caseiros**: direito penal e castigos aos escravos no Brasil (1830-1888). 1. ed. Londrina: Thoth, 2021.

[375] DUARTE, *op. cit.*

No terceiro momento, amplamente conectado com a transição entre o fim do regime escravocrata e a pretensão de construção de uma nação pautada pela modernização cultural, social e econômica, cujo desejo era espelhar os ideais europeus de desenvolvimento e civilização, especialmente franceses, a preocupação era desvendar e resolver os problemas que impediriam tal padrão de desenvolvimento. As discussões da elite intelectual, desde a década de 1870 até as décadas de 1920 e 1930, orientavam-se, a um só tempo, pela aceitação da igualdade formal entre as pessoas e pela admissão de que a suposta inferioridade do Brasil enquanto nação estava atrelada à sua formação social, isto é, à condição de inferioridade racial e biológica das populações não europeias[376]. Por isso, investiu-se tanto, do ponto de vista jurídico, político e ideológico, no embranquecimento da população brasileira. A consequência prática dessa etapa, segundo Duarte[377],

> [...] foi a percepção social da situação das populações africanas e indígenas como decorrente da natureza. No mesmo passo, tais padrões sociais de percepção, justificavam a negativa de acesso e desenvolvimento no mercado de trabalho e no sistema educacional. De outra parte, aumentava a tolerância com as violações cotidianas da igualdade formal, incentivando a repressão às manifestações culturais e aos indivíduos de tais segmentos, vistos como expressões de primitivismo e como potencialmente criminosos. Em síntese, esse debate amplo que se estendeu aos setores jurídicos, representou a negativa de promoção da igualdade social de tais populações, garantindo e reconstruindo a desigualdade real, malgrado a existência da igualdade formal, também constantemente violada.

Iniciada a partir da década de 1930, a quarta fase, conforme a sistematização de Evandro Duarte[378], foi marcada pela construção de uma ideologia nacionalista e pela tentativa de redefinir as categorias de atraso e desenvolvimento, o que provocou o surgimento do mito da "democracia racial". Dessa vez, ao invés de atribuir às pessoas negras a culpabilização pelo suposto atraso do desenvolvimento da nação, como se fazia no período antecedente com fundamento no pensamento europeu e estadunidense, investiu-se na afirmação da igualdade formal entre as pessoas, na falácia do padrão brando de escravidão luso-brasileiro, no incentivo à miscigenação

---

376 *Idem.*

377 *Ibid.*, s/p.

378 *Idem.*

como forma de resolver os problemas nacionais e na refutação dos pressupostos teóricos de pureza racial que circulavam na ciência europeia. Sendo que essa estratégia de negação discursiva da existência de um supremacismo branco em solo brasileiro foi responsável, igualmente, pela negativa, dessa vez muito mais prática do que discursiva, de se instituir mecanismos para o combate à discriminação racial, que, aliás, era defendida abertamente pela elite intelectual da época[379].

A partir de 1950, novas temáticas são acrescidas ao debate e, com isso, uma nova fase se inicia. Nesse momento, devido à pujança dos movimentos de libertação dos países africanos e do ativismo por direitos civis no âmbito dos Estados Unidos da América, erradicou-se definitivamente, na ciência brasileira, a utilização de teorias raciais de cunho biologicista propaladas pelos europeus[380]. O abandono desse paradigma científico racista refletiu diretamente no conhecimento produzido pelas Faculdades de Direito do país, já que no período antecedente essas instituições se emprestavam dessas teorias para o desenvolvimento de estudos antropológicos e criminológicos.

O "problema negro" da nação, como algo de responsabilidade dos próprios descendentes de escravizados, que não teriam se adaptado às dinâmicas de produção da sociedade de mercado, foi reduzido e simplificado a um problema de caráter social e não racial. Mesmo porque o Brasil se constituía ideologicamente como um paraíso racial, onde a convivência harmônica entre os cidadãos devia-se à democracia racial vigente. Por isso, o "problema negro" deveria ser resolvido mediante a criação de políticas públicas gerais e amplas e não específicas, sob pena de incentivar o fantasmagórico "racismo reverso", chaga estadunidense que não poderia aportar por estas terras[381].

Por fim, são os anos 1980 e 1990 que demarcam importantes rupturas e que, justamente por isso, deflagram a sexta fase de discussões. A abertura política do país representou a possibilidade de eclodirem demandas populares em prol das garantias individuais, o que acabou por culminar com a positivação de um extenso rol na Constituição da República de 1988. A inexistência de uma igualdade substantiva entre os cidadãos é questionada, propiciando o início de um processo de denúncia da repressão institucional desproporcionalmente exercida sobre o contingente negro da

[379] DUARTE, 2004.

[380] *Idem.*

[381] *Idem.*

população. Propunha-se, em razão do fato, uma revisão do papel do Estado na manutenção e na geração de desigualdades raciais, o que resultou na constitucionalização do combate à discriminação racial, prevendo-se a criação de um sistema de tutela da igualdade racial mediante a exasperação de normas penais. Nesse período, também há uma clara compreensão do papel dúplice e paradoxal desempenhado pelo Direito no que se refere às relações raciais, porquanto ao mesmo tempo em que o Estado se utiliza de seu aparato repressivo para oprimir e realçar as desigualdades raciais entre as pessoas, o Direito estatal também pode ser utilizado como mecanismo de proteção individual e coletivo contra o racismo[382].

Aliada às demandas por igualdade material, a sexta fase de debates sobre as relações raciais no Brasil é caracterizada, também, pela ampliação de pleitos por liberdade de expressão. Buscou-se, a partir desse momento, redefinir as formas de se pensar os processos culturais e de resgatar a identidade positiva dos grupos culturais pertencentes às matrizes africanas[383], algo que reverberou no ordenamento jurídico brasileiro, sobretudo com o advento da Constituição da República Federativa do Brasil de 1988. Foi exatamente nesse sexto período de debates que florescem, pela primeira vez no país, pesquisas jurídico-acadêmicas que tematizariam com centralidade as imbricações entre Direito, raça e racismo. Essas pesquisas, que mais tarde seriam consideradas fundacionais de um importante campo científico na área das ciências sociais aplicadas, preencheram a lacuna teórica a respeito do papel do ordenamento jurídico brasileiro na produção e reprodução de desigualdades raciais.

Nesse sentido, a despeito de se poder cogitar da mobilização institucional do Direito e da subversão de sua (onto)lógica moderno-colonial[384] para fins emancipatórios, por pessoas negras, no Brasil, pelo menos desde

---

[382] DUARTE, 2004.

[383] *Idem.*

[384] Emprega-se o termo "(onto)lógica moderno-colonial" do Direito porque considera-se, na esteira das reflexões de Achille Mbembe (2018) e de Thula Pires (2019), que o Direito moderno nasce comprometido com a fundação, normalização e sustentação jurídica da ideia de uma humanidade cindida entre uma raça de conquistadores, que ostentam exclusivamente o signo de humanos, e uma de escravizados, cuja humanidade é sequestrada pelo empreendimento colonial. Desde então, apesar de ter havido formalmente o término do movimento expansionista europeu e do sistema socioeconômico escravista, o Direito continua pautando-se por sua lógica colonial, isto é, permanece sendo instrumentalizado pelas elites detentoras do poder político e econômico para a manutenção de seus privilégios de raça, classe e gênero. Pode-se afirmar, nesse sentido, que a expressão contemporânea do Direito reflete a sua vertente moderna e os compromissos assumidos no passado e, nessa medida, é a mais bem acabada manifestação da colonialidade do poder (QUIJANO, 2009). Sua materialização na realidade concreta permanece compromissada, portanto, com a conservação de uma sociedade alicerçada em preceitos de hierarquias raciais.

Esperança Garcia, em 1770, e Luiz Gama, em 1869, é com as pesquisas desenvolvidas por Eunice Prudente[385], na Universidade de São Paulo, e por Dora Bertúlio[386], na Universidade Federal de Santa Catarina, que é possível identificar no país, pela primeira vez, a formulação de uma crítica racializada e sistematizada ao pensamento jurídico tradicional. Deslocando para o centro do debate jurídico a problemática do racismo na sociedade brasileira, mediante o combate à neutralidade racial do Direito e à meritocracia, o conhecimento produzido por essas pesquisadoras atravessou gerações e possibilitou que, atualmente, haja uma profusão de pesquisas que questionam e aprofundam as análises a respeito da instrumentalização do Direito e do Sistema de Justiça para a sustentação da ordem racial a partir do controle social dos corpos negros[387]. De acordo com Allyne Andrade e Silva[388],

> A dissertação das duas expande a compreensão do Direito e da sociedade brasileira, bem como estabelecem fundamentos para o desenvolvimento de uma teoria crítica do Direito brasileiro que não ignore raça, racismo e antirracismo na análise do Estado brasileiro.

A abordagem jurídico-acadêmica das temáticas a seguir possuem pontos de partida comuns, as dissertações de Eunice Prudente[389] e Dora Bertúlio[390]: racismo institucional; racismo estrutural; o gerenciamento da raça por meio do Direito; a ineficiência das leis no combate à discriminação racial; a problemática do ensino do Direito e/ou da formação jurídica para a manutenção de uma sociedade racialmente hierarquizada; a omissão da produção acadêmica em Direito no que concerne ao racismo e aos conflitos raciais no Brasil; a mobilização de leis como instrumento racista de branqueamento da sociedade brasileira e as consequências quanto à distribuição do poder político e econômico; a necessidade de ações afirmativas para pessoas negras ocuparem os espaços institucionais; os limites e as insuficiências da Teoria Crítica do Direito, que ignora o racismo como dimensão

[385] PRUDENTE, Eunice Aparecida de Jesus. **Preconceito racial e igualdade jurídica no Brasil**. 1980. Dissertação (Mestrado em Direito do Estado) – Universidade de São Paulo, São Paulo, 1980. Disponível em: https://www.teses.usp.br/teses/disponiveis/2/2134/tde-03032008-103152/pt-br.php. Acesso em: 22 jan. 2022.

[386] BERTULIO, Dora Lucia de Lima. **Direito e relações raciais**: uma introdução crítica ao racismo. Dissertação (Mestrado em Direito) – Programa de Pós-Graduação em Direito, Universidade Federal de Santa Catarina, Florianópolis, 1989. Disponível em: https://repositorio.ufsc.br/handle/123456789/106299. Acesso em: 16 set. 2020.

[387] MOREIRA, Adilson José. **Pensando como um negro**: ensaio de hermenêutica jurídica. 1. ed. São Paulo: Contracorrente, 2019.

[388] SILVA, 2020, p. 123-124.

[389] PRUDENTE, *op. cit.*

[390] BERTULIO, *op. cit.*

estruturante do campo jurídico; o Sistema Jurídico como delimitador do espaço das pessoas negras na sociedade, mediante mecanismos legais de controle; a importação e reprodução da matriz do pensamento jurídico europeu em solo brasileiro como forma de reprodução do racismo na cultura jurídica; a crítica criminológica desde o ponto de vista da crítica ao racismo; o desvelamento da existência de mecanismos raciais de imunização de agressores, dentre outras[391].

As juristas inauguraram uma promissora e importante área de estudos no âmbito da ciência jurídica brasileira, inspirando, até hoje, novas agendas de pesquisa, tal qual ocorreu, entre as décadas de 1970-1980, nas universidades estadunidenses com o surgimento da Teoria Crítica da Raça (TCR)[392]. Esse movimento teórico estadunidense surgiu a partir de um coletivo de acadêmicas, acadêmicos e ativistas negros, indígenas, latinos e asiáticos, comprometidos a estudar e a promover transformações nas dinâmicas estabelecidas entre raça, racismo e poder. Trata-se de um movimento teórico-prático transdisciplinar, ou seja, que pressupõe o diálogo permanente com outras áreas do conhecimento. Ele é concebido, também, diante da necessidade de pautar a raça e o racismo no âmbito de uma teoria crítica que, até aquele momento, era refratária de reflexões que centralizassem a raça na crítica jurídica. Desse modo, a TCR ostenta uma perspectiva ativista, que está voltada não apenas para a compreensão das estruturas de opressão racial da sociedade, mas, sobretudo, interessada em mitigar os seus efeitos, pois não basta "[...] apenas investigar como a sociedade se organiza em função das divisões raciais e hierarquias (sic) mas também transformá-la para melhor."[393].

A esse respeito, Gianmarco Ferreira e Marcos Queiroz[394] recordam que as pesquisas fundacionais de Eunice Prudente (1980) e Dora Lucia Bertulio (1989) "[...] convergem em diversos pontos com a crítica elaborada pelos acadêmicos estadunidenses, notadamente no apontamento de como o sistema jurídico pode ser agente constituidor das clivagens e hierarquias raciais.". Ao passo em que Eunice elaborava uma crítica contundente, a partir do princípio da igualdade, sobre a posição de subalternidade a que as

[391] DUARTE, Evandro Piza. Prefácio – Direito e Relações Raciais: a construção da Teoria Crítica da Raça no Brasil. *In:* BERTÚLIO, Dora Lucia de Lima. **Direito e Relações Raciais**: uma introdução crítica ao racismo. Rio de Janeiro: Lumen Juris, 2019. p. i-xxiii.

[392] DELGADO, Richard; STEFANCIC, Jean. **Teoria Crítica da Raça**: uma introdução. 1. ed. São Paulo: Contracorrente, 2021.

[393] *Ibid.*, p. 33.

[394] FERREIRA; QUEIROZ, 2018, p. 220.

pessoas negras estão relegadas historicamente, apontando o racismo como constitutivo do sistema de justiça e como a discriminação racial se expressa nas entrelinhas da prática jurídica nacional; Dora sinaliza como a raça e o racismo estruturam o pensamento jurídico, o ordenamento jurídico e o cotidiano do Direito[395].

Com a formação do quilombo jurídico *Direito e Relações Raciais*, Eunice Prudente e Dora Bertulio contribuíram de modo ovular para o desenvolvimento, sistematização e organização acadêmica do pensamento jurídico afrodiaspórico brasileiro, dando ensejo à formação de uma contracultura jurídica nacional comprometida com a promoção da justiça racial, como sugere Rodrigo Portela Gomes[396] (2021). Em suas produções, as juristas se demonstram atentas à utilização do Direito pelos movimentos negros para denunciar o racismo, resultando na compreensão de que ele é, eminentemente, um mecanismo de poder que está em permanente disputa, sendo que a população negra nunca esteve alheia a esses processos[397].

Assim como se observa a transdisciplinaridade como característica da Teoria Crítica da Raça, as pesquisas empreendidas por Eunice Prudente e Dora Bertulio possuem essa marca indelével. Nesse sentido,

> A construção de uma crítica transdisciplinar sobre o direito tem como suporte nas pesquisas: i) a historicização dos estudos raciais no Brasil, com destaque às obras do campo sociológico, antropológico e historiográfico; ii) o manejo de discursos oficiais que fundamentaram a construção da nacionalidade, associados à produção literária e jornalística; iii) a análise racializada dos aparatos normativos no período escravista e no pós-abolição – constituições e legislações civis, penais e administrativas; iv) e a mobilização de fontes que dimensionem a memória jurídica da população negra, dentre as quais, as histórias de vida, a oralidade e os registros pessoais.[398]

Essas similitudes entre a corrente teórica estadunidense e a brasileira não decorrem do acaso. Ao contrário, as produções científicas racialmente críticas do período refletem um movimento transnacional protagonizado

[395] *Idem.*

[396] GOMES, Rodrigo Portela. Constitucionalismo e Quilombos. **Revista Culturas Jurídicas**, Niterói, v. 8, n. 20, p. 131-155, maio/ago. 2021. Disponível em: https://periodicos.uff.br/culturasjuridicas/article/view/48702. Acesso em: 9 jan. 2023.

[397] *Idem.*

[398] *Ibid.*, p. 1.212.

por pessoas negras contra a discriminação racial, de modo que "a virada paradigmática dos estudos raciais proposta por intelectuais negros no Brasil é estimulada por lutas antirracistas que se desdobravam no mundo, especialmente na segunda metade do século XX."[399]. Esse caráter transnacional e diaspórico da intelectualidade negra no enfrentamento ao racismo é evidenciado, de acordo com Ferreira e Queiroz[400], pelos textos fundacionais de Eunice Prudente e Dora Bertulio, porque eles destacam não apenas a pertinência dos aportes teóricos da TCR para pensar a realidade brasileira, mas oferecem possibilidades para a reconstrução "[...] da genealogia de teorias críticas das relações raciais e do direito para além do fluxo unidirecional Norte-Sul ou Estados Unidos-resto do mundo."[401].

Na mesma esteira, Thula Pires e Caroline Silva[402] defendem que a Teoria Crítica da Raça pode ser utilizada como referencial teórico para pensar a relação entre Direito e racismo no Brasil, pois, segundo as pesquisadoras, as especificidades e diferenças havidas entre as sociedades estadunidense e brasileira não se acentuam ao ponto de tornar-se incompatível a utilização desse instrumental teórico. Ao contrário, relativamente às hierarquias raciais que se estabelecem, as realidades dos dois países se aproximam.

Com efeito, para Evandro Piza Duarte[403], as pesquisas de Eunice Prudente e Dora Bertulio integrariam a tradição da Teoria Crítica da Raça. Para sustentar a sua tese, o professor argumenta, especificamente se referindo à dissertação de mestrado da jurista Dora Bertulio, que no mesmo ano em que se realizaria o encontro *"Novos desenvolvimentos em raça e teoria jurídica"*, ocorrido em julho de 1989, em Wisconsin, Estados Unidos da América, a pesquisa era defendida e publicada no Brasil. A diferença entre os contextos dos dois países, segundo o pesquisador, residia justamente no isolamento imposto pelo acirrado racismo institucional brasileiro, em contraste à realidade estadunidense do período, em que era possível a reunião e interlocução de diversos intelectuais negros e negras para o estabeleci-

[399] GOMES, *loc. cit.*

[400] FERREIRA; QUEIROZ, *op. cit.*

[401] FERREIRA; QUEIROZ; 2018, p. 222.

[402] PIRES, Thula Rafaela de Oliveira; SILVA, Caroline Lyrio. Teoria crítica da raça como referencial teórico necessário para pensar a relação entre direito e racismo no Brasil. **XXIV Encontro Nacional do CONPEDI-UFS**. Florianópolis: CONPEDI, 2015. p. 61-85. Disponível em: http://conpedi.danilolr.info/publicacoes/c178h0tg/xtuhk167/t9E747789rfGqqs4.pdf. Acesso em: 5 set. 2020.

[403] DUARTE, Evandro Piza. Prefácio – Direito e Relações Raciais: a construção da Teoria Crítica da Raça no Brasil. *In:* BERTÚLIO, Dora Lucia de Lima. **Direito e Relações Raciais**: uma introdução crítica ao racismo. Rio de Janeiro: Lumen Juris, 2019. p. i-xxiii.

mento de debates sobre as imbricações entre Direito, raça e racismo. Isso favoreceu, indubitavelmente, a consolidação mais rápida do campo teórico nos Estados Unidos[404].

De qualquer modo, independentemente dos vieses de análise que se possam empregar a respeito de uma eventual conexão entre a Teoria Crítica da Raça e o movimento denominado *Direito e Relações Raciais*, erigido no Brasil a partir das pesquisas de Eunice Prudente e Dora Bertulio, defende-se a tese de que há no país um campo científico próprio. Ele é desenvolvido a partir de matrizes teóricas específicas e voltado à análise de problemáticas singulares que se manifestam na esfera doméstica e, especificamente, no ordenamento jurídico pátrio, dadas as peculiaridades da formação social brasileira e, portanto, do racismo brasileiro. Rodrigo Portela Gomes[405] perfilha esse entendimento, pois identifica

> [...] no Brasil práticas distintas da experienciada nos EUA, não apenas por conta dos distintos sistemas de direito, mas também pela mobilização que foi forjado (sic) em cada contexto e processo histórico. Na narrativa sociocultural que Crenshaw (2011) desenvolve sobre a Critical Race Therory (sic) fica evidente que o movimento estadunidense não foi um projeto estável, embora em dadas situações, como nos eventos que se sucedem em Harvard após a saída do professor Derrick Bell, ocorreram convergências de intelectuais, estudantes e militantes negros.
> Isso denota a importância de narrativas sobre as articulações que aqui se constituíram, antes de uma projeção do movimento vivido nos EUA sobre o brasileiro. Se analisarmos que a própria experiência estadunidense apresenta delimitações espaciais e temporais, com apreensão fogem à noção de movimento síncrono e único, passaremos a observar a experiência brasileira sob outra ótica. Assim, compreendo que não há uma história definitiva desses movimentos, especificamente no caso brasileiro é interessante avaliar como as demandas raciais do pós-1988 aglutinaram grupos e indivíduos entorno (sic) do movimento *Direito e Relações Raciais*. As disputas por um programa jurídico antirracista no Brasil foram fundamentais para o desenvolvimento crítico racial, não só no campo jurídico, mas para toda população negra, visto que viabilizou o debate do racismo, envolvendo diretamente a sociedade e o Estado.

[404] *Idem.*

[405] GOMES, 2021, p. 1232.

A adoção dessa perspectiva, contudo, não impede que se reconheçam as eventuais conexões e influências que possa haver entre as correntes teóricas em questão. Mesmo porque boa parte das pesquisadoras e pesquisadores que formam atualmente o capital científico do quilombo jurídico brasileiro transitam ou já transitaram, durante as suas formações acadêmicas e capacitações, pelas universidades estadunidenses que, diga-se de passagem, estão tradicionalmente muito mais abertas às discussões raciais na seara jurídica que as situadas no Brasil. Os aportes teóricos de Bourdieu[406] auxiliam na compreensão desses movimentos, pois, para o sociólogo francês, "a estrutura da distribuição do capital científico está na base das transformações do campo científico e se manifesta por intermédio das estratégias de conservação ou de subversão [...]", sendo que tais estratégias "[...] têm seu princípio de orientação e eficácia nas propriedades da posição que ocupam aqueles que as produzem no interior da estrutura do campo."[407].

O fato é que como se tem reiteradamente afirmado nesta pesquisa, ao desbravarem os caminhos para a crítica jurídica racialmente orientada, Dora e Eunice construíram condições de possibilidades para que as e os juristas das gerações que se sucederam pudessem nutrir o desejo de dar continuidade ao desenvolvimento do campo, e de, assim, atuarem na consolidação do pensamento jurídico afrodiaspórico brasileiro. Seja demonstrando que as teorias críticas do Direito que se pretendam minimamente sérias não podem prescindir da centralização do debate racial, como ambas sistematicamente fizeram em suas dissertações de mestrado; seja orientando pesquisas de mestrado e doutorado e formando novas pesquisadoras e pesquisadores negros, como por décadas tem feito Eunice Prudente na Universidade de São Paulo; ou atuando como uma das principais articuladoras da implementação do sistema de cotas raciais e sociais para o ingresso em instituições públicas de ensino superior no Brasil, como realizado por Dora Lucia Bertulio durante boa parte de sua trajetória profissional. Resta evidente que as intelectuais contribuíram de modo inefável, cada uma ao seu modo, para a criação de um quadro mais robusto de cientistas negras e negros e, notadamente na área jurídica, direta e indiretamente, para a consolidação do campo *Direito e Relações Raciais*.

Por isso, Allyne Andrade e Silva[408] classifica as dissertações de Dora e Eunice

---

406 BOURDIEU, Pierre. O campo científico. *In:* ORTIZ, Renato (org.). **Pierre Bourdieu** – Sociologia. São Paulo: Ática, 1983. p. 13.

407 BOURDIEU, *loc. cit.*

408 SILVA, 2020, p. 124-125.

> [...] como chave para o desenvolvimento de uma teoria crítica do Direito e das relações raciais no Brasil. São pioneiras no entendimento de que a questão racial no País – o problema do negro ou a problemática do negro – não é um recorte, uma análise racial, mas fundamento de quaisquer análises comprometidas com a desigualdade. Ambas compreendem que não é possível se falar em um Estado democrático de Direito, ou em princípios de liberdade e igualdade em um país que relegou uma grande parte de sua população à subcidadania.

Rodrigo Gomes[409] cita três juristas negras cujas produções ecoam o legado de Eunice e Dora: Ana Flauzina, Ísis Conceição[410] e Thula Pires. Ao fazê-lo, observa, no entanto, que o seu propósito não é induzir a percepção de que depois dos trabalhos fundacionais, em 1980 e 1989, os estudos raciais críticos se desenvolveram exclusivamente a partir delas. A menção às pesquisadoras ocorre ante a relevância e influência de seus trabalhos e, especialmente, pela aproximação que as críticas formuladas por intermédio deles possuem com relação às obras pioneiras. Isso não significa que as pesquisas dessas autoras tenham necessariamente se apropriado das produções de Dora e Eunice como teoria de base. O que as aproxima dos postulados que sedimentaram o campo é justamente a

> [...] proposta de construção de um olhar crítico do direito para as relações raciais no Brasil. Ou seja, uma leitura comprometida em desmobilizar práticas, discursos e uma estrutura racialmente desigual, tendo como principal exemplo a política criminal brasileira. Esta é a intervenção estatal que mais afeta a vida da população negra no pós-abolição, por se tratar de um mecanismo de controle social do corpo-político negro[411].

De acordo com Gomes[412], a segunda geração de juristas negras voltadas à crítica racial ao Direito, aqui representada pelas acadêmicas retromencionadas, começa a produzir a partir dos anos 2000. Ana Flauzina se dedica, na dissertação publicada no ano de 2006, a desvelar as insuficiências da criminologia crítica ao tangenciar a raça e o racismo em suas análises, o que impediu esta disciplina de enxergar o racismo como elemento constitutivo do Direito Penal e das políticas estatais de extermínio da população negra. Também durante a sua pesquisa de mestrado, cuja publicação data do ano de

---

409 GOMES, 2021.

410 Ísis Conceição foi orientada, em sua pesquisa, desenvolvida na Universidade de São Paulo (USP), pela professora doutora Eunice Aparecida de Jesus Prudente.

411 *Ibid.*, p. 1.215.

412 *Idem.*

2009, Ísis Conceição empreende uma análise do sistema penal, identificando a dinâmica entre racismo, controle social e política criminal como fundamentos do Estado brasileiro[413]. Já Thula Pires publica a sua tese de doutorado sobre a criminalização do racismo no ano de 2013, por intermédio da qual "[...] sistematiza normas editadas entre o império e a república, para, com isso, denunciar a falsa neutralidade das normas jurídicas."[414].

Ao investigar as obras dessas autoras, Gomes[415] identifica as aproximações das críticas formuladas com as mobilizadas nos dois primeiros trabalhos que deram origem ao campo, principalmente no que tange à denúncia do silenciamento acadêmico, inclusive daquelas teorias pretensamente críticas, com relação ao racismo em seu caráter estrutural e não enquanto uma mera variável do ordenamento jurídico. O jurista também chama a atenção para o fato de que Ana Flauzina procura mobilizar a categoria genocídio, do Direito Internacional, para classificar a experiência necropolítica[416] a que está submetida a população negra no Brasil, entendendo-a como projeto político estatal. Desse modo, prossegue Rodrigo Portela Gomes[417],

> Ao alcançar esse entendimento, Ana Flauzina ainda repercute outro aspecto que, do ponto de vista teórico, alinha-se às críticas que Eunice Prudente e Dora Bertúlio opuseram ao pensamento jurídico crítico brasileiro, nos anos de 1980. A sustentação ideológica da democracia racial (2006: 124) denota o descompromisso das escolas jurídicas críticas com as formulações que posicionam o racismo enquanto sistema fundante da ordem social e jurídica no Brasil.
> A segunda aproximação crítica que destaco nos estudos raciais do direito brasileiro é que autoras identificam a produção de diversas investigações e elaborações que rejeitaram ou secundarizaram o racismo. Esse diagnóstico ressalta a insuficiência das análises do direito que se recusam a compreensão histórica das relações raciais no Brasil. Desta forma, não basta a assunção dos aportes teóricos críticos ao positivismo, tornando-se fundamental decodificar o racismo como produto jurídico. É precisamente o que a dissertação da jurista Ísis Conceição (2009) observa, quando ainda tematiza a natureza do racismo vivenciado no Brasil.

---

413 GOMES, 2021.

414 *Ibid.*, p. 1.215.

415 *Idem.*

416 MBEMBE, Achille. **Necropolítica**: biopoder, soberania, estado de exceção, política da morte. 1. ed. Tradução de Renata Santini. São Paulo: n-1 edições, 2018.

417 GOMES, *op. cit.*, p. 1.217-1.218.

Além de Ana Flauzina, Ísis Conceição e Thula Pires, Gomes[418] indica outras agendas de pesquisas conectadas com a práxis do quilombo jurídico *Direito e Relações Raciais*, o que o faz mediante a seguinte sistematização, organizada por temas e pesquisadoras e pesquisadores:

> i) a interdição racial na teoria do direito – Eunice Prudente, Dora Lúcia Bertúlio, Ísis Aparecida Conceição, Thula Pires, Silvio de Almeida, Adilson Moreira, Maria Sueli Rodrigues de Sousa, Allyne Andrade Silva e Fernanda Estanislau;
> ii) a diáspora africana como reorientação epistêmica da ideia de justiça – Sérgio São Bernardo, Samuel Vida, Luciana Ramos e Winnie Bueno;
> iii) as experiências constitucionais de matriz negra como semântica dos direitos fundamentais – Hédio Silva Junior, Maurício Azevedo, Gilsely Barreto, Gabriela Barreto, Allyne Andrade Silva, Natália Neris, Tiago Vinícius dos Santos, Lívia Santava Vaz, Marcos Queiroz, Raissa Roussenq, Ana Carolina Mattoso, Rodrigo Gomes, Fernanda Lima, Gabriela Ramos, Felipe Estrela, Paulo Pereira e Juliana Araújo;
> iv) o genocídio antinegro, criminalização e o controle social no estado penal – Ana Flauzina, Felipe Freitas, Tiago Vinícius dos Santos, Cleifson Dias, Luciano Góes, Cleber Julião, Nonnato Masson, Laís Avelar, Ana Carinhanha, Bruna Portella, Tatiana Dias Gomes, Inara Flora, Naila Franklin, Bruna Soares, Maíra Brito, Deise Benedito, Vinícius Romão, Lucas Araújo e Camila Garcez;
> v) as formulações sobre o Estado, a justiça e os conflitos sociais desde as agências negras: Tatiana Dias Gomes, Mariana Marçal, Lívia Casseres, Johnatan Razen, Raiza Gomes, Inara Flora, Heiza Aguiar, Vercilene Dias, Emilia Viana de Oliveira, Izadora Muniz e Oriel Rodrigues;[419]

Acresce-se a esse grupo, de forma complementar, porém não exauriente, as seguintes agendas de pesquisas jurídicas e as pesquisadoras e os pesquisadores que as mobilizam:

a. Direito Internacional e relações raciais; raça, branquitude e a de(s)colonização das relações internacionais; diáspora africana, migrações e refúgios: Karine de Souza Silva, Thaís Bonato Gomes;
b. Teoria crítica dos Direitos Humanos e relações raciais; feminismos negros; direitos da infância e juventude e relações raciais: Fernanda Lima da Silva;

[418] GOMES, *op. cit.*, p. 1.222.

[419] GOMES, 2021, p. 1.222.

c. História do Direito e relações raciais; desigualdade e história do Direito Penal e escravidão: Mário Davi Barbosa, Daniel Carvalho Ferreira;

d. Direitos quilombolas; Direito antidiscriminatório; relações étnico-raciais e reparação da escravidão: Vanilda Honória dos Santos;

e. História social do trabalho e escravidão; história do Direito Civil e escravidão; trabalho doméstico, trabalho infantil, gênero, raça e racismo: Laura Rodrigues Hermando;

f. Teoria crítica da raça, Direitos Humanos LGBTI+, interseccionalidade, pesquisa empírica em Direito e metodologias afrocentradas de pesquisa em Direito: Fredson Oliveira Carneiro;

g. Teoria crítica da raça, teoria do estado, teoria do Direito e Filosofia do Direito; articulação entre Estado moderno, soberania e colonialidade: Philippe Oliveira de Almeida;

h. Política e Direitos Humanos no Brasil; Direito, economia política e desigualdades étnico-raciais; teoria crítica dos Direitos Humanos; teoria política contemporânea e Estado e antirracismo; ações afirmativas e promoção da igualdade étnico-racial: Jadir Anunciação de Brito.

Para além das dezenas de juristas citadas e citados em epígrafe, os quais desenvolvem suas pesquisas vinculados aos mais diversos programas de pós-graduação em Direito do país, já é possível notar uma produção mais concentrada de pesquisas que enfoquem a raça e o racimo em seu aspecto estrutural, o que pode indicar o surgimento de alguns centros de pesquisa. São os casos do Programa de Pós-Graduação em Direito da Universidade Federal da Bahia, que, desde o ano de 2006, apesar de uma certa descontinuidade temporal, tem contado com a publicação de várias pesquisas que se inserem na crítica racial ao Direito. Nesse sentido, é emblemático que o PPGD/UFBA tenha instituído o Programa Direito e Relações Raciais, voltado a estudantes de graduação e pós-graduação de diversos cursos da universidade[420]. No sítio eletrônico[421] do Instituto de

[420] BRITO, Jadir Anunciação de. O Programa de Pós-Graduação em Direito da PUC-RIO na construção do campo de estudos do Direito e Antirracismo no Brasil. *In:* NUNES, Diego (org.). ALMEIDA, Philippe Oliveira de; SANTOS, Vanilda Honória dos; BARBOSA, Mario Davi (coord.). **A cor da história e a história da cor.** 1. ed. Florianópolis: Habitus, 2022. (Coleção Novos Rumos da História do Direito). Disponível em: https://iuscommune.paginas.ufsc.br/files/2022/06/EBOOK-PDF-final-ok-3-207-Colecao-NOVOS-RUMOS-DA-HISTORIA-DO-DIREITO-%E2%80%93-Vol-1-1.pdf. Acesso em: 10 mar. 2023.

[421] Disponível em https://ihac.ufba.br/pt/21163/. Acesso em: 9 fev. 2023.

Humanidades, Artes e Ciências Professor Milton Santos (IHAC), integrante da estrutura da UFBA, encontram-se informações que dão conta de que o programa criou disciplina própria homônima e que a oferece com certa regularidade ao corpo discente. Os dados contidos na página do instituto na internet revelam que a disciplina Direito e Relações Raciais visa a "identificar o papel histórico do Direito na montagem do aparato institucional, político e sociocultural que organiza a subalternidade racial no Brasil e seus efeitos na cidadania do negro.". Consta, ainda, que a disciplina objetiva

> Estudar as manifestações de Racismo Institucional presentes nas dimensões teóricas, normativas e jurisprudenciais no domínio do campo jurídico. Analisar o desenvolvimento da legislação antirracista, da juridicidade emergente dos movimentos sociais negros, do Estatuto da Igualdade Racial e da constitucionalização do combate ao racismo na Constituição Federal de 1988. Identificar os limites e possibilidades das ações afirmativas e das políticas de promoção da igualdade racial.[422]

Outra experiência bem-sucedida de centro de pesquisa com larga produção científica no campo *Direito e Relações Raciais* é a da Pontifícia Universidade Católica do Rio de Janeiro (PUC/RIO). Conforme levantamento realizado por Jadir Anunciação de Brito[423], desde o ano de 1996 o programa de pós-graduação em Direito da PUC/RIO tem produzido conhecimento antirracista de viés jurídico crítico. As três primeiras pesquisas foram as dissertações de mestrado de Sérgio da Silva Martins, Sérgio Luiz da Silva de Abreu e de Jadir Anunciação de Brito. De acordo com este último, os trabalhos tematizavam questões relativas à igualdade e desigualdade racial, racismo e instituições, tolerância, justiça social e ações afirmativas, sendo que, na ótica de Brito[424], é

> [...] possível identificar em alguns destas dissertações já possuem influências dos estudos Dora Lúcia Bertúlio, com sua obra inaugural sobre Direito e Relações raciais no Brasil e incorporação nos debates epistemológicos do direito das categorias raça, racismo e antirracismo(sic).

[422] UFBA, 2023, s/p.

[423] Para melhor ilustração dos resultados obtidos por Brito (2022) em sua pesquisa, adaptam-se os quadros apresentados pelo jurista, aglutinando-os e inserindo os dados em uma única tabela, apresentada na sequência, com vistas a facilitar a compreensão das leitoras e leitores.

[424] *Ibid.*, p. 140.

Para melhor ilustração dos resultados obtidos por Brito[425] em sua pesquisa, adaptam-se os quadros apresentados pelo jurista, aglutinando-os e inserindo os dados em uma única tabela, com vistas a facilitar a compreensão das leitoras e leitores:

Quadro 1 – Levantamento no Catálogo Capes de Teses e Dissertações 1995-2021 Tipologia: 1: DISSERTAÇÃO/ 2: TESE

NOME DO AUTOR	TIPO	TÍTULO	RESUMO	ANO
MARTINS, Sérgio da Silva	1	Afro-brasileiros: uma questão de justiça	Trabalho anterior à Plataforma Sucupira. Sem resumo no catálogo da capes.	1996
ABREU, Sérgio Luiz da Silva de	1	Os descaminhos da tolerância – o princípio da isonomia e a igualdade do afro-brasileiro no Direito Constitucional	Trabalho anterior à Plataforma Sucupira. Sem resumo no catálogo da capes.	1997
GRAÇA, José Lopes da	1	O controle da constitucionalidade das leis nos países afro-lusos	Trabalho anterior à Plataforma Sucupira. Sem resumo no catálogo da capes.	1997
BRITO, Jadir Anunciação de	1	Igualdade na lei e desigualdade pela raça – uma introdução à ação afirmativa no Brasil a partir do pluralismo jurídico e do constitucionalismo comunitário	Trabalho anterior à Plataforma Sucupira. Sem resumo no catálogo da capes.	1999

425 BRITO, Jadir Anunciação de. O Programa de Pós-Graduação em Direito da PUC-RIO na construção do campo de estudos do Direito e Antirracismo no Brasil. *In:* NUNES, Diego (org.). ALMEIDA, Philippe Oliveira de; SANTOS, Vanilda Honória dos; BARBOSA, Mario Davi (coord.). **A cor da história e a história da cor**. 1. ed. Florianópolis: Habitus, 2022. (Coleção Novos Rumos da História do Direito). Disponível em: https://iuscommune.paginas.ufsc.br/files/2022/06/EBOOK-PDF-final-ok-3-207-Colecao-NOVOS-RUMOS-DA-HISTORIA-DO-DIREITO-%E2%80%93-Vol-1-1.pdf. Acesso em: 10 mar. 2023.

NOME DO AUTOR	TIPO	TÍTULO	RESUMO	ANO
ANDRÉ, Bento Salazar	1	Direitos individuais na constituição angolana e na construção da cidadania	X	2001
PIRES, Thula Rafaela de Oliveira	1	Luta por reconhecimento no Brasil: uma afirmação da autenticidade ou da perspectiva normativa da dignidade?	O objetivo deste trabalho é trazer as principais contribuições teóricas acerca do debate sobre reconhecimento. Vivemos uma época em que o eixo da política e do poder se desloca cada vez mais das lutas de distribuição para as lutas por reconhecimento simbólico.	2004
MENDONÇA, Gustavo Proença da Silva	1	Desigualdades raciais no Brasil: os desafios da luta por reconhecimento para o constitucionalismo	O presente trabalho visa analisar as reivindicações identitárias dos movimentos negros no Brasil e o seu impacto sobre a teoria constitucional.	2007
HENRIQUES, Pedro Estiguer	1	Ação afirmativa e controle de constitucionalidade: limites do Judiciário na análise de fatos e prognoses legislativos	O trabalho desenvolvido pretende compreender o controle concentrado de constitucionalidade de eventual norma instituidora de discriminação positiva, por meio do mecanismo de quotas raciais para ingresso no ensino superior público. Proporcionalidade em sentido estrito, pelo qual se opera um juízo de ponderação dos valores jurídicos em conflito.	2008

NOME DO AUTOR	TIPO	TÍTULO	RESUMO	ANO
OSLEN, Teresa Cristina Tschepokaitis	2	Da invisibilidade ao reconhecimento: demandas do movimento negro e sua repercussão na esfera legislativa brasileira	O objetivo deste trabalho consiste em analisar a repercussão na esfera legislativa brasileira de algumas demandas atuais do movimento negro que visam desconstruir este cenário por meio da atribuição de uma cidadania efetivamente igualitária capaz de emancipar tais indivíduos da dominação a que foram e continuam submetidos.	2008
CRUZ, Adriana Alves dos Santos	1	A discriminação racial contra afrodescendentes no Brasil e o impacto sobre a democracia: um olhar sobre a atuação da justiça federal de segunda instância	O estudo busca analisar o impacto do racismo sobre a democracia, tomada esta não apenas como regime político, mas como uma forma de relação do Estado com os cidadãos e destes entre si.	2010
SANTANA, Carolina Ribeiro	1	Pacificando o Direito: desconstrução, perspectivismo e justiça no Direito Indigenista	A expressão pacificar o Direito remete ao tratamento despendido aos indígenas brasileiros durante os anos de colonização do Brasil. Era preciso pacificar os índios bravos do litoral e dos sertões para que o projeto da Metrópole pudesse ser levado a cabo. Pacificar o índio requeria diversas atitudes que iam desde a catequização até impiedosos massacres. Este é o tema que impulsiona este trabalho. Fim de apontar direções possíveis que o Direito possa seguir em busca de se fazer justiça à singularidade e peculiaridade das sociedades, povos e indivíduos indígenas.	2010

NOME DO AUTOR	TIPO	TÍTULO	RESUMO	ANO
PIRES, Thula Rafaela de Oliveira	2	Criminalização do racismo: entre política de reconhecimento e meio de legitimação do controle social dos não reconhecidos	O trabalho consiste na avaliação de políticas públicas de combate ao racismo, mais especificamente as de caráter punitivo, e de sua eficiência como mecanismo de promoção da igualdade racial. Fruto de longa luta política por militantes negros, a criminalização do racismo representa, para o movimento social, um importante marco normativo no combate à discriminação racial.	2013
OLIVEIRA, Ilzver de Matos	2	Calem os tambores e parem as palmas: repressões às religiões de matriz africana e a percepção social dos seus adeptos sobre o sistema de justiça em Sergipe	É a ligação entre essas religiões e a África, os africanos e seus descendentes, que, mesmo no século XXI, quando muitas crenças deixaram de ser professadas apenas por negros, despertam nos seus opositores dentro do campo religioso ou político as manifestações de intolerância e de violação de direitos dos adeptos das religiões afro-brasileiras. Esse trabalho consiste na análise desse panorama e do impacto que ele tem na consolidação do estado democrático e da laicidade do estado brasileiro.	2014

NOME DO AUTOR	TIPO	TÍTULO	RESUMO	ANO
LOUREIRO, Silvia Maria da Silveira	2	Reconstrução da subjetividade coletiva dos povos indígenas no Direito Internacional dos Direitos Humanos: o resgate do pensamento da escola ibérica da paz (séculos XVI e XVII) em prol de um novo Jus Gentium para o século XXI	A presente pesquisa visa à fundamentação teórica do reconhecimento dos povos indígenas como verdadeiros sujeitos do Direito Internacional dos Direitos Humanos, por meio do resgate do pensamento jurídico e teológico dos autores da Escola Ibérica da Paz, cujos escritos, datados dos séculos XVI e XVII, colocaram em causa os fundamentos éticos, jurídicos e políticos do processo de conquista e colonização do Novo Mundo.	2015
LYRIO, Caroline	1	Racismo institucional e ditadura militar: girando em sentido anti-horário na árvore do esquecimento	O presente trabalho pretende analisar os mecanismos de violência estatal empregados contra a população negra no contexto da Ditadura Militar (1964-1985) no estado do Rio de Janeiro por meio da experiência daqueles que se propuseram a exercer uma atividade de resistência política e/ou cultural no período, destacando a perspectiva do narrador.	2016
STREVA, Juliana Moreira	1	Objetificação colonial dos corpos negros: uma leitura descolonial e foucaultiana do extermínio negro no Brasil	A pesquisa almeja questionar a naturalização da violência de Estado direcionada contra os corpos negros no Brasil.	2016
SOUZA, Marcelle Machado de	2	Colonialidade e controle dos corpos	A colonialidade é constitutiva da modernidade. Um novo padrão mundial se apresenta a partir da constituição da América e do Capitalismo colonial, moderno e eurocentrado.	2016

NOME DO AUTOR	TIPO	TÍTULO	RESUMO	ANO
CARVALHO, Valdênia Geralda de	2	Política criminal e o impacto desproporcional do genocídio negro sobre as mulheres	Este trabalho pauta o impacto desproporcional do genocídio negro sobre as mulheres, a partir da leitura das judicializações da injúria racial, no âmbito restrito do Tribunal de Justiça do Estado de Minas Gerais.	2017
LOPES, Aline Caldeira	2	Sob os despojos da história: territórios negros tradicionais em meio à ditadura militar no Brasil	A pesquisa aborda o tema dos conflitos sócio jurídicos em territórios negros tradicionais situados em áreas militares no Brasil durante a década de 1970. Trata-se da análise e compreensão de documentos e relatos que narram parte do cotidiano de violência em áreas que são, contemporaneamente, reconhecidas como territórios remanescentes de quilombos.	2017
RONCATO, Bruna Silveira	2	Sujeitos de Direito Internacional Público, terceiro mundo e formação de resistências: o movimento indígena e o uso da litigância estratégica no sistema interamericano de Direitos Humanos	O Direito Internacional Público (DIP) é tradicionalmente concebido a partir da afirmação do Estado-nação europeu e soberano como único sujeito. Produtor e destinatário final das normas. Características como eurocentrismo, formalismo e individualismo colocam em segundo plano as perspectivas que abarquem também os Movimentos Sociais e os povos subalternos, geralmente identificados como os povos do Terceiro Mundo.	2018

NOME DO AUTOR	TIPO	TÍTULO	RESUMO	ANO
FERREIRA, Natália Damázio Pinto	2	A necropolítica masculina das prisões: uma análise do litígio estratégico brasileiro no sistema interamericano de Direitos Humanos	Esta tese, por meio de autores decoloniais, pós coloniais e pensamento afrodiaspórico, principalmente os pensadores do sul, busca a compreensão da colonialidade do ser como mobilizador de opressões estruturais de raça, gênero, sexualidade e classe, apontando de que modo a justiça criminal e o sistema penitenciário, no decurso da história, são dispositivos centrais na perpetuação da violência sobre os corpos e subjetividades daqueles e daquelas que foram binarizadas e racializadas de modo a serem subalternizadas e subalternizados em relação ao sujeito que trouxe para si os caracteres tidos como hegemônicos impostos pela masculinidade, racismo e cis heteronormatividade.	2019

NOME DO AUTOR	TIPO	TÍTULO	RESUMO	ANO
CASSERES, Lívia Miranda Muller Drumond	1	Kizomba: a constituição-potência da defensoria pública brasileira	A Defensoria Pública ocupa atualmente destacado papel na ordem constitucional brasileira. Depois de sua constitucionalização em 1988, a instituição foi objeto de diversas reformas constitucionais que acabaram por dotá-la de autonomia funcional e administrativa, instituir um sistema de garantias aos membros da carreira, ampliar as suas competências e elevá-la ao patamar de instrumento do regime democrático. Por meio da metodologia de pesquisa documental e da revisão bibliográfica, o trabalho investiga as discussões em torno do tema da assistência jurídica durante o processo constituinte de 1987-1988.	2019
SANTOS, Amanda Laysi Pimentel dos	1	Família, raça e transgeracionalidade: análise das estratégias de reprodução social em uma família negra do Município de Igarapé-Miri/PA	A presente pesquisa de mestrado se dedicou a analisar as últimas gerações de uma família negra residente no Município de Igarapé-Miri, interior do estado do Pará, fundadora de um bairro conhecido popularmente como "África".	2020
JUPY, Lucas Forastiere Silveira	1	"Bazar dos Esquecidos": Branquitude, instituições e o mundo do funk	Esta dissertação tem como tema as estruturas de poder da branquitude e sua mobilização para reprimir o mundo do funk.	2021

Fonte: Brito (2022, p. 140, 142, 144-146, 148-149, 151-153)

Além da Universidade Federal da Bahia (UFBA) e da Pontifícia Universidade Católica do Rio de Janeiro (PUC/RIO), a Universidade de Brasília (UnB) tem se firmado como um importante lócus de produção de conhecimento em *Direito e Relações Raciais*, tendo em vista a quantidade, a relevância e o impacto das pesquisas ultimamente produzidas. Essas instituições, com especial destaque para a PUC/RIO, sem obstar tantas outras com produções, comparativamente, em menor escala que as retromencionadas, porém de igual relevância, possibilitaram

> [...] a formação de intelectuais negros e negras, muitos oriundos dos movimentos negros e de mulheres negras, cumprindo um papel relevante na construção de fundamentos para edificação de um direito antirracista e de promoção da igualdade racial.[426]

Entretanto, como em todo o campo de conhecimento, disputas pelo monopólio da autoridade científica[427] podem se estabelecer com elevada frequência, fazendo com que as críticas formuladas, sejam elas exógenas ou endógenas, ora promovam o aprimoramento da área e de suas teorias de base, ora provoquem cisões que levam ao surgimento de novas correntes teóricas. Esse é o caso do denominado *Direito Insurgente Negro*[428] com relação ao campo *Direito e Relações Raciais*.

Diz-se isso porque, em 2022, fora publicado na *Revista Direito e Práxis* (v. 13, n. 3, 2022), pelo professor doutor Ricardo Prestes Pazello e por seu orientando, Eduardo Maurente Oliveira, à época discente do curso de mestrado do Programa de Pós-Graduação em Direito da Universidade Federal do Paraná (UFPR), o artigo intitulado "Introdução ao *direito insurgente negro*: antecedentes teóricos, bases epistêmicas e usos políticos táticos", por intermédio do qual os autores pretendem introduzir "[...] uma *teoria crítica antirracista do direito* que possa servir de modelo analítico para a luta antirracista no campo jurídico."[429].

Nesse ensaio preliminar, os autores justificam a opção pelo termo "*teoria crítica antirracista do direito*" para evitar aproximações com a Teoria Crítica da Raça, pois em suas compreensões as perspectivas de que partem

---

426 *Ibid.*, p. 154.

427 BOURDIEU, 1983.

428 OLIVEIRA, Eduardo Maurente; PAZELLO, Ricardo Prestes. Introdução ao direito insurgente negro: antecedentes teóricos, bases epistêmicas e usos políticos táticos. **Revista Direito e Práxis**, Rio de Janeiro, v. 13, n. 3, p. 1.951-1.981, jul./set. 2022. Disponível em: https://www.scielo.br/j/rdp/a/VQH9fhwQZSZdMkcYH6nkdhD/#. Acesso em: 5 fev. 2023.

429 OLIVEIRA; PAZELLO, 2022, p. 1.952, grifos no original.

não se coadunam com os pilares teóricos do movimento estadunidense, já que se apropriam de uma crítica marxista ao Direito e de uma epistemologia de base decolonial[430], postura que consideram que os teóricos da TCR não compartilham consigo[431]. Para a consecução de seus objetivos, os pesquisadores promovem uma categorização do pensamento jurídico afrodiaspórico brasileiro em correntes, que julgam serem todas insuficientes para dar conta do fenômeno da imbricação entre raça, racismo e Direito, motivo pelo qual apontam as supostas lacunas dessas linhas teóricas para, então, advogar que somente a proposição teórica que ora articulam, *Direito Insurgente Negro*, estaria mais capacitada para o combate à dimensão estrutural do racismo na sociedade brasileira.

Ricardo Pazello e Eduardo Oliveira[432] div*idem* o que denominam de *antirracismo jurídico* e que, nesta pesquisa, interpreta-se como o próprio campo teórico-prático *Direito e Relações Raciais*, "[...] em dois grandes eixos: um de natureza normativista e outro de natureza crítica. Por outro lado, este último campo se subdivide em dois: a crítica política e a crítica epistêmica."[433]. Eles elegem o jurista Adilson Moreira, em face da publicação de seu Tratado de Direito Antidiscriminatório, como representante da corrente intitulada de *antirracismo jurídico normativista*, porque consideram que essa vertente estaria "[...] fundada no pressuposto implícito de que o direito positivo representa um instrumento eficiente para a promoção da igualdade racial."[434]. Ao exporem as supostas lacunas existentes, os autores formulam duras críticas à essa corrente, classificando-a como simplista por hipoteticamente nutrir a crença no potencial transformador de o Direito possuir forte cunho positivista e fundamentar-se em uma espécie de idealismo filosófico. Os autores não poupam, sequer pessoalmente, Adilson Moreira, ao reduzirem a contribuição teórica do jurista a essas características, que defendem estar explicitamente em seu pensamento. Por essas razões, arguem que "é possível concluir que essa corrente não revela uma crítica antirracista ao direito e, por isso, é menos adequada ao combate ao racismo estrutural."[435]. Aqui, para que não haja dúvida de interpretação, é necessário citar *ipsis litteris* a íntegra do raciocínio, apesar de sua extensão:

---

430 Na verdade, no texto publicado os autores optam pela utilização da expressão descolonial.

431 *Idem*.

432 *Idem*.

433 *Ibid.*, p. 1.957.

434 OLIVEIRA; PAZELLO, *loc. cit.*

435 *Ibid.*, p. 1958.

> Percebe-se, com isso, que o argumento normativista em favor do potencial transformador do direito é de certo modo simplista: se o estado pode discriminar, ele também pode incluir. Essa crença quase absoluta no sistema jurídico só pode ser gerada por uma teoria que não questiona o papel sistemático do direito na reprodução do racismo. Tal característica é um traço típico daquilo que Pazello (2014, p. 492) chama de "legalismo de esquerda", ou seja, a convicção acrítica de que o sistema jurídico e suas normas são suficientes para o combate às violências estruturais da sociedade.
>
> Diante disso, o *antirracismo jurídico normativista* representa a dogmática jurídica antirracista que não ultrapassa o caráter aparente do direito. Esse pensamento, de forte cunho positivista, tem fundamento filosófico no Idealismo, ou seja, parte da ideia para explicar a realidade (LUDWIG, 2021). Apesar de todos os seus méritos, essa característica está explícita no pensamento de Moreira (2020), quando destaca ideias tais quais as de *democracia substantiva* e *princípios constitucionais*, apresentadas como as bases para o seu *antirracismo jurídico*.
>
> Em suma, é possível concluir que essa corrente não revela uma *crítica antirracista ao direito* e, por isso, é a menos adequada ao combate ao *racismo estrutural*. Isso se deve por:
>
> i) em seus fundamentos não fica demonstrada uma denúncia explícita da maneira como o direito reproduz o racismo (racismo jurídico) nem a denúncia ao direito como forma essencial de uma sociedade capitalista-racista-patriarcal;
>
> ii) também não indica de que forma essas normas antidiscriminatórias serão efetivadas (mediação transformadora), sugerindo apenas que suas existências já seriam suficientes por si só;
>
> iii) igualmente defende a crença em uma intervenção simplista, baseada na ideia de que o direito auxilia na luta antirracista e que as normas antidiscriminatórias seriam exemplos inequívocos disso.[436]

Como se percebe, a crítica formulada pelos pesquisadores incorre no equívoco de tentar promover uma espécie de hierarquização entre aportes teóricos jurídicos antirracistas, como se houvesse uma disputa interna entre os pensadores e as pensadoras que integram o campo *Direito e Relações Raciais* para a eleição da crítica mais contundente ao sistema jurídico e, portanto, a mais hábil ao combate ao racismo na sociedade. É imperioso rememorar que a hierarquização de saberes não é coerente metodologicamente com a

[436] *Idem.*

adoção de uma perspectiva decolonial, algo que Oliveira e Pazello[437] afirmam expressamente seguir. Ao se utilizarem de expressões como *"a menos adequada ao combate ao racismo"*[438], tratam com certa displicência o papel indispensável e instrumental que a crítica à dogmática jurídica tradicional ocupa na luta antirracista, pressupondo uma acriticidade imanente a esse tipo de abordagem. Ao contrário do que implicitamente Oliveira e Pazello[439] deixam transparecer, as contribuições da intelectualidade negra no âmbito jurídico não rivalizam ou competem entre si, não são antagônicas; elas se retroalimentam e complementam-se mutuamente.

Não obstante, esta pesquisa também não coaduna do entendimento segundo o qual o pensamento do jurista Adilson Moreira se reduziria meramente à crítica normativista do Direito, já que a análise sistemática de publicações como *Racismo Recreativo*[440], *Pensando como um negro: ensaio de hermenêutica jurídica*[441] e *Manual de educação jurídica antirracista*[442], para citar apenas três exemplos, conduz à conclusão diametralmente oposta. É possível vislumbrar, do conjunto de suas produções, críticas aprofundadas acerca do funcionamento racialmente orientado do Sistema de Justiça brasileiro, ao racismo institucional, à epistemologia jurídica tradicional, ao ensino do Direito, ao formalismo jurídico e à instrumentalização (ou instrumentalidade) do Direito como tecnologia de governança racial.

Do mesmo modo, não há qualquer ingenuidade de Moreira[443] ao propor o seu *Tratado de Direito Antidiscriminatório*, pois desde Eunice Prudente[444] e Dora Bertulio[445], fundadoras do campo, reconhece-se o caráter dúplice da atuação do Direito nas sociedades capitalistas, algo que não se incompatibiliza com a necessidade de se disputar permanentemente o arcabouço normativo do Estado, seja no sentido de subverter a sua (onto) lógica moderno-colonial, seja como forma de pleitear o reconhecimento e a institucionalização de direitos sonegados. Mesmo porque, conforme

---

[437] OLIVEIRA; PAZELLO, 2022.

[438] *Ibid.*, p. 1.958

[439] *Idem.*

[440] MOREIRA, Adilson José. **Racismo recreativo**. 1. ed. São Paulo: Pólen, 2019.

[441] MOREIRA, Adilson José. **Pensando como um negro**: ensaio de hermenêutica jurídica. 1. ed. São Paulo: Contracorrente, 2019.

[442] MOREIRA, Adilson José. **Tratado de Direito Antidiscriminatório**. 1. ed. São Paulo: Contracorrente, 2020.

[443] MOREIRA, Adilson José. **Tratado de Direito Antidiscriminatório**. 1. ed. São Paulo: Contracorrente, 2020.

[444] PRUDENTE, 1980.

[445] BERTULIO, 1989.

leciona Karine de Souza Silva[446], para que se possa evidenciar o lugar das normas e das práticas jurídicas na sustentação do racismo, é preciso reconhecer a ambivalência do Direito, isto é, ao mesmo passo em que ele pode ser um instrumento de emancipação, pode figurar como mecanismo de opressão. Ainda, a crítica parece infundada também porque desconsidera que a teoria de base largamente utilizada por Adilson Moreira em suas reflexões é a Teoria Crítica da Raça. A mobilização desse instrumental teórico, por si só, impede o jurista de não se ater às imbricações entre Direito, raça e racismo em toda a sua complexidade, como, inclusive, exsurge de seus textos.

Dando prosseguimento à tentativa de catalogação das produções em *Direito e Relações Raciais*, Oliveira e Pazello[447] tratam da segunda corrente, à qual atribuem o nome de *antirracismo jurídico crítico político*. Ao fazê-lo, reconhecem o pioneirismo de Eunice Prudente[448] e Dora Bertulio[449], aduzindo que essa corrente seria representada pela primeira geração de juristas a formular uma crítica a respeito da funcionalidade do Direito para a produção e reprodução do racismo na sociedade. Entretanto, embora admitam que Dora e Eunice foram precursoras nesse debate, tecem críticas às suas produções porque conjecturam que não se verificaria em tal corrente "[...] uma ideologia revolucionária e um anúncio utópico para o papel do direito na abolição do racismo, pois acaba por se limitar à disputa do campo jurídico."[450].

Em suas palavras,

> [...] o *antirracismo jurídico crítico político* contrasta, em termos de combate ao racismo, com o *antirracismo jurídico normativista*. Utilizando, então, os parâmetros analíticos aqui estabelecidos, pode-se afirmar que o *antirracismo jurídico crítico político*:
> i) fundamenta-se em uma crítica negativa ao direito ao denunciar o nível institucional do racismo jurídico;
> ii) e propõe meios concretos de mediação transformadora: a militância jurídica negra e os movimentos populares.

---

446 SILVA, Karine de Souza. "A mão que afaga é a mesma que apedreja": Direito, imigração e a perpetuação do racismo estrutural no Brasil. **Revista Mbote**, Salvador, Bahia, v. 1, n. 1, p. 20-41, 2020. Disponível em: https://www.revistas.uneb.br/index.php/mbote/article/view/9381. Acesso em: 16 jan. 2021.

447 OLIVEIRA; PAZELLO, 2022.

448 PRUDENTE, 1980.

449 BERTULIO, 1989.

450 OLIVEIRA; PAZELLO, 2022, p. 1.960.

> Ainda que pesem os avanços do antirracismo jurídico crítico político, em relação ao antirracismo jurídico normativista, não se verifica com nitidez naquela corrente uma ideologia revolucionária e um anúncio utópico para o papel do direito na abolição do racismo, pois acaba por se limitar à disputa do campo jurídico.[451]

Ao cogitar que faltam aos escritos de Eunice Prudente e Dora Bertulio uma ideologia revolucionária e um anúncio utópico para o papel do Direito, os autores subestimam o impacto, revolucionário, diga-se de passagem, que as dissertações dessas juristas provocaram na institucionalidade e, principalmente, no âmbito da produção científica do Direito, seja contrastando com a cultura jurídica dominante, seja apontando as insuficiências e as limitações de uma teoria crítica do Direito que, na época, desprezava completamente as dinâmicas raciais para a interpretação do fenômeno jurídico. Não falta, portanto, ideologia revolucionária nas obras de autoras que transmutaram o modo como se concebia a teorização do Direito antes de suas produções. Diversamente do que supõem, para além de revolucionárias, as contribuições de Eunice e Dora representaram e permanecem representando um anúncio utópico que guia dezenas de juristas negras e negros brasileiros pelos meandros de um Sistema de Justiça e de uma academia jurídica eminentemente brancocentrados. Seus textos pioneiros se consubstanciam em verdadeiros faróis que iluminam o trajeto rumo a um horizonte de lutas em cuja linha de chegada está o utópico e desejável Direito como possibilidade de emancipação racial.

Por derradeiro, Oliveira e Pazello[452] apontam as hipotéticas lacunas da terceira corrente de pensamento que se manifestaria no âmbito do campo *Direito e Relações Raciais*. Trata-se da corrente chamada por eles de *antirracismo jurídico crítico epistêmico* e, para representá-la, escolhem a jurista Thula Rafaela de Oliveira Pires. Os autores iniciam a análise constatando a pertinência da crítica negativa elaborada por Thula ao colonialismo jurídico e a sua defesa em torno da necessidade de promoção de uma virada epistemológica no Direito. Consideram positiva a crítica feita pela pesquisadora, aduzem que o indigitado *antirracismo jurídico crítico epistêmico* preenche a suposta lacuna teórica do *antirracismo jurídico crítico político*, dizem que tal linha, comparativamente às demais apresentadas, é a que melhor se amolda ao combate ao racismo e sua dimensão estrutural, mas, ao fim e ao

[451] *Idem*.

[452] OLIVEIRA; PAZELLO, 2022.

cabo, tornam a supor que também ela seria incompleta e insuficiente para a finalidade a que se destina, porquanto não restaria evidenciado nos pensamentos de Thula Pires e também nos de Maria Sueli Sousa, outra jurista citada por eles como representante dessa corrente, uma proposta de uso político do Direito posto[453].

De acordo com os pesquisadores,

> [...] é possível entender que essa corrente de pensamento é a que promove a crítica antirracista mais radical ao direito e, com isso, a mais coerente para o combate ao racismo e sua dimensão estrutural. Conforme os parâmetros analíticos da pesquisa, o *antirracismo jurídico crítico epistêmico*:
> i) possui a crítica negativa mais profunda ao racismo jurídico ao denunciar a epistemologia e ontologia eurocêntrica em que sociedade e direito estão envolvidos. Essa crítica é fundamental, pois vai além da mera denúncia à dominação política do direito sobre os povos radicalizados e abrange também a dominação que a visão de mundo eurocêntrica do direito reproduz;
> ii) indica, como mediação transformadora, as cosmovisões não eurocêntricas dos povos originários e tradicionais quilombolas;
> iii) faz o anúncio mais radical: a virada epistêmica do direito, seja pela amefricanidade proposta por Thula Pires ou pelo descentramento cognitivo proposto por Maria Sueli Sousa. No entanto, não resta evidenciado no pensamento das autoras uma proposta ou possibilidade de uso político do direito posto. Há algum potencial político para este direito gerado no colonialismo eurocentrado ou este deve ser totalmente afastado? Há alguma utilidade, nem que seja tática, do sistema jurídico atual no combate ao racismo estrutural? Ainda que nosso sistema jurídico esteja fundado em uma epistemologia colonial e racista, há que defender uma elaboração teórica capaz de apontar para algum uso tático do direito para a luta antirracista, tendo em vista que a compulsoriedade do sistema jurídico não permite a mera desistência do movimento negro em disputá-lo.[454]

Também, aqui, as críticas parecem frágeis do ponto de vista da argumentação mobilizada pelos pesquisadores, ou seja, uma hipotética ausência de proposta de uso político da crítica epistêmica empreendida. Na verdade,

---

453 *Idem.*

454 OLIVEIRA; PAZELLO, 2022, p. 1.962.

esta pesquisa trabalha com a ideia de que os aportes teóricos críticos fornecidos pelas reflexões de Thula Pires jamais foram um fim em si mesmos. Eles oferecem uma gama de possibilidades de utilização para repensar a maneira como se compreende o sistema de justiça criminal, os Direitos Humanos, o constitucionalismo brasileiro e o latino-americano. É preciso levar em consideração, outrossim, que o pensamento construído por Thula Pires reverbera na realidade concreta quando é utilizado para a reformulação e o aprimoramento da legislação antirracista brasileira, por exemplo. A esse respeito, impende consignar que a intelectual foi membra integrante da Comissão de Juristas instaurada pela Câmara dos Deputados para avaliar e propor estratégias normativas com vistas ao aperfeiçoamento da legislação de combate ao racismo estrutural e institucional do país. Sendo assim, não há de se cogitar que se trate da produção de uma teoria descompromissada com a mudança da realidade. Uma postura nesse sentido demonstrar-se-ia incoerente com os postulados teóricos mobilizados e, nessa medida, incompatível com o próprio campo, que está e sempre esteve voltado para a práxis. Trata-se, em essência, de um movimento, ressalte-se, teórico-prático, de juristas negras e negros.

Para fins didáticos e com a finalidade de reproduzir exatamente as críticas mobilizadas por Eduardo Oliveira e Ricardo Pazello[455], faz-se a reprodução do quadro sinótico apresentado pelos autores no artigo científico a que se faz alusão nesta análise:

Quadro 2 – Correntes do antirracismo jurídico propostas por Oliveira e Pazello

	ANTIRRACISMO JURÍDICO NORMATIVISTA	ANTIRRACISMO JURÍDICO CRÍTICO POLÍTICO	ANTIRRACISMO JURÍDICO CRÍTICO EPISTÊMICO
Momento negativo da crítica: denúncia ao racismo jurídico	Não se observa	Observa-se	Observa-se e aprofunda-se (colonialismo jurídico)
Mediação transformadora: usos políticos do Direito	Potencial autoevidente das normas antidiscriminatórias	Direito como campo em disputa	Proposta de virada epistêmica para o direito (amefricanidade, descentramento cognitivo)

[455] *Idem.*

	ANTIRRACISMO JURÍDICO NORMATIVISTA	ANTIRRACISMO JURÍDICO CRÍTICO POLÍTICO	ANTIRRACISMO JURÍDICO CRÍTICO EPISTÊMICO
Momento positivo da crítica: anúncio revolucionário	Não se observa	Reformista	Revolucionário
Lacunas	Não promove uma crítica antirracista ao Direito e apresenta uma proposta de intervenção no Direito de forma autoevidente e baseada na mera existência de normas antidiscriminatórias	Não se verifica com evidência um anúncio utópico para a necessidade de superação do papel do Direito na abolição do racismo.	Não se observa uma proposta de uso tático do Direito existente.

Fonte: Oliveira e Pazello (2022, p. 1962-1963)

Todas essas críticas são realizadas para apresentar o *"Direito Insurgente Negro"* como única teoria capaz de absorver as contribuições das autoras e dos autores do campo, preenchendo-lhes as supostas lacunas e, desse modo, sendo a única capaz de produzir efeito na luta antirracista. A propósito, para os autores, essa vertente possibilitaria a utilização estratégica e tática do Direito estatal, sendo o uso estratégico aquele que traça um objetivo final e as táticas empregadas os caminhos flexíveis, coerentes com as finalidades traçadas, por meio dos quais tal objetivo é alcançado[456]. Nessa toada, exemplificam os usos táticos que o *Direito Insurgente Negro* propiciaria, conforme se observa a seguir:

> No campo teórico, o uso tático combativo do *direito insurgente negro* corresponde à defesa das normas antidiscriminatórias realizada pelo antirracismo jurídico normativo, característica típica do denominado "legalismo de esquerda"; já para o antirracismo jurídico político, tal uso tático dialoga com sua ideia central, qual seja, a do direito que reflete um campo em disputa.

456 OLIVEIRA; PAZELLO, 2022.

> Já do ponto de vista concreto, o uso combativo do *direito insurgente negro* representa a luta por efetivação de políticas públicas que defendem o (sic) a população negra, a militância jurídica negra, as assessorias jurídicas populares, entre outros setores sociais que enfrentam o racismo jurídico e estrutural. Mesmo que tais usos sejam os permitidos pelo colonialismo jurídico, tais disputas não podem ser totalmente descartadas, mas devem ser vistas taticamente, a partir de uma leitura concreta da conjuntura política atual, conjuntamente com a estratégia final de abolição da forma jurídica.
> Por sua vez, o uso relido do direito representa a aplicação de uma interpretação da forma jurídica que vai para além da literalidade de suas normas, por exemplo, e alcança efeitos não pretendidos pelo sistema jurídico em favor das classes populares. [...] Em outros termos, o uso relido são as interpretações que ultrapassam o sentido literal e imediato das normas, não esperado pelo sistema e seu colonialismo jurídico, mas também da relação jurídica em geral. No campo teórico, é representado por uma hermenêutica jurídica voltada aos interesses da população negra, sendo que do ponto de vista prático se configura nos intérpretes do direito sensíveis à questão racial.[457]

Embora se reconheça o potencial das elucubrações feitas por Oliveira e Pazello[458] a respeito do enunciado *Direito Insurgente Negro,* bem como o esforço em estabelecer uma análise e categorização do pensamento jurídico afrodiaspórico brasileiro, a compreensão exclusivista e autoapologética que é engendrada na apresentação da teoria soa pretensiosa e, mais que isso, parece menosprezar todo o trabalho intelectual de juristas negras e negros que a precederam. Nesse sentido, para que houvesse uma correta sistematização seria necessário empreender mais tempo de análise para o exame de uma quantidade muito maior de produções e levar em conta, necessariamente, mais publicações de um mesmo autor ou autora. A amostragem aparentemente utilizada na pesquisa empreendida não parece suficiente para as conclusões estanques a que chegaram e, tampouco, para as contundentes críticas formuladas. Soam irresponsáveis e precoces afirmações tão categóricas como as realizadas.

Certamente, a ciência não avança sem criticidade, sem o embate teórico, o confronto de teorias, mas é preciso acuidade e rigor acadêmico ao formular as críticas, especialmente se elas se prestam a propósitos eman-

[457] OLIVEIRA; PAZELLO, 2022, p. 1.971-1.972.

[458] *Idem.*

cipatórios, sob pena de a sua finalidade ser confundida com meras disputas pelo monopólio da autoridade científica no interior do campo. No caso em análise, percebe-se, inclusive, que as juristas e os juristas negros criticados, quando têm analisadas as suas obras sistemática e conjuntamente, como partes pertencentes a um todo (o campo *Direito e Relações Raciais*), deixam evidentes, em seus textos e aos seus modos, todos os usos táticos citados por Oliveira e Pazello[459].

Portanto, superados esses necessários apontamentos a respeito das críticas formuladas aos teóricos e teóricas do campo, é incontroverso que o pensamento jurídico afrodiaspórico brasileiro foi alicerçado a partir das contribuições teóricas fundacionais de Eunice Aparecida de Jesus Prudente e de Dora Lucia de Lima Bertulio, que tiveram o condão de erigir um verdadeiro quilombo jurídico, no seio do qual uma multiplicidade de juristas negros e negras aliançam-se na produção de conhecimento crítico voltado para a transformação da realidade concreta, destinado, sobretudo, à conclusão do processo de abolição iniciado em 1888. As contribuições desses agentes, reitere-se, não são conflitantes ou contraditórias, mas complementares entre si; não cabem, consequentemente, em catalogações que subestimem a totalidade de suas obras, muitas das quais ainda estão em construção. A atenção dessas e desses juristas está voltada à edificação de possibilidades de emancipação sociorracial e não com disputas jactantes por autoridade ou protagonismo acadêmicos, típicas dos ambientes universitários brancocentrados, forjados no colonialismo e ainda eivados pela colonialidade do saber.[460]

5.3 *DIREITO E RELAÇÕES RACIAIS* E SISTEMA DE JUSTIÇA: DA CRÍTICA EPISTÊMICA ÀS TRANSFORMAÇÕES INSTITUCIONAIS

Passados mais de 40 anos desde a publicação no Brasil da primeira obra jurídica de viés racialmente crítico, percebe-se que, com o desenvolvimento do quilombo jurídico *Direito e Relações Raciais*, isto é, com a profusão de pesquisas realizadas no campo e o aumento exponencial de publicações acadêmicas que centralizam a raça e o racismo na produção de conhecimento jurídico, alguns impactos institucionais já podem ser notados. Especifi-

459 *Idem*.

460 MALDONADO-TORRES, Nelson. Analítica da colonialidade e da decolonialidade: algumas dimensões básicas. *In:* BERNARDINO-COSTA, Joaze; MALDONADO-TORRES, Nelson; GROSFOGUEL, Ramón (org.). **Decolonialidade e pensamento afrodiaspórico**. 2. ed. Belo Horizonte: Autêntica, 2020. p. 27-53.

camente no que diz respeito ao Sistema de Justiça brasileiro, já é possível identificar a utilização de conceitos desenvolvidos na fundamentação de decisões judiciais, bem como uma postura proativa no sentido de exigir que membros do Poder Judiciário e do Ministério Público se capacitem para o manuseio desse instrumental teórico. Consequentemente, essa postura, conjugada com um maior esforço e disposição dos órgãos integrantes da burocracia jurídica estatal para melhorar a implementação do sistema de cotas raciais em concursos públicos, coibindo fraudes, promove sensíveis transformações na composição desse aparato e, especialmente, na maneira como seus integrantes interpretam e aplicam o Direito.

Obviamente, não é possível vislumbrar uma atuação eminentemente antirracista no âmbito do Poder Judiciário ou do Ministério Público, já que são estruturas profundamente comprometidas com a manutenção do *status quo* sociorracial e, nessa medida, refletem as dinâmicas que se estabelecem em uma sociedade estruturalmente racista. O Sistema de Justiça, nesse sentido, continua produzindo e reproduzindo o racismo, mas o reconhecimento desse fato incontestável não impede o diagnóstico dos impactos positivos que os teóricos e as teóricas do campo têm promovido com as suas publicações. A crítica epistêmica elaborada por juristas negras e negros tem alcançado os gabinetes institucionais e ensejado alguns avanços. Sem qualquer pretensão de proceder a um levantamento exaustivo dessas modificações, já que esse não é o objetivo desta pesquisa, citam-se, em seguida, apenas a título ilustrativo, algumas delas.

No ano de 2021, o Conselho Nacional de Justiça (CNJ), por intermédio da Resolução n. 423, de 5 de outubro de 2021, alterou a Resolução CNJ 75/2009, que dispõe sobre os concursos públicos para ingresso na carreira da magistratura em todos os ramos do Poder Judiciário nacional, incluiu na relação mínima de disciplinas obrigatórias dos concursos para provimento dos cargos a disciplina *Direito da Antidiscriminação*. Essa disciplina, para efeitos de concursos para ingresso na magistratura de todo o país, deve contemplar, conforme determinação do CNJ, conceitos fundamentais de Direito antidiscriminatório, modalidades de discriminação, legislação antidiscriminação nacional e internacional, conceitos fundamentais do racismo, sexismo, intolerância religiosa, LGBTQIA+fobia, ações afirmativas e direitos dos povos indígenas e das comunidades tradicionais.

No ano seguinte, em 2022, mediante a Resolução n. 457, de 27 de abril de 2022, o CNJ alterou as Resoluções CNJ 203/2015, que dispõe sobre a reserva de 20% (vinte por cento) das vagas oferecidas em concursos públicos para ingresso na magistratura às pessoas negras e CNJ 75/2009, que dispõe sobre os concursos públicos para ingresso na carreira da magistratura em todos os ramos do Poder Judiciário nacional. Essas alterações implicaram a instituição obrigatória de comissões de heteroidentificação nos concursos públicos, "[...] formadas necessariamente por especialistas em questões raciais e direito da antidiscriminação, voltadas à confirmação da condição de negros dos candidatos que assim se identificarem [...]"[461], e na vedação ao "[...] estabelecimento de nota de corte ou qualquer espécie de cláusula de barreira para os candidatos negros na prova objetiva seletiva, bastando o alcance da nota 6,0 para que o candidato seja admitido nas fases subsequentes."[462].

Recentemente, o CNJ instituiu, por meio da Resolução n. 490, de 8 de março de 2023, o Fórum Nacional do Poder Judiciário para a Equidade Racial (Fonaer), "destinado a elaborar estudos e propor medidas para o aperfeiçoamento do sistema judicial quanto ao tema."[463]. Dentre outras mobilizações, o Fórum é fruto das reivindicações formuladas por um coletivo de magistradas e magistrados negros brasileiros que, em 2018, após a realização do Encontro Nacional de Juízas e Juízes Negros (Enajun), endereçaram ao Conselho Nacional de Justiça a intitulada Carta de Brasília, na qual propunham a criação do órgão. De acordo com o ato normativo, o Fonaer será composto pelos seguintes organismos: Advocacia-Geral da União (AGU); Conselho Nacional do Ministério Público (CNMP); Defensoria Pública da União (DPU); Fundação Palmares; Ministério dos Direitos Humanos e da Cidadania; Ministério da Igualdade Racial; Ministério Público do Trabalho (MPT); Ordem dos Advogados do Brasil (OAB); Centro de Estudos das Relações de Trabalho e Desigualdades (Ceert); Coalizão Negra por Direitos; Coordenação Nacional das Comunidades Quilombolas (Conaq); Criola; Educafro; Faculdade Zumbi dos Palmares; Geledés Instituto da Mulher Negra; Grupo de Estudos Multidisciplinares da Ação Afirmativa (Gemaa); e Movimento Negro Unificado (MNU)[464].

---

[461] BRASIL. Conselho Nacional de Justiça. **Resolução n. 457, de 27 de abril de 2022.** Altera as Resoluções CNJ n. 203/2015, que dispõe sobre a reserva aos negros, no âmbito do Poder Judiciário, de 20% (vinte por cento) das vagas oferecidas nos concursos públicos para provimento de cargos efetivos e de ingresso na magistratura e 75/2009, que dispõe sobre os concursos públicos para ingresso na carreira da magistratura em todos os ramos do Poder Judiciário nacional, respectivamente. Brasília, DF: DJe/CNJ n. 101/2022, de 2 de maio de 2022. Disponível em: https://atos.cnj.jus.br/atos/detalhar/4511. Acesso em: 8 fev. 2023.

[462] *Idem.*

[463] BRASIL. Conselho Nacional de Justiça. **Resolução n. 490, de 08 de março de 2023.** Institui o Fórum Nacional do Poder Judiciário para a Equidade Racial (Fonaer), destinado a elaborar estudos e propor medidas para o aperfeiçoamento do sistema judicial quanto ao tema. Brasília, DF: DJe/ CNJ n. 48/2023, de 13 de março de 2023. Disponível em: https://atos.cnj.jus.br/atos/detalhar/4971. Acesso em: 13 mar. 2023.

[464] *Idem.*

O Conselho Nacional do Ministério Público, por sua vez, embora em caráter não vinculante, desde 2016 recomenda aos ramos do Ministério Público da União e dos Estados a instituição de órgãos especializados na promoção da igualdade étnico-racial, bem como que incluam como temas obrigatórios a serem cobrados nos concursos públicos para ingresso na carreira, legislação antidiscriminatória, além de contemplar essas matérias nos cursos de formação inicial e continuada de membros e servidores do Ministério Público. É o que ressai dos termos da Recomendação CNMP 40, de 9 de agosto de 2016, conforme se pode inferir:

> Art. 1º Os ramos do Ministério Público da União e dos Estados, que ainda não os disponham, constituam, com a brevidade possível, órgãos especializados na promoção da igualdade étnico-racial, com atuação preventiva e repressiva, com atribuição extrajudicial e judicial cível e criminal.
> Parágrafo único. Para o cumprimento do previsto no caput, podem ser criados, por exemplo, unidades ministeriais, núcleos, coordenadorias ou grupos de atuação especial.
> Art. 2º Os ramos do Ministério Público da União e dos Estados incluam o tema da promoção da igualdade étnico-racial e legislação específica correspondente como matéria obrigatória nos editais de concurso para provimento de cargos e nos cursos de formação inicial e continuada de membros e servidores do Ministério Público.
> Art. 3º Esta Recomendação entra em vigor na data de sua publicação.[465]

Além dessas iniciativas institucionais, percebe-se uma gradativa interpenetração de reflexões teóricas do campo *Direito e Relações Raciais* no âmbito jurisprudencial. É o caso, por exemplo, do acórdão que resultou do julgamento do *Habeas Corpus* 154.248/DF, impetrado perante o Supremo Tribunal Federal (STF) em favor de Luiza Maria da Silva em face de acórdão proferido pelo Superior Tribunal de Justiça (STJ), que negou provimento ao Recurso Especial que almejava o reconhecimento da prescrição da pretensão punitiva do Estado ante a prática do crime de injúria racial. A relatoria da demanda judicial foi incumbida ao Ministro Edson Fachin e oficiaram, na condição de *amici curiae*, o Movimento Negro Unificado (MNU) – Organização de Luta e Libertação do Povo Negro, o Instituto de Defesa dos Direitos das Religiões Afro-brasileiras (Idafro), a Associação Brasileira de Lésbicas, Gays, Bissexuais, Travestis, Transexuais e Intersexos (ABGLT), a

[465] *Idem*, 2016, p. 4.

Associação Nacional de Travestis e Transexuais (Antra), a Associação Brasileira de Famílias Homoafetivas (ABRAFH), o Grupo de Advogados pela Diversidade Sexual e de Gênero (GADVS) e a Indômitas Coletiva Feminista.

Nesse julgamento emblemático, que iniciou em 26 de novembro de 2020 e terminou em 28 de outubro de 2021, o qual culminou com o reconhecimento da imprescritibilidade do delito de injúria racial e precedeu a sanção da Lei n. 14.532, de 11 de janeiro de 2023, que alterou a Lei n. 7.716/1989 e o Código Penal para tipificar como crime de racismo a injúria racial, além do Ministro Relator, outros dois magistrados se utilizaram de produções de juristas negros que integram o campo *Direito e Relações Raciais*. O Ministro Edson Fachin[466] mobilizou o texto *O que é racismo estrutural?*, de Silvio Almeida, e o intitulado *Cidadania Racial*, de Adilson Moreira, nos seguintes termos:

> A trajetória das vidas que se constituem a partir da prática odiosa do racismo encontrou várias intervenções na busca de construir a cidadania racial, concebida pelo professor Adilson Moreira (Cidadania Racial. Quaestio Iuris. Vol.10, nº. 02, Rio de Janeiro, 2017. pp. 1052-1089), em duas dimensões:
> [...]
> Para o professor Silvio de Almeida, o racismo é uma decorrência da própria estrutura social, ou seja, do modo com que se constituem as relações políticas, econômicas, jurídicas e até familiares, não sendo uma patologia social e nem um desarranjo institucional. O *racismo é estrutural*, reafirma o autor (ALMEIDA, Silvio. O que é racismo estrutural? Feminismos Plurais. Belo Horizonte: Letramento, 2018. p. 25).
> [...]
> O conceito de racismo não se confunde com o de preconceito, nem com o de discriminação (embora estejam relacionados). Aquele consiste em processo *sistemático* de discriminação que elege a raça como critério distintivo para estabelecer desvantagens valorativas e materiais. O preconceito racial é juízo baseado em estereótipos acerca de indivíduos que pertencem a um determinado grupo racializado, e que pode ou não resultar em práticas discriminatórias (ALMEIDA, Silvio. O que é racismo estrutural? Feminismos Plurais. Belo Horizonte: Letramento, 2018. p. 25).

---

[466] BRASIL. Supremo Tribunal Federal. **Habeas Corpus n. 154.248/DF**. Relator: Ministro Edson Fachin. Brasília, DF: STF, J. em 28 out. 2021b. p. 7, 9, 15-17. Disponível em: https://jurisprudencia.stf.jus.br/pages/search/sjur459490/false. Acesso em: 8 fev. 2023.

> A discriminação racial, por sua vez, é a atribuição de tratamento diferenciado a membros de grupos racialmente identificados. Portanto, a discriminação tem como requisito fundamental o poder, ou seja, a possibilidade de efetivo uso da força, sem o qual não é possível atribuir vantagens ou desvantagens por conta da raça (ALMEIDA, Silvio. O que é racismo estrutural? Feminismos Plurais. Belo Horizonte: Letramento, 2018. p. 25).
> [...]
> O significado das práticas discriminatórias é dado pela ideologia – sustenta Silvio Almeida:
> [...]
> Esse processo se realiza por meio da circulação de estigmas raciais negativos, o que segundo o professor Adilson Moreira (Cidadania Racial. Quaestio Iuris. Vol.10, nº. 02, Rio de Janeiro, 2017. pp. 1052-1089), compromete a igualdade de status entre os grupos sociais: [...] (grifos no original)

O Ministro Luís Roberto Barroso[467], por sua vez, fez menção às reflexões de Adilson Moreira sobre o mito brasileiro da democracia racial e utilizou o conceito de racismo recreativo por ele desenvolvido, como se pode observar:

> Uma segunda fase, que prevaleceu no Brasil durante muito tempo, talvez até pouco tempo, foi a tese do humanismo racial brasileiro, para usar uma expressão do Professor Adilson Moreira: a crença de que somos efetivamente uma sociedade miscigenada, portanto não há racismo aqui, porque somos todos, em alguma medida, miscigenados; adotar políticas de ações afirmativas seria uma racialização da sociedade brasileira, uma importação de algo não inerente à nossa formação.
>
> Essa é uma visão que igualmente merece crítica, porque se conversarmos quinze minutos com uma pessoa negra, ela lhe dirá quantas vezes, cotidianamente, a cor da pele fez diferença no tratamento que mereceu. Eu mesmo, uma juíza maravilhosa, que trabalhou comigo, Doutora Adriana Cruz, que narrava uma história curiosa de que o pai ensinava os filhos a estarem sempre bem vestidos e nunca correrem na rua, para não correr o risco de se supor que tivessem feito alguma coisa errada. Vocês imaginem, portanto, o que é crescer sob a intimidação de, em algum momento, sofrer algum tipo de agressão ou divisão discriminatória.

[467] BRASIL. Supremo Tribunal Federal. **Habeas Corpus n. 154.248/DF**. Relator: Ministro Edson Fachin. Brasília, DF: STF, J. em 28 out. 2021b. p. p. 49-50. Disponível em: https://jurisprudencia.stf.jus.br/pages/search/sjur459490/false. Acesso em: 8 fev. 2023.

> [...]
> É importante assinalar – porque precisamos policiar-nos – que não é só questão de ofensa. A linguagem naturalizada, muitas vezes, embute um preconceito que, inconscientemente, a gente não percebe e, eventualmente, reproduz involuntariamente. Temos que nos policiar quanto a isso e também quanto ao que o Professor Adilson Moreira identificou como racismo recreativo: a crença de que, se for humor, não tem problema, porque não há malícia. Na verdade, o que se está fazendo é reproduzindo preconceito estrutural e, de certa forma, perpetuando uma dominação social: manter a população negra em posição de subalternidade. É preciso ter cuidado não apenas com a ofensa, mas também com a linguagem de maneira geral.

Já a Ministra Cármen Lúcia[468] citou a compreensão conceitual de racismo do jurista Silvio Almeida:

> Sílvio Almeida conceitua o racismo como *"uma forma sistemática de discriminação que tem a raça como fundamento, e que se manifesta por meio de práticas conscientes ou inconscientes que culminam em desvantagens ou privilégios para indivíduos, a depender do grupo racial a que pertençam"* (Racismo Estrutural. 1. ed, São Paulo: Pólen, Sueli Carneiro; 2019).[469]

Nos votos que integraram o julgamento da Ação Declaratória de Constitucionalidade (ADC) 41, proposta pelo Conselho Federal da Ordem dos Advogados do Brasil (CFOAB), na qual se apreciou a constitucionalidade da Lei 12.990/2014[470], também se recorreram às digressões teóricas de juristas negras e negros do campo *Direito e Relações Raciais*. O conhecido e importante julgamento ocorreu no ano de 2017 e contou com a relatoria do Ministro Luís Roberto Barroso, que logo no início de seu voto fez remissão à tese de doutorado de Adilson Moreira, defendida perante a Universidade de Harvard, de cuja banca de arguição o ministro foi membro. A manifestação foi no seguinte sentido:

---

[468] Apesar de não fazer parte do cânone do campo *Direito e Relações Raciais*, chama a atenção no voto da Ministra Carmen Lúcia a utilização da influente obra *Memórias da Plantação: episódios de racismo cotidiano*, da teórica portuguesa Grada Kilomba.

[469] BRASIL, 2021b, p. 89, grifos no original.

[470] A Lei 12.990, de 9 de junho de 2014, dispõe sobre a "reserva aos negros de 20% (vinte por cento) das vagas oferecidas nos concursos públicos para provimento de cargos efetivos e empregos públicos no âmbito da administração pública federal, das autarquias, das fundações públicas, das empresas públicas e das sociedades de economia mista controladas pela União." (BRASIL, 2014)

> Estive, um pouco antes de entrar para o Supremo, em uma banca de doutorado do Professor Adilson Moreira, em que se discutia essa questão racial – uma tese maravilhosa que ele apresentou na Universidade de Harvard. Naquela ocasião, voltei tão sensibilizado pela discussão, que publiquei um artigo curtinho no *Consultor Jurídico*, do qual eu gostaria de ler um pequeno fragmento.
> [...]
> O trabalho, repito, é inspirado na tese do Professor Adilson Moreira, que era intitulada, na tradução em português, "Justiça Racial no Brasil: A Luta por Igualdade em Tempos de Novo Constitucionalismo".[471]

Mais adiante, dessa vez socorrendo-se do artigo *"Miscigenando o círculo do Poder: ações afirmativas, diversidade racial e sociedade democrática"*, de Adilson Moreira, para fundamentar juridicamente o seu voto, o Ministro Relator assim se pronunciou:

> Desse modo, a eficiência pode ser muito bem-servida pelo pluralismo e pela diversidade no serviço público. Eu colhi uma passagem, ainda uma vez do Professor Adilson Moreira no seu artigo "Miscigenando o círculo de Poder: ações afirmativas, diversidade racial e sociedade democrática", em que ele escreveu: "O nosso país é composto" – diz ele – "por uma diversidade imensa de comunidades que formulam demandas distintas, e as pessoas que são selecionadas para cargos públicos devem estar preparadas para servi-las. Assim, a possibilidade de oferecimento de serviço público mais eficaz não se resume ao conhecimento técnico: ela também pode decorrer da experiência pessoal dos candidatos para um determinado cargo, experiência que tem origem na vivência desses indivíduos como membros de grupos minoritários". E, aí, ele cita os estudos: "Que demonstram os benefícios trazidos por um corpo diversificado de funcionários: quanto maior o pluralismo de pessoas, maior a capacidade de solução de problemas surgidos em sociedades complexas." Portanto, Presidente, rejeito igualmente a objeção que se faz quanto à questão do concurso público e do Princípio da Eficiência.[472]

[471] BRASIL. SUPREMO TRIBUNAL FEDERAL. **Ação Declaratória de Constitucionalidade n. 41/DF**. Relator: Ministro Roberto Barroso. Brasília, DF: STF, J. 8 jun. 2017. p. 15. Disponível em: https://jurisprudencia.stf.jus.br/pages/search/sjur371754/false. Acesso em: 8 fev. 2023.

[472] BRASIL, 2017, p. 23.

O magistrado também se vale da reflexão feita por Adriana Alves dos Santos Cruz em sua dissertação de mestrado, intitulada *"A discriminação racial contra afrodescendentes no Brasil e o impacto sobre a democracia: um olhar sobre a atuação da Justiça Federal de Segunda Instância"*, defendida no ano de 2010 naquele que se revelou, ao longo dos anos, um dos mais relevantes centros de pesquisas em *Direito e Relações Raciais* do país, o Programa de Pós-Graduação em Direito da Pontifícia Universidade Católica do Rio de Janeiro (PUC/RIO). A citação foi feita nos seguintes moldes:

> E é também devido a esse fator que, como apontou Adriana Cruz, defender a adoção apenas de políticas de redistribuição universais, não sensíveis ao elemento racial, não equivale a um "ponto zero": "ignorar a existência de desigualdades e discriminações em razão do fato racial implica em uma forma também racializada de relacionamento social [...], pois assegura a manutenção de uma estrutura em desequilíbrio"[473]

No mesmo julgamento, o Ministro Alexandre de Moraes[474] referencia o jurista Hédio Silva Júnior ao expor sua preocupação com os métodos para aferição fenotípica de candidatos autodeclarados negros em concursos públicos. O magistrado empresta as reflexões do pensador negro, conforme segue:

> Segundo Hédio Silva Júnior, especialista no tema, há uma série de documentos públicos que ostentam informações relevantes para solver dúvidas sobre a realidade étnico-racial: [...] em pelo menos sete documentos públicos os brasileiros são classificados racialmente com base na cor da pele, são eles: 1. Cadastro do alistamento militar; 2. Certidão de nascimento (cor era assinalada até 1975); 3. Certidão de óbito; 4. Cadastro das áreas de segurança pública e sistema penitenciário (incluindo boletins de ocorrência e inquéritos policiais); 5. Cadastro geral de empregados e desempregados. 6. cadastros de identificação civil – RG (SP, DF, etc.); 7. Formulário de adoção de varas da infância e adolescência. (SILVA JR., HÉDIO. Documentos públicos como prova de pertencimento racial, 2013. Disponível em http://www.afropress.com/post.asp?id=15523. Acesso em 8/5/2017)[475]

473 BRASIL. SUPREMO TRIBUNAL FEDERAL. **Ação Declaratória de Constitucionalidade n. 41/DF**. Relator: Ministro Roberto Barroso. Brasília, DF: STF, J. 8 jun. 2017. p. 48-49. Disponível em: https://jurisprudencia.stf.jus.br/pages/search/sjur371754/false. Acesso em: 8 fev. 2023.

474 BRASIL, 2017, p. 85-86.

475 BRASIL, *loc. cit.* 2017.

Igualmente ocorre no julgamento da Medida Cautelar na Arguição de Descumprimento de Preceito Fundamental (ADPF) 635, demanda judicial de relevante impacto social proposta pelo Partido Socialista Brasileiro (PSB). Com a finalidade de que sejam reconhecidas e sanadas as graves violações aos Direitos Humanos e, por consequência, aos preceitos fundamentais insculpidos na Constituição da República Federativa do Brasil de 1988, a ADPF 635 colocou em pauta as ações praticadas pelo Estado do Rio de Janeiro na elaboração e execução de sua política de segurança pública, especialmente no que refere à elevada e crescente letalidade policial.[476]

A ADPF é de relatoria do Ministro Edson Fachin e figuraram como *amici curiae* diversas entidades, dentre as quais: a Educação e Cidadania de Afrodescendentes e Carentes (Educafro), a Defensoria Pública do Estado do Rio de Janeiro, a Associação Direitos Humanos em Rede, a Associação de Redes de Desenvolvimento da Maré, o Movimento Negro Unificado (MNU), o Coletivo Papo Reto, o Movimento Mães de Manguinhos, a Rede de Comunidades e Movimentos Contra a Violência e a Iniciativa Direito à Memória e Justiça Racial. No voto proferido pelo Ministro Gilmar Mendes é possível verificar a utilização da tese de doutorado defendida no ano de 2020 pelo jurista negro Felipe da Silva Freitas, na Universidade de Brasília, cujo título é *"Racismo e polícia: uma discussão sobre mandato policial"*, como razões de decidir. O Ministro reporta-se à obra ao dizer que

> **O racismo estrutural da sociedade se revela potencializado nas mortes ocasionadas pelas forças policiais.** Isso porque "o racismo se constitui não apenas como uma causa de exclusão ou de empobrecimento das pessoas negras; pelo contrário, o racismo caracteriza-se sobretudo como um fenômeno que promove a desumanização das pessoas negras e que produz vantagens e benefícios sociais para os integrantes do grupo racial hegemônico". Desse modo, "não é possível pensar as formas de controle e administração dos conflitos na sociedade afastando a análise do papel cognitivo do racismo enquanto elemento articulador das maneiras de pensar os problemas sociais e de formular as respostas para essas questões políticas" (FREITAS, Felipe da Silva. *Racismo e polícia*: uma discussão sobre mandato policial. Tese de Doutorado. Universidade de Brasília, 2020. p. 171).[477]

[476] BRASIL. SUPREMO TRIBUNAL FEDERAL. **Medida Cautelar na Arguição de Descumprimento de Preceito Fundamental n. 635/RJ.** Relator: Ministro Edson Fachin. Brasília, DF: STF, J. 18 ago. 2020. Disponível em: https://jurisprudencia.stf.jus.br/pages/search/sjur433905/false. Acesso em: 8 fev. 2023.

[477] *Ibid.*, p. 167-168, grifos no original.

Outra demanda na qual se pode verificar a apropriação de conceitos desenvolvidos por juristas integrantes do campo é a Ação Direta de Inconstitucionalidade (ADI) 5.355, proposta pela Procuradoria-Geral da República e de relatoria do Ministro Luiz Fux. Na ocasião, para fundamentar o voto condutor do julgamento, o magistrado faz uso do conceito de discriminação indireta trabalhado por Wallace Corbo em obra homônima. Observa-se a seguir o contexto em que houve a citação:

> Apenas 23% do quadro de diplomatas do Itamaraty é composto por mulheres, segundo dados oficiais do Ministério das Relações Exteriores de 2019, estatística que reflete uma triste consequência da discriminação indireta que recai sobre as mulheres que aspiram à carreira diplomática. A discriminação indireta ou, especificamente, a ***disparate impact doctrine***, desenvolvida na jurisprudência da Suprema Corte dos Estados Unidos a partir do caso *Griggs v. Duke Power Co.*, caracteriza-se pelo impacto desproporcional que a norma exerce sobre determinado grupo já estigmatizado e, portanto, seu efeito de acirramento de práticas discriminatórias, independentemente de um propósito discriminatório (CORBO, Wallace. Discriminação Indireta. Lumen Juris: Rio de Janeiro, 2017. p. 123).
> [...]
> Nos precedentes da Suprema Corte, a demonstração de necessidade do negócio (business necessity) pode mitigar o caráter discriminatório da norma – o que não se verifica no presente caso, diante da suficiência da compatibilidade exigida na regra geral. Ainda assim, "a teoria do impacto desproporcional, aplicada às relações de trabalho ainda permite ao autor indicar que haveria outra medida igualmente adequada ao atingimento dos fins buscados pela prática discriminatória e que, em contrapartida, geraria nenhum ou menos impacto sobre grupos vulneráveis" (CORBO, Wallace. Discriminação Indireta. Lumen Juris: Rio de Janeiro, 2017. p. 123).[478]

Como se pode perceber, o Supremo Tribunal Federal (STF), a mais alta Corte do Poder Judiciário brasileiro, tem se inclinado, por meio de seus Ministros e Ministras, a incorporar nas doutrinas por si utilizadas na atividade jurisdicional, juristas, pesquisadores e pesquisadoras negros

[478] BRASIL. SUPREMO TRIBUNAL FEDERAL. **Ação Direta de Inconstitucionalidade n. 5.355/DF**. Relator: Ministro Luiz Fux. Brasília, DF: STF, J. 11 nov. 2021. p. 4, grifos no original. Disponível em: https://jurisprudencia.stf.jus.br/pages/search/sjur463076/false. Acesso em: 8 fev. 2023.

pertencentes ao quilombo jurídico *Direito e Relações Raciais*, exercendo, na interpretação desta pesquisa, forte poder de influência em toda a magistratura nacional. Não fosse relevante o impacto institucional causado pela doutrina jurídica racialmente crítica, o julgamento do *Habeas Corpus* 208.240, de relatoria do Ministro Edson Fachin, cujo julgamento se encontra em curso no STF, não teria ensejado tamanha repercussão nacional[479].

O recurso foi impetrado pela Defensoria Pública do Estado de São Paulo contra acórdão proferido pelo Superior Tribunal de Justiça. Dele participam, dada a repercussão geral que o caso suscita, na condição de *amici curiae*, as seguintes instituições: Conectas Direitos Humanos; Instituto Terra, Trabalho e cidadania; Iniciativa Negra por uma Nova Política Sobre Drogas; Justa; Instituto de Defesa do Direito de Defesa Márcio Thomaz Bastos; Coalizão Negra por Direitos; Instituto Referência Negra Peregum; Educafro; Instituto Brasileiro de Ciências Criminais; Defensoria Pública do Estado do Rio de Janeiro; Instituto de Defesa dos Direitos das Religiões Afro-brasileiras; Grupo de Advogados pela Diversidade Sexual e de Gênero. Isso porque, dentre outras teses defensivas arguidas pela Defensoria Pública, está a de que a decisão condenatória deve ser anulada e o réu absolvido porque a abordagem policial realizada para a obtenção da prova do suposto ilícito decorre de busca pessoal baseada em filtragem racial, exemplo indubitável de perfilamento racial.

Apesar de os votos ainda não terem sido disponibilizados para análise, é possível extrair do site do STF[480] que o Ministro Relator, Edson Fachin, votou por não conhecer do *habeas corpus*, mas concedeu a ordem de ofício para declarar a nulidade da revista pessoal baseada em filtragem racial e dos demais atos processuais, determinando o trancamento da ação penal originária. Abriram divergência do voto condutor, no entanto, os Ministros André Mendonça, Alexandre de Moraes e Dias Toffoli, para denegar a ordem. Atualmente, o julgamento se encontra suspenso em função do pedido de vista dos autos formulado pelo Ministro Luiz Fux.

[479] É possível identificar o grau de repercussão nacional do julgamento em questão a partir, dentre outras, das matérias jornalísticas cujo acesso encontra-se disponível em: https://portal.stf.jus.br/noticias/verNoticiaDetalhe.asp?idConteudo=503355&ori=1; https://www.migalhas.com.br/quentes/382715/stf-fux-pede-vista-em-caso-que-analisa-perfilamento-racial-em-buscas; https://www.conjur.com.br/2023-mar-02/julgamento-stf-reconhecer-racismo-policial; https://www.poder360.com.br/opiniao/o-supremo-e-o-perfilamento-racial/. Acessos em 12 mar. 2023.

[480] É possível acompanhar a tramitação do Habeas Corpus 208.240 acessando o portal do STF na internet, em https://portal.stf.jus.br/processos/detalhe.asp?incidente=6287873. Acesso em: 12 mar. 2023.

Além das decisões judiciais, o Supremo Tribunal Federal tem sugerido a utilização desse arcabouço teórico e se demonstrado atento, inclusive, à desproporção de gênero havida entre os nomes dos constitucionalistas mais citados por eles nas ações de controle concentrado de constitucionalidade. Buscando atenuar tais disparidades, a Secretaria-Geral da Presidência, a Secretaria de Altos Estudos, Pesquisas e Gestão da Informação e a Secretaria de Comunicação Social, todas do Supremo Tribunal Federal, elaboraram a edição da coletânea *"Bibliografia, Legislação e Jurisprudência Temática[481]"*, desta vez com a temática *"Produção de Mulheres em Direito Constitucional"*.

Logo na apresentação da coletânea, publicada em março de 2022, a organização pontua que a pesquisa das obras e das autoras foi pautada pela escolha de assuntos como: a) Direito Constitucional; b) Direitos fundamentais; c) Princípio da Dignidade da Pessoa Humana; d) Controle de constitucionalidade; e) Mulher na magistratura; f) Direitos da mulher, igualdade de gênero; g) Ativismo judicial; h) Poder Judiciário; i) Precedente judicial; j) Direitos e garantias individuais; k) Federalismo; l) Direitos Humanos; m) Discriminação racial, desigualdade social; n) Igualdade de gênero, aspectos constitucionais; o) Identidade de gênero, desigualdade; e p) Direito da mulher a uma vida livre de violência[482].

Compulsando-se a publicação, percebe-se que na seção de indicação de doutrina figuram Eunice Aparecida de Jesus Prudente e Dora Lucia de Lima Bertulio, as precursoras do campo, respectivamente com o artigo "Racismo Estrutural" e a obra fundacional: *Direito e relações raciais: uma introdução crítica ao racismo*. Além de Eunice e Dora, constam Ísis Aparecida Conceição, com o artigo "Racismo e pandemia uma análise jurídica: dimensões de justiça e suas intersecções"; Ana Luiza Pinheiro Flauzina e Thula Rafaela de Oliveira Pires, com o artigo "Políticas de morte: covid-19 e os labirintos da cidade negra"; Thula Pires e Malu Stanchi, com o capítulo de livro "Racismo institucional e violência obstétrica: dispositivo sistêmico de genocídio da população negra"; e Allyne Andrade e Silva, com o artigo "Do epistemicídio a epistemologias do aparecimento: mulheres negras no sistema de justiça e nas ciências criminais".

481 Coletânea disponível em https://portal.stf.jus.br/textos/verTexto.asp?servico=bibliotecaConsultaProdutoBibliotecaBibliografia&pagina=principal. Acesso em 12 fev. 2023.

482 BRASIL. Supremo Tribunal Federal. **Produção de mulheres em direito constitucional**: bibliografia, legislação e jurisprudência temática. Brasília, DF: STF, Secretaria de Altos Estudos, Pesquisas e Gestão da Informação, 2022. Disponível em: https://portal.stf.jus.br/textos/verTexto.asp?servico=bibliotecaConsultaProdutoBibliotecaBibliografia&pagina=principal. Acesso em: 12 fev. 2023.

Em iniciativa similar, dessa vez em novembro do mesmo ano, o STF publicou a coletânea temática *Consciência Negra: bibliografia, legislação e jurisprudência temática*[483]. Nesse compêndio, Dora Lucia e sua obra ovular é indicada novamente e, afora pesquisadoras e pesquisadores de outras áreas do conhecimento, são referenciados os seguintes juristas: Silvio Almeida, com o livro *Racismo estrutural*; Thiago Amparo, com o artigo "Notas sobre racismo e justiça"; Winnie Bueno, com o livro *Imagens de controle: um conceito do pensamento de Patricia Hill Collins*; Wallace Corbo, com o livro *Discriminação indireta: conceito, fundamentos e uma proposta de enfrentamento à luz da Constituição de 1988*; Adriana Alves dos Santos Cruz e Alcioni Escobar da Costa, com o capítulo de livro "As questões raciais e poder judiciário: enfrentamentos necessários"; o ex-Ministro do Supremo Tribunal Federal, Joaquim Benedito Barbosa Gomes, com o artigo "Combate ao racismo pela via não-criminal, alternativas: reflexões de direito comparado"; Adilson José Moreira, com a obra *Direito antidiscriminatório e relações raciais: práticas excludentes, perspectivas críticas, medidas inclusivas*; Edinaldo César Santos Júnior e Fábio Francisco Esteves, com o artigo "Vozes negras em busca de uma semântica pela transformação"; Hédio Silva Júnior, com o livro *Direito de igualdade racial: aspectos constitucionais, civis e penais: doutrina e jurisprudência*; e Samuel Santana Vida, com o capítulo de livro "Africanos no Brasil: uma ameaça ao paraíso racial".

Os exemplos apresentados demonstram o impacto positivo que as críticas epistêmicas formuladas por juristas negros e negras, que integram o campo *Direito e Relações Raciais*, tem provocado na cúpula institucional do Sistema de Justiça. Supremo Tribunal Federal, Conselho Nacional de Justiça e Conselho Nacional do Ministério Público, órgãos que representam, de certa forma, a elite burocrática da Justiça brasileira, foram despertados de seus sonos injustos[484], constrangidos e convidados a refletir sobre o aspecto de centralidade ocupado pela raça e pelo racismo no exercício da função jurisdicional. Isso porque não é razoavelmente plausível supor que em uma sociedade estruturalmente racista, como aliás foi amplamente reconhecido nos últimos anos, após séculos de negação, diga-se de passagem, a interpretação e aplicação das normas estatais perpasse incólume à correta consideração dos efeitos que as dinâmicas raciais ensejam no Sistema de Justiça, seja subjetiva ou objetivamente.

[483] Coletânea disponível em https://portal.stf.jus.br/textos/verTexto.asp?servico=bibliotecaConsultaProdutoBibliotecaBibliografia&pagina=principal. Acesso em: 12 fev. 2023.

[484] EVARISTO, Conceição. Da grafia-desenho de minha mãe, um dos lugares de nascimento de minha escrita. *In:* DUARTE, Constância Lima; NUNES, Isabella Rosado (org.). **Escrevivência**: a escrita de nós – Reflexões sobre a obra de Conceição Evaristo. Rio de Janeiro: Mina Comunicação e Arte, 2020. p. 48-54.

Conquanto se reconheça a incipiência das discussões sobre Direito e relações raciais no âmbito institucional, acredita-se que a crescente profusão de estudos e pesquisas na área tem tido o condão de impor sensíveis alterações no modo como os agentes estatais se posicionam frente a questões que até pouco tempo não eram sequer debatidas com um grau aceitável de profundidade. Portanto, essas conquistas precisam ser celebradas com a parcimônia daqueles e daquelas que têm a consciência do longo caminho e dos imensos desafios que se anunciam no horizonte, com a certeza de que somente o tensionamento intelectual permanente, crítico e comprometido com as transformações da realidade concreta, é capaz de promover os avanços almejados por todo o contingente da população afrodiaspórica brasileira, que se encontra há mais de quatro séculos carente de justiça racial.

6

CONCLUSÃO

Desde o advento do empreendimento colonial europeu, as pessoas negras têm sido objeto de um processo perene e sistemático de desumanização. Por meio da produção de uma artificial inferioridade, conferida a essa população a partir de preceitos epidérmicos, cujo engendramento contou com as produções teóricas dos mais ilustrados cientistas e filósofos da modernidade, homens e mulheres negras foram transformados em meros instrumentos para a acumulação de riquezas. A concentração de recursos gerados a partir da tortura, da escravização e, por consequência, da exploração da força de trabalho de africanos e africanas foi responsável por financiar as revoluções burguesas do norte global, a industrialização das metrópoles coloniais e, na mesma medida, o padrão de desenvolvimento tecnológico europeu.

A alta dependência europeia dos recursos naturais dos territórios invadidos, assim como do trabalho forçado executado pelas pessoas negras para extraí-los, exigia rigor no controle social de escravizados e escravizadas. Nesse contexto, foi o Direito moderno que forneceu os elementos necessários não apenas para justificar a opressão colonial sobre os povos colonizados, mas, especialmente, para regular e naturalizar a exploração escravista. Assim, o colonialismo está para a modernidade tal qual o racismo está para o capitalismo. São gêmeos xifópagos, cuja existência está atrelada à eficiência que o aparato repressor do Estado, mediante as normas jurídicas que lhe dão sustentação, possui para manter as hierarquias sociorraciais vigentes.

Os efeitos do sistema de exploração colonial protraíram-se no tempo, manifestando-se no presente sob a forma de colonialidade, e permanecem moldando as sociedades capitalistas contemporâneas, altamente hierarquizadas a partir de critérios raciais, de classe, de gênero, de sexualidade, de corporeidade etc. A ausência de capacidade de promover uma cisão com o passado colonial fez com que o Direito permanecesse fornecendo os instrumentos necessários para manter intactas as formas de desumanização, exploração e de discriminação de outrora. Isso decorre do fato de que o Direito reconhecido como válido, aquele emanado e aplicado pelo

Estado, segue concentrado nas mãos dos homens brancos, proprietários, cis hetrossexuais, cristãos e sem deficiência. Os seus indisfarçáveis interesses não se coadunam com a construção de uma sociedade verdadeiramente democrática, justa, livre, fraterna e igualitária. Ao contrário, as leis que eventualmente não padecem de vício na origem sofrem, posteriormente, contorcionismos hermenêuticos em benefício da manutenção do poder político e econômico das classes dirigentes.

No Brasil, o último território colonizado das Américas a abolir formalmente a escravização, as formas de repressão para o exercício do controle social das pessoas negras foram levadas às últimas consequências. A internalização das teorias produzidas pelo racismo científico europeu, aliada ao latente medo branco diante de rebeliões e revoltas levadas a efeito por um contingente de pessoas escravizadas quantitativamente muito superior ao de pessoas livres, deram o tom da intensidade da violência racial necessária à subjugação da população negra. As Ordenações portuguesas e, após, a legislação brasileira do Império, notadamente a penal, demonstram a virulência com a qual as pessoas negras precisavam, na ótica das elites escravocratas, ser controladas.

Seja na Colônia, no Império ou na República, a violência racial não prescindiu do Direito para a sua consecução. Esse Direito, que refletia as matrizes do pensamento jurídico das metrópoles, era apreendido acriticamente e importado ao Brasil pelos filhos dos escravocratas, que ao alcançarem determinada idade eram enviados à Europa para serem doutrinados em universidades situadas no referido continente. Retornavam ao país prontos para ocuparem as funções públicas mais elevadas na estrutura burocrática do Estado, para dirigir os rumos da nação e, sobretudo, para conservar os seus privilégios raciais. Mesmo depois do surgimento das duas primeiras Faculdades de Direito no território nacional, houve pouca alteração na lógica e na funcionalidade da formação desses juristas.

Do colonialismo jurídico à colonialidade jurídica, a produção e a aplicação das leis estiveram eminentemente comprometidas com/pelo racismo. A ideologia da democracia racial e o projeto estatal de branqueamento da população brasileira, por exemplo, jamais teriam sido concebidos sem que houvesse a aquiescência e o respaldo dos juristas da época. Desse modo, muito embora os juristas sempre tenham procurado resguardar a aparente assepsia do Direito, afastando o debate racial dos bancos universitários, evitando a produção legislativa com o fim de coibir atos discriminatórios ou, ainda, tornando a legislação existente, conquistada pela luta incessante dos movimentos negros, inócua, o comprometimento dessa área do conhecimento com os padrões raciais que hierarquizam a sociedade não resiste à primeira análise séria que se pretenda empreender.

Esse tipo de análise no âmbito das ciências jurídicas passou a existir, como esta pesquisa procurou demonstrar, somente a partir das escrevivências de Eunice Aparecida de Jesus Prudente e de Dora Lucia de Lima Bertulio, que destinaram as suas pesquisas acadêmicas a confrontar o pensamento jurídico tradicional e, assim, desvelar o papel de centralidade ocupado pelo Direito na produção e reprodução do racismo. Essas juristas negras insurgentes dedicaram as suas escritas a despertar os seus pares de seus sonos injustos; a romper com o pacto de silêncio sobre a questão racial que impera na área jurídica; a desmantelar a ficcional neutralidade normativa que os juristas tentam a todo custo defender.

Nesse sentido, é sintomático e de importância simbólica imensurável o fato de que a abertura do pensamento jurídico brasileiro para o debate teórico das imbricações entre Direito e racismo tenha sido promovida por duas mulheres negras, pertencentes às classes operárias. Como se demonstrou, a violência do sistema capitalista moderno-colonial sempre incidiu de modo mais atroz sobre os corpos femininos negros. As consequências de se viver no interior de uma organização social eminentemente racista, machista, classista e patriarcal são arcadas de modo distinto, desproporcional e, consideravelmente, impetuoso pelas mulheres negras. Ainda assim, suportando todas as adversidades que se impõem quando essas características se interseccionam, Eunice Prudente e Dora Bertulio, respaldadas por processos coletivos de fortalecimento, sobretudo no seio familiar, conseguiram demover os locais sociais e epistêmicos que lhes eram reservados.

As entrevistas trazidas à baila no capítulo 2 deste livro demonstram justamente como a militância política das famílias dessas duas juristas impactou nos seus modos de enxergarem e interpretarem o mundo, bem como nos compromissos sociais, políticos e intelectuais que firmaram ao longo de suas trajetórias. Comprovaram, outrossim, que a educação e a formação de uma consciência crítica pautada em compromissos coletivos são condições de possibilidades para a emancipação racial e social.

Foi exatamente essa consciência crítica que fez com que elas desbravassem os caminhos tortuosos da ciência jurídica, na tentativa de subverter a sua (onto)lógica moderno-colonial e fazer com que, de fato, o Direito possa ser subvertido em prol do efetivo processo de abolição, até então inconcluso.

Na esteira dessa compreensão, deve-se a Eunice Prudente e a Dora Bertulio, a partir das discussões inovadoras que trouxeram em suas dissertações de mestrado, "Preconceito racial e igualdade jurídica no Brasil", em 1980, e "Direito e Relações Raciais: uma introdução crítica ao racismo", em 1989, a fundação de um verdadeiro quilombo jurídico, que reverbera cada vez com mais eloquência na academia jurídica contemporânea.

Por isso, resgatar os fragmentos de suas vivências, armazenados nos becos de suas memórias, torna-se crucial para que a trajetória e as contribuições dessas mulheres sejam coletivizadas. O exercício de coletivização, de preservação e de necessário reconhecimento dos pontos de partida de determinados debates são compromissos éticos inarredáveis àqueles e àquelas que se pretendem juristas antirracistas. A ocultação do contributo de mulheres negras na área jurídica, algo endêmico, milita em prol do genocídio epistêmico, da aniquilação simbólica, mas também material, de pessoas sem as quais conquistas sociais de relevo e que a todos beneficiam jamais teriam sido alcançadas. Afinal, as atuações dessas mulheres impactaram sobremaneira todos os movimentos sociais brasileiros.

Nessa perspectiva, é preciso rememorar que Eunice Prudente e Dora Bertulio lançaram as bases para o desenvolvimento de agendas de pesquisas promissoras e que, atualmente, rendem aplausos e reconhecimento a uma gama de intelectuais, sem que, necessariamente, os devidos créditos lhes sejam atribuídos. Obviamente, com essa colocação não se pretende afirmar que as obras das duas juristas desenvolveram de modo aprofundado ou que esgotaram os temas tão bem trabalhados por competentes pesquisadoras e pesquisadores de viés jurídico-crítico. O que ora se consigna é que a abordagem jurídico-acadêmica de diversas questões possui como pontos de partida comuns as dissertações de ambas, como restou evidenciado no capítulo 3.

Nesse diapasão, confirma-se a hipótese aventada inicialmente durante o procedimento de investigação, pois somente a partir do conhecimento produzido por essas duas intelectuais negras que é possível identificar no país a formulação de uma crítica racializada e sistematizada do pensamento jurídico tradicional. Foram elas as responsáveis por deslocar para o centro do debate jurídico a problemática do racismo na sociedade brasileira, por intermédio do combate à neutralidade racial do Direito e à meritocracia. As críticas formuladas por Eunice Prudente e Dora Bertulio atravessaram gerações e hoje se fazem presentes nas dezenas de trabalhos acadêmicos publicados a respeito da matéria, os quais aprofundam as análises acerca da mobilização do sistema de justiça e do ordenamento jurídico para sustentação da ordem racial em vigor.

Esse quilombo jurídico erigido e liderado por essas duas mulheres negras é dotado de um caráter teórico-prático justamente porque sempre esteve comprometido com a alteração do modo de se conceber, interpretar e aplicar o Direito. Trata-se de um campo científico voltado à práxis emancipatória e cujo potencial transcende a área jurídica, permeando toda a estrutura da sociedade. Isso porque, como identificado por Dora Bertulio e outros cientistas, alguns dos quais foram apresentados ao longo do primeiro capítulo, os bacharéis em Direito permanecem ocupando majoritariamente a estrutura burocrática do Estado brasileiro, de modo que reconhecer criticamente a imbricação entre Direito e racismo pode significar um importante passo para o estabelecimento de mecanismos adequados de mitigação e, quiçá, de eliminação dos efeitos do racismo institucional.

Também porque, como se comprovou com os exemplos trazidos na parte final do capítulo 3, as produções acadêmicas do campo têm impactado muito positivamente no Sistema de Justiça. Órgãos de cúpula do Poder Judiciário, especialmente o Supremo Tribunal Federal e o Conselho Nacional de Justiça, não só parecem ter voltado as suas atenções para as críticas formuladas por juristas negros e negras, como têm se apropriado do arcabouço teórico elaborado por eles e elas para fomentar mudanças na cultura organizacional e oportunizar verdadeiras viradas hermenêuticas no que tange à identificação e ao oferecimento de respostas jurisdicionais mais qualificadas aos conflitos raciais, que se manifestam com elevada frequência.

Digno de nota, igualmente, os esforços do Conselho Nacional de Justiça para diversificar racialmente os quadros de magistrados do Judiciário brasileiro. Esse giro paradigmático decorre do fortalecimento, nos últimos anos, do campo *Direito e Relações Raciais*, fundado e sedimentado por duas juristas que ousaram revelar os meandros racistas do complexo normativo brasileiro e da cultura jurídica nacional.

Portanto, honrar o importante legado de Eunice Prudente e Dora Bertulio envolve a construção de estratégias que possibilitem a efetiva consolidação do campo científico por elas instituído, por exemplo, criando a disciplina *Direito e Relações Raciais* e tornando-a obrigatória nos currículos dos cursos de graduação das universidades brasileiras. Testemunhou-se ao longo do texto que as diretrizes nacionais curriculares não apenas permitem como incentivam tal postura. Do mesmo modo, mais eventos científicos centrados nessas discussões precisam ser organizados. Palestras, colóquios, seminários ou congressos sobre Direito e Relações Raciais não podem permanecer relegados a uma época do ano. A maior penetração de pessoas negras em cursos superiores desde a implementação das políticas de ações afirmativas, malgrado ainda sejam minorias nas pós-graduações, fornecem as condições mínimas para que tais estratégias ou caminhos possam ser trilhados.

Contudo, para que tais estratégias possam ser pensadas e executadas, propiciando o continuar da caminhada, assim como as novas conquistas possíveis, na seara jurídica e em tantas outras, é indispensável uma postura intelectual que privilegie as obras em detrimento dos autores; que não esteja presa à personalismos ou a condutas autoapologéticas; que esteja disposta a colocar a coletividade à frente de projetos pessoais; que não se seduza com os aplausos que possam surgir; que esteja verdadeiramente compromissada com a práxis emancipatória. Essas são algumas das lições que podem ser extraídas das escrevivências de Eunice Aparecida de Jesus Prudente e de Dora Lucia de Lima Bertulio, mas é preciso ter olhos para ver e ouvidos para escutar.

REFERÊNCIAS

ADORNO, Sérgio. **Os aprendizes do poder**: O bacharelismo liberal na política brasileira. 1. ed. Rio de Janeiro: Paz e Terra, 1988.

AKOTIRENE, Carla. **Interseccionalidade**. 1. ed. São Paulo: Pólen, 2019.

ALMEIDA, Silvio Luiz de. **Racismo estrutural**. São Paulo: Pólen, 2019. (Coleção Feminismos Plurais).

ASSOCIÇÃO NACIONAL DOS DIRIGENTES DAS INSTITUIÇÕES FEDERAIS DE ENSINO SUPERIOR. Mulheres negras são hoje maior grupo nas universidades públicas do país. Brasília: Andifes, 2021. Disponível em: https://www.andifes.org.br/?p=89578#:~:text=Mulheres%20negras%20s%C3%A3o%20hoje%20maior%20grupo%20nas%20universidades%20p%C3%BAblicas%20do%20pa%C3%ADs,Postado%20em%209&text=Discriminadas%20no%20mercado%20de%20trabalho,-superior%20p%C3%BAblicas%2C%20mostram%20levantamentos%20recentes. Acesso em: 7 mar. 2023.

AZEVEDO, Celia Maria Marinho de. **Onda Negra, Medo Branco**: o negro no imaginário das elites – século XIX. 1. ed. Rio de Janeiro: Paz e Terra, 1987.

BARBOSA, Mario Davi. **Do absolutismo paterno e de tantos tribunais caseiros**: direito penal e castigos aos escravos no Brasil (1830-1888). 1. ed. Londrina: Thoth, 2021.

BENTO, Cida. **O pacto da branquitude**. 1 ed. São Paulo: Companhia das Letras, 2022.

BERNARDINO-COSTA, Joaze; MALDONADO-TORRES, Nelson; GROSFOGUEL, Ramón. Introdução: Decolonialidade e pensamento afrodiaspórico. *In:* BERNARDINO-COSTA, Joaze; MALDONADO-TORRES, Nelson; GROSFOGUEL, Ramón (org.). **Decolonialidade e pensamento afrodiaspórico**. 2. ed. Belo Horizonte: Autêntica, 2020. p. 9-26.

BERTULIO, Dora Lucia de Lima. **Direito e relações raciais**: uma introdução crítica ao racismo. 1. ed. Rio de Janeiro: Lumen Juris, 2019.

BERTULIO, Dora Lucia de Lima. **Direito e relações raciais**: uma introdução crítica ao racismo. 1989. Dissertação (Mestrado em Direito) – Programa de Pós-Graduação em Direito, Universidade Federal de Santa Catarina, Florianópolis,

1989. Disponível em: https://repositorio.ufsc.br/handle/123456789/106299. Acesso em: 16 set. 2020.

BRASIL. **Lei n. 12.990, de 9 de junho de 2014**. Reserva aos negros 20% (vinte por cento) das vagas oferecidas nos concursos públicos para provimento de cargos efetivos e empregos públicos no âmbito da administração pública federal, das autarquias, das fundações públicas, das empresas públicas e das sociedades de economia mista controladas pela União. Brasília, DF: Presidência da República. DOU de 10 jun. 2015. Disponível em: https://www.planalto.gov.br/ccivil_03/_ato2011-2014/2014/lei/l12990.htm. Acesso em: 8 fev. 2023.

BRASIL. Conselho Nacional de Educação. **Resolução n. 5, de 17 de dezembro de 2018**. Institui as Diretrizes Curriculares Nacionais do Curso de Graduação em Direito e dá outras providências. Brasília, DF: Ministério da Educação. DOU de 18 dez. 2018. Disponível em: http://portal.mec.gov.br/docman/dezembro-2018-pdf/104111-rces005-18/file. Acesso em: 8 jan. 2023.

BRASIL. Conselho Nacional De Justiça. **Resolução n. 423, de 5 de outubro de 2021**. Altera a Resolução CNJ n. 75/2009, que dispõe sobre os concursos públicos para ingresso na carreira da magistratura em todos os ramos do Poder Judiciário nacional. Brasília, DF: DJe/CNJ n. 259/2021, de 6 de outubro de 2021a. Disponível em: https://atos.cnj.jus.br/atos/detalhar/4147. Acesso em: 8 fev. 2023.

BRASIL. Conselho Nacional de Justiça. **Resolução n. 457, de 27 de abril de 2022**. Altera as Resoluções CNJ n. 203/2015, que dispõe sobre a reserva aos negros, no âmbito do Poder Judiciário, de 20% (vinte por cento) das vagas oferecidas nos concursos públicos para provimento de cargos efetivos e de ingresso na magistratura e 75/2009, que dispõe sobre os concursos públicos para ingresso na carreira da magistratura em todos os ramos do Poder Judiciário nacional, respectivamente. Brasília, DF: DJe/CNJ n. 101/2022, de 2 de maio de 2022. Disponível em: https://atos.cnj.jus.br/atos/detalhar/4511. Acesso em: 8 fev. 2023.

BRASIL. Conselho Nacional de Justiça. **Resolução n. 490, de 08 de março de 2023**. Institui o Fórum Nacional do Poder Judiciário para a Equidade Racial (Fonaer), destinado a elaborar estudos e propor medidas para o aperfeiçoamento do sistema judicial quanto ao tema. Brasília, DF: DJe/ CNJ n. 48/2023, de 13 de março de 2023. Disponível em: https://atos.cnj.jus.br/atos/detalhar/4971. Acesso em: 13 mar. 2023.

BRASIL. Conselho Nacional do Ministério Público. **Recomendação CNMP 40, de 9 de agosto de 2016**. Recomenda a criação de órgãos especializados na promoção da igualdade étnico-racial, a inclusão do tema em editais de concursos e o incentivo à formação inicial e continuada sobre o assunto. Brasília, DF: DOeCNMP, de 24 de agosto de 2016. Disponível em: https://www.cnmp.mp.br/portal/atos-e-normas/norma/4314/. Acesso em: 8 fev. 2023.

BRASIL. Supremo Tribunal Federal. **Habeas Corpus n. 154.248/DF**. Relator: Ministro Edson Fachin. Brasília, DF: STF, J. em 28 out. 2021b. Disponível em: https://jurisprudencia.stf.jus.br/pages/search/sjur459490/false. Acesso em: 8 fev. 2023.

BRASIL. Supremo Tribunal Federal. **Ação Declaratória de Constitucionalidade n. 41/DF**. Relator: Ministro Roberto Barroso. Brasília, DF: STF, J. 8 jun. 2017. Disponível em: https://jurisprudencia.stf.jus.br/pages/search/sjur371754/false. Acesso em: 8 fev. 2023.

BRASIL. SUPREMO TRIBUNAL FEDERAL. **Medida Cautelar na Arguição de Descumprimento de Preceito Fundamental n. 635/RJ**. Relator: Ministro Edson Fachin. Brasília, DF: STF, J. 18 ago. 2020. Disponível em: https://jurisprudencia.stf.jus.br/pages/search/sjur433905/false. Acesso em: 8 fev. 2023.

BRASIL. SUPREMO TRIBUNAL FEDERAL. **Ação Direta de Inconstitucionalidade n. 5.355/DF**. Relator: Ministro Luiz Fux. Brasília, DF: STF, J. 11 nov. 2021. Disponível em: https://jurisprudencia.stf.jus.br/pages/search/sjur463076/false. Acesso em: 8 fev. 2023.

BRASIL. Supremo Tribunal Federal. **Produção de mulheres em direito constitucional**: bibliografia, legislação e jurisprudência temática. Brasília, DF: STF, Secretaria de Altos Estudos, Pesquisas e Gestão da Informação, 2022. Disponível em: https://portal.stf.jus.br/textos/verTexto.asp?servico=bibliotecaConsultaProdutoBibliotecaBibliografia&pagina=principal. Acesso em: 12 fev. 2023.

BRASIL. Supremo Tribunal Federal. **Consciência negra**: bibliografia, legislação e jurisprudência temática. Brasília, DF: STF, Secretaria de Altos Estudos, Pesquisas e Gestão da Informação, 2022. Disponível em: https://portal.stf.jus.br/textos/verTexto.asp?servico=bibliotecaConsultaProdutoBibliotecaBibliografia&pagina=principal. Acesso em: 12 fev. 2023.

BRITO, Jadir Anunciação de. O Programa de Pós-Graduação em Direito da PUC-RIO na construção do campo de estudos do Direito e Antirracismo no Brasil. *In:* NUNES, Diego (org.). ALMEIDA, Philippe Oliveira de; SANTOS, Vanilda Honória dos; BARBOSA, Mario Davi (coord.). **A cor da história e a história da cor**. 1. ed. Florianópolis: Habitus, 2022. (Coleção Novos Rumos da História do Direito). Disponível em: https://iuscommune.paginas.ufsc.br/files/2022/06/EBOOK-P-

DF-final-ok-3-207-Colecao-NOVOS-RUMOS-DA-HISTORIA-DO-DIREITO--%E2%80%93-Vol-1-1.pdf. Acesso em: 10 mar. 2023.

BORGES, Rosane. Escrevivência em Conceição Evaristo: armazenamento e circulação dos saberes silenciados. *In:* DUARTE, Constância Lima; NUNES, Isabella Rosado (org.). **Escrevivência**: a escrita de nós – Reflexões sobre a obra de Conceição Evaristo. Rio de Janeiro: Mina Comunicação e Arte, 2020.

BOURDIEU, Pierre. O campo científico. *In:* ORTIZ, Renato (org.). **Pierre Bourdieu** – Sociologia. São Paulo: Ática, 1983. p. 122-155.

CARNEIRO, Aparecida Sueli. **Racismo, sexismo e desigualdade no Brasil**. 1. ed. São Paulo: Selo Negro, 2011.

CARNEIRO, Aparecida Sueli. **A construção do outro como não-ser como fundamento do ser**. 2005. Tese (Doutorado em Pedagogia) – Programa de Pós-Graduação em Educação, Universidade de São Paulo, São Paulo, 2005. Disponível em: https://negrasoulblog.files.wordpress.com/2016/04/a-construc3a7c3a3o-do-outro-como-nc3a3o-ser-como-fundamento-do-ser-sueli-carneiro-tese1.pdf. Acesso em: 14 set. 2020.

CARNEIRO, Aparecida Sueli. **Escritos de uma vida**. 1. ed. São Paulo: Pólen, 2019.

CARNEIRO, Fredson Oliveira. **Formas transvestigêneres da escrita da lei**: Erica Malunguinho e a Mandata Quilombo na ocupação da Política e na transformação do Direito. 2021. Tese (Doutorado em Direito) – Programa de Pós-Graduação em Direito, Universidade Federal do Rio de Janeiro, Rio de Janeiro, 2021.

CIDADE DE JESUS, Edmo de Souza; SÁ NETO, Clarindo Epaminondas de. Entre colonialismo jurídico e epistemidício: o uso estratégico do direito como instrumento de governança racial. *In:* ANGELIN, Rosângela; GABATZ, Celso (org.). **Conceitos e preconceitos de gênero na sociedade brasileira contemporânea**: perspectivas a partir dos Direitos Humanos. 1. ed. Foz do Iguaçu: CLAEC e-books, 2021. p. 72-86. *E-book*. Disponível em: https://publicar.claec.org/index.php/editora/catalog/view/53/53/572-1. Acesso em: 15 jan. 2022.

COLLINS, Patrícia Hill; BILGE, Sirma. **Interseccionalidade**. 1. ed. São Paulo: Boitempo, 2021.

DAVIS, Angela. **Mulheres, Raça e Classe**. 1. ed. São Paulo: Boitempo, 2016.

DELGADO, Richard; STEFANCIC, Jean. **Teoria Crítica da Raça**: uma introdução. 1. ed. São Paulo: Contracorrente, 2021.

DUARTE, Evandro Piza. Prefácio – Direito e Relações Raciais: a construção da Teoria Crítica da Raça no Brasil. *In:* BERTÚLIO, Dora Lucia de Lima. **Direito e Relações Raciais**: uma introdução crítica ao racismo. Rio de Janeiro: Lumen Juris, 2019. p. i-xxiii.

DUARTE, Evandro C. Piza. O debate sobre as relações raciais e seus reflexos no ordenamento jurídico brasileiro. **Universitas Jus**, Brasília, v. 1, p. 110-145, 2004.

DUSSEL, Enrique. Meditações anti-cartesianas sobre a origem do anti-discurso filosófico da modernidade. *In:* SANTOS, Boaventura de Sousa; MENESES, Maria Paula (org.). **Epistemologias do Sul**. Coimbra: Almedina S.A., 2009. p. 283-335.

EVARISTO, Conceição. **Becos da Memória**. 3. ed. Rio de Janeiro: Pallas, 2017.

EVARISTO, Conceição. **Ponciá Vivêncio**. 3. ed. Rio de Janeiro: Pallas, 2017.

EVARISTO, Conceição. Da grafia-desenho de minha mãe, um dos lugares de nascimento de minha escrita. *In:* DUARTE, Constância Lima; NUNES, Isabella Rosado (org.). **Escrevivência**: a escrita de nós – Reflexões sobre a obra de Conceição Evaristo. Rio de Janeiro: Mina Comunicação e Arte, 2020. p. 48-54.

FANON, Frantz. **Os condenados da terra**. 1. ed. Rio de Janeiro: Zahar, 2022.

FANON, Frantz. **Pele negra, máscaras brancas**. Tradução de Renato da Silveira. Salvador: Edufba, 2008.

FERREIRA, Gianmarco Loures; QUEIROZ, Marcos Vinícius Lustosa Queiroz. A trajetória da Teoria Crítica da Raça: história, conceitos e reflexões para pensar o Brasil. **Revista Teoria Jurídica Contemporânea**, Rio de Janeiro, v. 3, n. 1, p. 201-229, 2018. Disponível em: https://revistas.ufrj.br/index.php/rjur/article/view/18291/12545. Acesso em: 15 mar. 2022.

FERREIRA, Sibelle de Jesus. **Mulheres negras em Durban**: as lideranças brasileiras na Conferência Mundial contra o Racismo de 2001. 2020. Dissertação (Mestrado em Direitos Humanos) – Programa de Pós-Graduação em Direitos Humanos e Cidadania, Universidade de Brasília, 2020. Disponível em: https://repositorio.unb.br/handle/10482/40534. Acesso em: 27 fev. 2023.

FEFERBAUM, Marina; QUEIROZ, Rafael Mafei Rabelo. **Metodologia da pesquisa em direito**: técnicas e abordagens para a elaboração de monografias, dissertações e teses. 2. ed. São Paulo: Saraiva, 2019.

FREIRE, Paulo. **Pedagogia do oprimido**. 73. ed. Rio de Janeiro/São Paulo: Paz e Terra, 2020.

GAMA, Luiz Gonzaga Pinto da. **Liberdade**: 1880-1882. 1. ed. São Paulo: Hedra, 2021.

GOMES, Ana Cecília de Barros. **Colonialidade na academia jurídica brasileira**: uma leitura decolonial em perspectiva amefricana. 2019. Tese (Doutorado em Direito) – Pontifícia Universidade Católica do Rio de Janeiro, Rio de Janeiro, 2019. Disponível em: https://www.maxwell.vrac.puc-rio.br/51318/51318.PDF. Acesso em: 5 jan. 2020.

GOMES, Flávio dos Santos. **Mocambos e Quilombos**: uma história do campesinato negro no Brasil. 1. ed. São Paulo: Claro Enigma, 2015.

GOMES, Nilma Lino. **O Movimento Negro educador**: saberes construídos nas lutas por emancipação. 1 ed. Rio de Janeiro: Vozes, 2017.

GOMES, Nilma Lino. O Movimento Negro e a intelectualidade negra descolonizando os currículos. *In:* BERNARDINO-COSTA, Joaze; MALDONADO-TORRES, Nelson; GROSFOGUEL, Ramón (org.). **Decolonialidade e pensamento afrodiaspórico**. 2. ed. Belo Horizonte: Autêntica, 2020. p. 223-246.

GOMES, Rodrigo Portela. Cultura jurídica e diáspora negra: diálogos entre Direito e Relações Raciais e a Teoria Crítica da Raça. **Revista Direito e Práxis**, Rio de Janeiro, v. 12, n. 2, p. 1.203-1.241, abr./jun. 2021. Disponível em: https://www.scielo.br/j/rdp/a/NFJR7sgzKmzc78Z5Q87JYGK/. Acesso em: 16 jan. 2022.

GOMES, Rodrigo Portela. Constitucionalismo e Quilombos. **Revista Culturas Jurídicas**, Niterói, v. 8, n. 20, p. 131-155, maio/ago. 2021. Disponível em: https://periodicos.uff.br/culturasjuridicas/article/view/48702. Acesso em: 9 jan. 2023.

GOMES, Rodrigo Portela. **Constitucionalismo e quilombos**: famílias negras no enfrentamento ao racismo de Estado. 2. ed. Rio de Janeiro: Lumen Juris, 2020.

GONÇALVES, Renata. A invisibilidade das mulheres negras no ensino superior. **Poiésis – Revista do Programa de Pós-Graduação em Educação da Universidade do Sul de Santa Catarina**, Tubarão, v. 12. n. 22, 2018. p. 350-367. Disponível em: https://portaldeperiodicos.animaeducacao.com.br/index.php/Poiesis/article/view/7358. Acesso em: 9 mar. 2023.

GONZALEZ, Lélia. Por um feminismo afro-latino-americano: ensaios, intervenções e diálogos. *In:* RIOS, Flávia; LIMA, Márcia (org.). 1. ed. Rio de Janeiro: Zahar, 2020.

GROSFOGUEL, Ramón. Para uma visão da crise civilizatória e dos paradigmas da esquerda ocidentalizada. *In:* BERNARDINO-COSTA, Joaze; MALDONADO-

-TORRES, Nelson; GROSFOGUEL, Ramón (org.). **Decolonialidade e pensamento afrodiaspórico**. 2. ed. Belo Horizonte: Autêntica, 2020. p. 55-77.

GROSFOGUEL, Ramón. Para descolonizar os estudos de economia política e os estudos pós-coloniais: transmodernidade, pensamento de fronteira e colonialidade global. *In:* SANTOS, Boaventura de Sousa; MENESES, Maria Paula (org.). **Epistemologias do Sul**. Coimbra: Almedina S.A., 2009. p. 383-417.

HALBWACHS, Maurice. **A memória coletiva**. 1. ed. São Paulo: Vértice, 1990.

HARAWAY, Donna. Saberes localizados: a questão da ciência para o feminismo e o privilégio da perspectiva parcial. **Cadernos Pagu**, [*s. l.*], n. 5, p. 7–41, 2009. Disponível em: https://periodicos.sbu.unicamp.br/ojs/index.php/cadpagu/article/view/1773. Acesso em: 14 jun. 2022.

HERRERA FLORES, Joaquín. **A reinvenção dos Direitos Humanos**. 1. ed. Florianópolis: Fundação Boiateux, 2009.

IBGE – Instituto Brasileiro de Geografia e Estatística. **Síntese de indicadores sociais**: uma análise das condições de vida da população brasileira 2021. Rio de Janeiro: IBGE, 2021. Disponível em: https://biblioteca.ibge.gov.br/visualizacao/livros/liv101892.pdf. Acesso em: 13 jun. 2022.

IPEA – Instituto de Pesquisa Econômica Aplicada; Fórum Brasileiro de Segurança Pública; Instituto Jones dos Santos Neves (org.). **Atlas da violência 2021**. São Paulo: IPEA; FBSP; IJSN, 2021. Disponível em: https://www.ipea.gov.br/atlasviolencia/ublicações/212/atlas-da-violencia-2021. Acesso em: 13 jun. 2022.

INEP – Instituto Nacional de Estudos e Pesquisas Educacionais Anísio Teixeira. **Sinopse Estatística da Educação Superior 2020**. Brasília: Inep, 2022. Disponível em: https://www.gov.br/inep/pt-br/acesso-a-informacao/dados-abertos/sinopses-estatisticas/educacao-superior-graduacao. Acesso em: 14 jun. 2022.

KILOMBA, Grada. **Memórias da plantação**: Episódios de racismo cotidiano. 1. ed. Tradução de Jess Oliveira. Rio de Janeiro: Cobogó, 2019.

LEITE, Ilka Boaventura. Os quilombos no Brasil: questões conceituais e normativas. **Etnográfica: Revista do Centro em Rede de Investigação em Antropologia**, [*s. l.*], v. 4, n. 2, p. 333-354, 2000. Disponível em: https://journals.openedition.org/etnografica/2769#quotation. Acesso em: 10 fev. 2023.

LEITE, Ilka Boaventura. Quilombos e Quilombolas: cidadania ou folclorização? **Horizontes antropológicos**, Porto Alegre, ano 5, n. 10, p. 123-149, mai. 1999.

Disponível em: https://www.scielo.br/j/ha/a/4CD96PrdycJX6xKSjLfrmbS/. Acesso em: 2 fev. 2023.

LIMA, Fernanda da Silva; FELIPE, Delton Aparecido. Insurgências e insubordinações negras no ensino superior: as cotas raciais e o tensionamento dos currículos nas universidades. **Revista Culturas Jurídicas**, Niterói, v. 8, n. 20, p. 877-904, maio/ago. 2021. Disponível em: https://periodicos.uff.br/culturasjuridicas/article/view/52393/30557. Acesso em: 9 jan. 2023.

LYRA FILHO, Roberto. **O Direito que se ensina errado**: sobre a reforma do ensino jurídico. 1. ed. Brasília: Obreira, 1980.

LYRA FILHO, Roberto. **Pesquisa em que Direito?** 1. ed. Brasília: Nair, 1984.

MALDONADO-TORRES, Nelson. Analítica da colonialidade e da decolonialidade: algumas dimensões básicas. *In:* BERNARDINO-COSTA, Joaze; MALDONADO-TORRES, Nelson; GROSFOGUEL, Ramón (org.). **Decolonialidade e pensamento afrodiaspórico**. 2. ed. Belo Horizonte: Autêntica, 2020. p. 27-53.

MBEMBE, Achille. **Necropolítica**: biopoder, soberania, estado de exceção, política da morte. 1 ed. Tradução de Renata Santini. São Paulo: n-1 edições, 2018.

MBEMBE, Achille. **Crítica da razão negra**. 1. ed. Tradução de Sebastião Nascimento. São Paulo: n-1 edições, 2018.

MICHAELIS. **Dicionário prático de língua portuguesa**. São Paulo: Melhoramentos, 2008.

MIRANDA, Isabella. A necropolítica criminal brasileira: do epistemicídio criminológico ao silenciamento do genocídio racializado. **Revista Brasileira de Ciências Criminais**, São Paulo, v. 135, p. 231-268, out. 2017. Disponível em: https://revistadostribunais.com.br/maf/app/resultList/document?&src=rl&srguid=i0ad6adc5000001748efa4c4497e63b78&docguid=I6cf797f08e4611e781ed010000000000&hitguid=I6cf797f08e4611e781ed010000000000&spos=14&epos=14&td=16&context=61&crumb-action=append&crumb-label=Documento&isDocFG=false&isFromMultiSumm=&startChunk=1&endChunk=1. Acesso em: 4 set. 2020.

MOREIRA, Adilson José. **Racismo recreativo**. 1. ed. São Paulo: Pólen, 2019a.

MOREIRA, Adilson José. **Pensando como um negro**: ensaio de hermenêutica jurídica. 1. ed. São Paulo: Contracorrente, 2019b.

MOREIRA, Adilson José. **Tratado de Direito Antidiscriminatório**. 1. ed. São Paulo: Contracorrente, 2020.

MOREIRA, Adilson José; ALMEIDA, Philippe Oliveira de; CORBO, Wallace. **Manual de educação jurídica antirracista**. 1. ed. São Paulo: Contracorrente, 2022.

MOURA, Clóvis. **Dicionário da escravidão negra no Brasil**. 1. ed. São Paulo: Universidade de São Paulo, 2013.

MOURA, Clóvis. **Sociologia do negro brasileiro**. 2. ed. São Paulo: Perspectiva, 2019.

MOURA, Clóvis. **Os quilombos e a rebelião negra**. 1. ed. São Paulo: Dandara, 2022.

MUNANGA, Kabengele. Origem e histórico do quilombo na África. **Revista USP**, [*s. l.*], n. 28, p. 56-63, 1996. Disponível em: https://www.revistas.usp.br/revusp/article/view/28364. Acesso em: 9 mar. 2023.

NASCIMENTO, Abdias. **O Quilombismo**: documentos de uma militância Pan-Africanista. 3. ed. São Paulo: Perspectiva; Rio de Janeiro: Ipeafro, 2019.

NASCIMENTO, Abdias. **O Genocídio do negro brasileiro**: processo de um racismo mascarado. 4. ed. São Paulo: Perspectivas, 2016.

NASCIMENTO, Beatriz. **Uma história feita por mãos negras**: relações raciais, quilombos e movimentos. RATTS, Alex (org.). 1. ed. Rio de Janeiro: Zahar, 2021.

NOGUEIRA, Renato. Dos condenados da terra à necropolítica: diálogos filosóficos entre Frantz Fanon e Achille Mbembe. **Revista Latinoamericana del Colegio Internacional de Filosofia**, Valparaíso, n. 3, p. 59-73, jan. 2018. Disponível em: http://www.revistalatinoamericana-ciph.org/wp-content/uploads/2018/02/RLCIF-3-Dos-condenados-da-terra.pdf. Acesso em: 6 set. 2020.

NUNES, Diego; SANTOS, Vanilda Honória dos. Por uma história do conceito jurídico de quilombo no Brasil entre os séculos XVIII e XX. **Revista da Faculdade de Direito UFPR**, Curitiba, v. 66, n. 1, p. 117-148, abr. 2021. Disponível em: https://revistas.ufpr.br/direito/article/view/72690. Acesso em: 3 fev. 2023.

OLIVEIRA, Eduardo Maurente; PAZELLO, Ricardo Prestes. Introdução ao direito insurgente negro: antecedentes teóricos, bases epistêmicas e usos políticos táticos. **Revista Direito e Práxis**, Rio de Janeiro, v. 13, n. 3, p. 1.951-1.981, jul./set. 2022. Disponível em: https://www.scielo.br/j/rdp/a/VQH9fhwQZSZdMkcYH6nkdhD/#. Acesso em: 5 fev. 2023.

PEREIRA, Paulo Fernando Soares. A Constituição de 1988 e o rompimento com os pactos de silêncio em torno dos quilombos. **Revista Direito e Práxis**, Rio de Janeiro, v. 13, n. 3, p. 1736-1762, jul./set. 2022. Disponível em: https://doi.org/10.1590/2179-8966/2020/49443. Acesso em: 2 fev. 2023.

PILATI, José Isaac; MATOS, Samuel da Silva; SÁ NETO, Clarindo Epaminondas de. História do curso de Direito da Universidade Federal de Santa Catarina rumo ao centenário (1932-2032). *In:* ROCHA, Júlio Cesar de Sá da; COSTA, Elaine Cristina Pimentel; SILVEIRA, Simone de Biazzi Ávila Batista da; BEZERRA JÚNIOR, José Albenes (org.). **Ensino jurídico, desafios e perspectivas**: experiência dos cursos jurídicos das universidades federais brasileiras. 1. ed. Rio Grande: Editora da FURG, 2022. Disponível em: https://repositorio.furg.br/bitstream/handle/1/10471/ENSINO%20JUR%C3%8DDICO%2C%20DESAFIOS%20E%20PERSPECTIVAS.pdf?sequence=1&isAllowed=y. Acesso em: 15 jan. 2023.

PIRES, Thula Rafaela de Oliveira. **Direitos Humanos e Améfrica Ladina**: Por uma crítica amefricana ao colonialismo jurídico. *In:* Dossier: El Pensamento de Lélia Gonzalez, un legado y um horizonte. v. 50. Latin American Association, 2019. Disponível em: https://forum.lasaweb.org/files/vol50-issue3/Dossier-Lelia-Gonzalez-7.pdf. Acesso em: 5 set. 2020.

PIRES, Thula Rafaela de Oliveira; SILVA, Caroline Lyrio. **Teoria crítica da raça como referencial teórico necessário para pensar a relação entre direito e racismo no Brasil**. XXIV Encontro Nacional do CONPEDI-UFS. Florianópolis: CONPEDI, 2015. p. 61-85. Disponível em: http://conpedi.danilolr.info/publicacoes/c178h0tg/xtuhk167/t9E747789rfGqqs4.pdf. Acesso em: 5 set. 2020.

PIRES, Thula Rafaela de Oliveira. Por um constitucionalismo ladino-amefricano. *In:* BERNARDINO-COSTA, Joaze; MALDONADO-TORRES, Nelson; GROSFOGUEL, Ramón (org.). **Decolonialidade e pensamento afrodiaspórico**. 2. ed. Belo Horizonte: Autêntica, 2020.

PRUDENTE, Eunice Aparecida de Jesus. **Preconceito racial e igualdade jurídica no Brasil**. 1980. Dissertação (Mestrado em Direito do Estado) – Universidade de São Paulo, São Paulo, 1980. Disponível em: https://www.teses.usp.br/teses/disponiveis/2/2134/tde-03032008-103152/pt-br.php. Acesso em: 22 jan. 2022.

PRUDENTE, Eunice Aparecida de Jesus. **Preconceito racial e igualdade jurídica no Brasil**: a cidadania negra em questão. 1. ed. São Paulo: Julex Livros, 1989.

QUEIROZ, Marcos. **Constitucionalismo Brasileiro e o Atlântico Negro**: a experiência constituinte de 1823 diante da Revolução Haitiana. 2017. Dissertação (Mestrado em Direito) – Programa de Pós-Graduação em Direito, Universidade de Brasília, Brasília, 2017. Disponível em: https://repositorio.unb.br/bitstream/10482/23559/1/2017_MarcosVin%C3%ADciusLustosaQueiroz.pdf. Acesso em: 18 jan. 2020.

QUEIROZ, Marcos. **Constitucionalismo Brasileiro e o Atlântico Negro**: a experiência constituinte de 1823 diante da Revolução Haitiana. 3. ed. Rio de Janeiro: Lumen Juris, 2021.

QUEIROZ, Marcos; GOMES, Rodrigo Portela. A hermenêutica quilombola de Clóvis Moura: Teoria Crítica do Direito, Raça e Descolonização. **Revista Culturas Jurídicas**, Niterói, v. 8, n. 20, p. 733-754, maio/ago. 2021. Disponível em: https://periodicos.uff.br/culturasjuridicas/article/view/733-754/30552. Acesso em: 9 jan. 2023.

QUIJANO, Aníbal. Colonialidade do poder e classificação social. *In:* SANTOS, Boaventura de Sousa; MENESES, Maria Paula (org.). **Epistemologias do Sul**. Coimbra: Almedina S.A., 2009. p. 73-117.

QUIJANO, Anibal. ¡Que tal raza! **Revista Del CESLA**: International Latin American Studies Review, Varsóvia, n. 1, p. 192-200, 2000. Disponível em: https://www.revistadelcesla.com/index.php/revistadelcesla/issue/view/20. Acesso em: 10 jun. 2022.

REIS, João José; GOMES, Flávio dos Santos. Introdução: uma história da liberdade. *In:* REIS, João José; GOMES, Flávio dos Santos (org.). **Liberdade por um fio**: história dos quilombos no Brasil. 1 ed. São Paulo: Companhia das Letras, 1996. p. 9-28.

RIBEIRO, Ludmila Mendonça Lopes; VILAROUCA, Márcio Grijó. Como fazer entrevistas? *In:* FEFERBAUM, Marina; QUEIROZ, Rafael Mafei Rabelo (org.). **Metodologia da pesquisa em direito**: técnicas e abordagens para elaboração de monografias, dissertações e teses. 2. ed. São Paulo: Saraiva, 2019. p. 253-281.

SANTANA, Bianca. **Continuo Preta**: a vida de Sueli Carneiro. 1. ed. São Paulo: Companhia das Letras, 2021.

SANT'ANNA VAZ, Lívia; RAMOS, Chiara. **A Justiça é uma mulher negra**. 1. ed. Belo Horizonte: Casa do Direito, 2021.

SANTOS, Ynaê Lopes dos. **História da África e do Brasil afrodescendente**. 1. ed. Rio de Janeiro: Pallas, 2017.

SANTOS, Ynaê Lopes dos. **Racismo brasileiro**: uma história da formação do país. 1. ed. São Paulo: Todavia, 2022.

SARTOTI, Rodrigo Alessandro. **Juristas e ditadura**: uma história política da Faculdade de Direito da UFSC durante a ditadura militar (1964-1968). 2017. Dissertação (Mestrado em Direito) – Programa de Pós-Graduação em Direito, Universidade Federal de Santa Catarina, Florianópolis, 2017. Disponível em: https://repositorio.ufsc.br/xmlui/handle/123456789/183431. Acesso em: 15 jan. 2023.

SCHWARCZ, Lilia Moritz. **O espetáculo das raças**: cientistas, instituições e questão racial no Brasil – 1870-1930. 1. ed. São Paulo: Companhia das Letras, 1993.

SILVA, Allyne Andrade e. **Direito e políticas públicas quilombolas**. 1. ed. Belo Horizonte, São Paulo: D'Plácido, 2022.

SILVA, Allyne Andrade e. Mulheres negras (re)fazendo o Direito: as contribuições das juristas Dora Lima Lúcia Bertúlio e Eunice Prudente para uma teoria crítica do Direito e das relações raciais brasileiras. *In:* PEREIRA, Beatriz; MELO, Mônica de (org.). PIMENTEL, Silvia; ARAÚJO, Siméia de Mello (coord.). **Raça e Gênero**: discriminações, interseccionalidades e resistências. São Paulo: EDUC, 2020. p. 110-127.

SILVA, Allyne Andrade e. **Uma teoria crítica racial do Direito brasileiro**: aportes teóricos e metodológicos sobre Direito e raça. Tese (Doutorado em Direito) – Programa de Pós-Graduação em Direitos Humanos, Universidade de São Paulo, São Paulo, 2019. Disponível em: https://www.teses.usp.br/teses/disponiveis/2/2140/tde-14082020-113923/pt-br.php. Acesso em: 23 jun. 2022.

SILVA, Karine de Souza. "A mão que afaga é a mesma que apedreja": Direito, imigração e a perpetuação do racismo estrutural no Brasil. **Revista Mbote**, Salvador, Bahia, v. 1, n. 1, p. 20-41, 2020. Disponível em: https://www.revistas.uneb.br/index.php/mbote/article/view/9381. Acesso em: 16 jan. 2021.

SILVA, Leandro Alves da Silva. A carta da Esperança. *In:* FRANÇA, João Vieira de *et al.* (org.). **A carta de Esperança Garcia**: uma mensagem de coragem, cidadania e ousadia. Porto Alegre: Minc/UFPE, 2015. Disponível em: http://afro.culturadigital.br/wp-content/uploads/2015/10/A-Carta-de-Esperanca-Garcia_DocumentoFINAL.pdf. Acesso em: 7 jul. 2021.

SILVA, Tauana Olívia Gomes. **Mulheres negras nos movimentos de esquerda durante a ditadura militar no Brasil (1964-1985)**. 2019. Tese (Doutorado em História) – Programa de Pós-Graduação em História, Universidade Federal de Santa Catarina, Santa Catarina, 2019. Disponível em: https://repositorio.ufsc.br/handle/123456789/215039. Acesso em: 27 fev. 2023.

SILVA, Viviane Angélica; CARVALHO, Marília Pinto de. Ser docente negra na USP: gênero e raça na trajetória da professora Eunice Prudente. **Revista Poiésis** – Revista do Programa de Pós-Graduação em Educação da Universidade do Sul de Santa Catarina, Tubarão, v. 8, n. 13, p. 30-56, 2014. Disponível em: https://portaldeperiodicos.animaeducacao.com.br/index.php/Poiesis/article/view/2169. Acesso em: 3 maio 2022.

SOTERO, Edilza Correia. Transformações no acesso ao ensino superior brasileiro: algumas implicações para os diferentes grupos de cor e sexo. *In:* MARCONDES, Mariana Mazzini *et al.* (org.) **Dossiê mulheres negras**: retrato das condições de vida das mulheres negras no Brasil. Brasília: Ipea, 2013. Disponível em: https://www.ipea.gov.br/portal/index.php?option=com_content&id=20978. Acesso em: 7 jul. 2021.

SOUSA, Maria Sueli Rodrigues de; SILVA, Mairton Celestino da. **Dossiê Esperança Garcia**: símbolo de resistência na luta pelo direito. Teresina: EDUFPI, 2017. Disponível em: https://esperancagarcia.org/wp-content/uploads/2020/09/SOUSA-Maria-Sueli-Rodrigues-SILVA-Mairton-Celestino.-Orgs.-Dossie%CC%82-Esperanc%CC%A7a-Garcia-si%CC%81mbolo-de-resiste%CC%82ncia-na-luta-pelo-direito.-Teresina.-EDUFPI-2017.pdf. Acesso: em 9. mar. 2023. 92 21210018

VERGÈS, Françoise. **Um feminismo decolonial**. 1. ed. São Paulo: Ubu Editora, 2020.

WERNECK, Jurema. Entrevista concedida ao Programa Roda Viva, em 17 de maio de 2021. 2021, 1h31min. Disponível em: https://www.youtube.com/watch?v=-DBfvhkDRGac&t=4094s. Acesso em: 8 mar. 2023.

WOLKMER, Antonio Carlos. **Introdução ao pensamento jurídico crítico**. 9. ed. São Paulo: Saraiva, 2015.